一族の書

アナスタシア
ロシアの響きわたる杉シリーズ
6巻

ウラジーミル・メグレ　にしやまやすよ 訳　岩砂晶子 監修

Anastasia Japan
直日

РОДОВАЯ КНИГА

Владимир Николаевич Мегре

Том VI из серии «Звенящие кедры России»

P.O.Box 44, 630121 Novosibirsk, Russia
+7 (913) 383 0575
ringingcedars@megre.ru
www.vmegre.com

もくじ

アナスタシア　ロシアの響きわたる杉

第六巻

一族の書

＊本書に記載されている数値や数字は、ロシア語原書発行当時のものです。また、内容の一部に、現在の日本において一般的とされる解釈とは異なるカ所もございますが、著者の意図を尊重し、そのまま訳出いたしました。
本文中、「＊」のついた括弧内は翻訳者および監修者による注釈です。

子どもたちを育てるのは誰か？

クリニックの診察室のドアには、医学博士であり児童心理学の専門家が診察をすることを知らせる大きな表札が掛かっていた。表札には、親子の相互関係の問題における科学的な最高権威の一人であると推薦された医師のフルネームが書かれていた。私は、自分も彼も時間の制約を受けずにすむように、その日の最終診察を予約した。診察が役に立つと思った場合に、延長料金を支払うことを提案し、私にとって重要な話題を続けられるように。

診察室では、年金が受給できる歳であろう寂しげな顔をした男性が机に向かっていた。疲れた様子で、びっしりと書き尽くされた何枚もの紙をファイルに収めていた。椅子に掛けるよう促すと、医師は一枚の白紙を自身の前に置き、こう言った。

「おうかがいしましょう。どのような問題をお持ちですかな？」

私は、タイガでのアナスタシアとの出会いのあとに起ったことにまつわる長い物語を話さないよう、できるだけ簡潔に自分の疑問の本質を述べようと努めた。

「アレクサンドル・セルゲエヴィチ先生、私はもうすぐ五歳になる息子、自分の息子と関係を築かなければならないのです」

「あなたは、ご自身の息子さんとの関係が失われているとお考えなのですな」疲れたように、そして冷淡な様子で心理学者は問いかけた。

「これといった自覚を持ったかかわりは、ほとんどありませんでした。息子が生まれてこのかた、ほとんど話をしていません。乳飲み子の頃に会って以来……一度も話をしたことはないですし、息子は私がいないままで生きることの意味を理解し始めたのです。離ればなれで暮らしていましたが、今、私には五歳になった息子と会って話をするという事態が控えています。もしかしたら、子どもに好感を抱かせるような手法があるんじゃないかと思いまして。子持ちの女性と結婚して、どうにか彼女の連れ子とも親しい関係を築き、父親であり友達になるようなことがよくあるじゃないですか」

「手法はもちろんありますよ。しかし、いつも同じような効果があるわけではありません。子どもと親との相互関係は、個人的特質や性格によるところが大きいのです」

「それはわかります。それでもやはり、その具体的な方法を知りたいのですが」

「具体的……そうですな……あなたが家族の前に現れるときは、一人の女性と子どもであっても、それはすでにひとつの家庭であると理解する必要がありますし、そのときはできるだけ彼らが築き上げた生活様式を乱さないことです。あなたはご子息にとって、しばらくはよその人です。それは受け入れるしかありません。まず、すべてのことをよく観察しなければなりませんし、ご自身も彼らから観察されることを許さなければなりません。あなたが現れることと、これまでには叶わなかったお子さんの願いや夢が叶うことを結びつけるようになさることですな。母親に、これまで彼が夢みていたのに買ってあげられなかったおもちゃを聞いてみるとよいでしょう。ご自身でそのおもちゃを買うわけではありませんよ。お子さんとの会話の中で、あなたの子どもの頃の話、あなたのおもちゃの話になんとか導き、そのおもちゃを夢みていたと言うのです。お子さんがその話題に乗ってきて、そのおもちゃをほしいと伝えてきたならば、一緒に買いに行こうと提案してください。ここで重要なことは、会話のプロセスと、一緒に買いに行くという行為です。少年があなたに自分の夢を打ち明け、その夢の実現のためにあなたの参加を許すことが必要なのです」

「おもちゃの例は私にはあまり当てはまりません。息子は、店で売られているおもちゃを見たことがないのです」

「おかしいですな……当てはまらないとは……？　この際正直に話そうじゃありませんか。役に立つ助言がほしいのでしたら、ご子息を産んだ女性との関係を詳しくお話しくださらないと。彼女は誰なのか？　どこで働き、どこに住んでいるのか？　彼女のご家族はどれくらい裕福なのか？　あなたの目から見た、あなた方二人のいさかいの原因となったものは何か？」

私は、心理学者からより具体的な助言を受けるためには、アナスタシアとの関係について話さなければならないことを理解していた。だが、私自身がその関係性についてそれほど整理できておらず、どのように順序立てて話せばいいのか、まだ想像すらつかないでいた。彼女の名前は出さず、私は次のように伝えた。

「彼女はシベリアのかなり辺鄙《へんぴ》なところに住んでいます。商用遠征中に偶然出会ったんです。ペレストロイカが始まった頃、私はシベリアでビジネスを始めました。船でオビ河沿いの奥地へいろんな商品を運び、現地からは魚や毛皮、薬草なんかを運んで帰っていました」

「なるほど。つまりパラトフ（＊アレクサンドル・オストロフスキーによる戯曲『持参金のない娘』に登場する、船を所有している女たらしの貴族。主人公である貧しい貴族の娘ラリサが恋い焦がれた相手。）ですな。シベリアの河沿いを遊び歩く、皆がうらやむ商人」

「遊んでなどいません、仕事ですよ。実業家はいつも仕事に追われているのです」

「そうだとしましょう。しかしあなた方実業家は、気晴らしに楽しむことだってできるでしょう」

「その女性とのあいだに起きたことは気晴らしなんかではありません。私はふと、その女性に私の息子を生んでほしいと思ったのです。その前からも息子がほしいとは思っていましたが、その願いを忘れていたようです。何年も経って……彼女に出会ったとたん……なんと健康で若く、そして美しいことか……。今や女性のほとんどが弱々しくて病気じみた感じがするのに、彼女ははちきれんばかりに健康そのものなのですから。それで、生まれてくる赤ん坊の姿もきっと美しく健康なんだろうと思ったのです。彼女は私の息子を産みました。私は息子がまだ歩くことも話すこともできない小さな頃に、彼らに会いに行って、息子を抱きました。それからは話をしていません」

「どうしてそのあとは話をされなかったのですか？」

この短い診察のあいだに、これまで何冊かの本に書いてきたことを、どう説明すればよいのだろう。アナスタシアはタイガの草地を離れて息子と一緒に町に引っ越すことを断り、一方私はタイガでの生活に適応することができないということを、どのように彼に伝えればいいのか？ そして、息子に一般的なおもちゃをあげるどころか、息子とただ話をするきっかけさえも与えてくれなかったのは彼女だということを、どう伝えればいいのか？ 夏がくるたびに私はシベリアのタイガに行き、アナスタシアと息子が暮らす草地を訪れていたが、息子に会うことは叶わなかった。毎回、息子はアナスタシアのそばではなく、どこか近隣の、彼女の祖父と曾祖父が暮らす場所、はてしないシベリアのタイガの奥地にいたのだった。アナスタシアは、私を彼らのところに連れていくことを断るばかりか、まず息子と触れ合うための準備をしなければならないと、毎回しつこく主張したのだ。

子どもの教育というテーマに触れようと試みながら、私は何人もの知人にまったく同じ単純な質問を投げかけてきたが、それはいつも戸惑いと無理解を呼び起こしていた。

「これまでに、自分の子どもと真剣に話をしたことがあるかい？」

その結果、いつも明らかになるのは、どこの家庭も話題が同じだということだ。「さあごはんを食べるんだ、そろそろ寝なさい、いたずらをするんじゃない、おもちゃを片づけなさい、宿題はやったのか?」

子どもは大きくなり学校に行く。しかし、生きることの意味、人間の使命、または単に子どもの将来に向かって延びる道がどのようなものかについてさえ、多くの人には話す時間がとれないか、またはそれほど重要ではないようだ。もしかすると、まだそのような話をする時期ではない、あとからでも間に合うだろうと考えているのかもしれない。しかし間に合わないのだ。子どもは成長してゆく……。

しかし、我われ自身が我が子と真剣に話をしないのであれば、いったい誰が子どもたちを育てるというのだろうか?

なぜアナスタシアは、この数年間、私に実の子である息子と触れ合うことをさせなかったのだろう? 彼女は何を怖れ、何を防いでいたのだろうか?

そしてついに、彼女が「ウラジーミル、息子に会って話をする準備ができたと感じている?」と私にたずねる日が突然訪れたのだ。私は会いたいと答えたが、「準備ができた」という言葉を発することはできなかった。

この数年間、私は親子の相互関係について書かれた本を手当りしだいに読みあさってきた。本を書き、色々な国での集会で話をしたが、ずっと私の関心を奪っていた最も重要なことについて、すなわち子どもの育て方や子どもたちとその上の世代との相互関係については、ほとんど書いたり話したりしてこなかった。

私は子育ての本にあった多くの提言についてよく考えたが、その一方でアナスタシアが言ったことがより頻繁に思い出された。

「子どもを育てるということは、自分を育てること」

長いあいだ私はこの意味をあまり理解できないでいたが、最終的に、確固たる結論を出した。**子どもたちを教育するのは、親による説教でも、幼稚園でも学校や大学でもない。子どもたちを育てるのは、我われの生き様なのだ。それは我われの生き方、社会全体の生き方だ。そして親や学校またはその他の啓蒙施設の教師たちが何を話して聞かせようとも、どんなに賢明な教育システムを導入しようとも、子どもたちは周囲の大多数の人々の生き方に追従するのだ。**

従って子どもたちの教育は、個人が持つ世界観と、あなた自身や自分の両親、そして社会全体がどのように生きているかによって、完全に左右されるものなのだ。病んだ不幸な社会は、病んだ不幸な子どもたちしか生まないのである。

「ご子息の母親との関係を詳しくお話しくださらないのであれば、有効なアドバイスを差し上げるのは難しいですな」

長引いた沈黙を心理学者が破った。

「話せば長くなるんです。簡潔に話すと、私は何年か息子と触れ合うことができない状態になっていた、ということに尽きてしまいます」

「いいでしょう、では教えてください。あなたはこれまで、息子さんの母親に何か金銭的な援助をなさいましたか？　実業家にとって、金銭的な援助というのが最もシンプルな家族への思いやりのしるしだと思うのですが」

「いいえ、援助はしていません。彼女は必要なものはすべて持っているという考えですから」

「大金持ちだということですか？」

「彼女はただ、すべてを持っているのです」

アレクサンドル・セルゲエヴィチは椅子から急に立ち上がると早口でまくし立てた。

「彼女はシベリアのタイガに住んでいて、世捨て人の生活を送っている。彼女の名前は、アナスタシア。あなたの息子はヴォロージャ（＊ウラジーミルの愛称。）、そしてあなた自身はウラジーミル・ニコラエヴィチだ。わかりましたぞ。私はあなたの本を読みましたよ。それも一度ならず」

「そうですか……」

アレクサンドル・セルゲエヴィチは落ち着きなく診察室を歩き回り始め、それから再び口を開いた。

「そうか……そうか……。私は本当に答を見つけたのか？　わかりましたぞ。ではどうかこの質問に答えてください。答えてください！　これは私にとって、とても重要なことなのです。科学のために……。いや、やはり答えないでください。私から言わせてください。理解し始めているのですから……。アナスタシアと出会ってからずっと、あなたが集中的に心理学や哲学を学んできたということには確信を持っています。あなたは常に子どもの教育について考えてきた。その通りですな?」

「ええ」

「しかし、〝賢明な〟本や記事をひとしきり読んで出した結論に、あなたは満足できなかった。そして自分自身の内に答えを探し始めた、または、別の言葉で言うなら、青少年について、子どもの育て方について深く考察するようになった」

「たぶんそうです。ただし主に自分の息子のことについてですよ」

「それは切っても切り離せないのです。あなたは私のところに、絶望しつつ、そしてご自身の目の前の問題に対して助言を受けられるという希望もさほど持たないままやってきた。もし私から助言を受けられなければ、あなたは自分で探し続けるつもりだった」

「ええ、おそらく」

「なんと……衝撃ですな……。あなたに、私より計り知れないほど優秀で、賢明な人の名前をお伝えしましょう」

「それは誰ですか、どうすればその人の診察を受けることができますか?」

「その人は、あなたのアナスタシアですよ、ウラジーミル・ニコラエヴィチ」

「アナスタシア？　しかし彼女は最近、子育てについてはほとんど話をしていません。それに、私に息子と話をさせなかったのは彼女なんですよ」

「そう、ですからまさに、彼女なのです。私もこの瞬間まで、彼女のそういった態度について、論理的説明をみいだすことができずにいました。信じがたい行為です。女性が、愛する未来の父親に対して息子と触れ合うべきではないと宣言する。これは普通の状況ではない、これまでにそんな状況に出くわしたこともありません。しかしその結果は……！　結果は強烈です！　彼女は強いることができた……いや、強いるという言葉はここではふさわしくありませんな。アナスタシアは引き込むことができた……。誰をか？　失礼を申し上げると、あまり高い教育を受けていない実業家に、心理学や哲学、子どもの教育にまつわる問題への関心を持たせたのです。あなたはここ何年もずっとこのことを考えてきた。私のところに来たという事実が、そのことを証明しています。彼女はずっとひとりで息子を育ててきましたが、同時にあなたも育てていたのです。彼女は、父親と息子の対面を準備してきたのです」

「確かに彼女はひとりで息子を育てました。でも私を育てたというのは、違うと思います。そもそも私たちはたまにしか会わないですし、会っても短時間です」

「しかし、あなたがおっしゃるその短い時間に彼女が与える情報は、あなたがもっと理解を深めるべき事柄です。とてつもない情報なのです。ウラジーミル・ニコラエヴィチ、あなたは、アナスタシアが子どもの育て方についてあまり多くを語っていないとおっしゃいますが、そうではありません」

アレクサンドル・セルゲエヴィチは素早く机に歩み寄ると、引き出しから灰色の分厚いノートを取り出し、大事そうに撫《な》でながら話を続けた。

「あなたの本から、アナスタシアによる子どもの誕生と育成についてのすべての発言を、細かい話の筋を省いて一定の順序で書き出しました。もっとも、引用文を前後の話から切り離すのはよくなかったかもしれません。話の筋というものは、理解する上で間違いなく重要ですからな。アナスタシアの発言の中には、この上なく偉大な、そして哲学的と言える深い意味、極めて古い文化の叡智が隠されています。私は、いえ私だけではないでしょう、これらの説が遥か古《いにしえ》の本、何百万年も前に書かれた本に記述されていると仮定するようになりました。アナスタシアが語る話は、古文書や現代学者の論文に記述されているような、私たちから見て最も重要な思想と比べても、その表現の深さと正確さにおいて際立っている。私が人間の誕生と育成に関することのすべてを分けて書き出してみた結果、世界に比類ないほどの論文が出来上がったのです。間違いなく、彼女の発言を書き出したその論文をもとにして多くの学位論文が試問をくぐり、科学者の称号がたくさん与えられ、いくつもの驚異的な発見がなされることでしょう。ですがそれ自体が重要ではないのです。地上に新しい人種が降りる、〝人間〟という名の人種が！　それが重要な点なのです」

「人間なら今も存在しているじゃありませんか」

「未来の観点からすると、人間が存在していたという事実は疑問視されると思うのです」

「どういうことですか？　あなたと私は存在している。私たちの存在が、どうして疑問視され得ると言うんですか？」

「私たちの肉体は存在し、私たちはそれを〝人間〟と呼んでいます。しかしそこに含まれるもの、未来における人間個々の精神状態は、私たちのものとは大きく異なります。従って、その違いに重きを置くと、呼び名を変える必要があるのです。今日《こんにち》の人間を〝〇〇時代の人間〟と名付けることになるか、もしくは未来に生まれる人間に異なった名称が付くかもしれませんな」

「本当にそれほど重大なことですか？」

「重大でもあり、疑いもないことです。ほら、あなたは子どもの教育について学者たちが書いたたくさんの本をお読みになったでしょう。では教えてください、子どもの教育は、どの時期から始まるものですかな？」

「何人かの著者によると、一歳から始めるべきだと」

「まさにそうでしょう、遅くても一歳からと言われている。しかし、アナスタシアは人間がもっと早い段階でどのように形成されていくかをみせました……。きっとあなたは今、〝母親の胎内で〟と思われたでしょう。しかしアナスタシアは、両親が未来の子どもを精子と卵子が出会う前に形づくることができると証明したのです。そしてこのことは科学的に説明ができる。アナスタシアは現在地球に存在する、またはいつか存在していたすべての心理学者よりも秀でています。

彼女の発言には説得力があり、受胎前、懐胎時、妊娠中そしてその後といった子どものすべての時期の成長と、育成を網羅しています。

彼女はこれまでのどんな賢者も、どんな現代の学者も認識することができなかったテーマに触れています。完全な人間を生み育てるためになくてはならないものは何か、ということを強調したのです」

「しかし私にそんな覚えはありません。子どもの成長の時期については書いていませんよ」

「あなたは起こったことを証言しながら本を書いた。あなたがまさにそのように書くだろうとアナスタシアは理解していたのです。その後はこのように駒を進めます。この上なく偉大な学術論文に、人々を夢中にさせる物語の形をまとわせ、彼女自身がそれらの出来事を形づくるようになったのです。人々にかけがえのない叡智を運びながら、彼女は自分の生によってあなたの本を創造していたのです。

大半の読者が直感的にこれを感じとる。多くの人々が本に感激しながらも、その感激の原因を認識しきれないでおり、彼らはそれまで未知だった情報を潜在意識のレベルで感じとっている。しかし、その情報は意識的に認識することもできるものです。今、証明してみせましょう。

さて、ここにアナスタシアによる人間の誕生についての発言の抜粋があります。私は同僚とこの内容を入念に研究し、意見を交わしました。彼は医学修士でありセックスセラピストで、隣の部屋で診察をしています。私たちは実験を行い、状況の分析をしました」

アレクサンドル・セルゲエヴィチはノートを開くと、いくぶん興奮したように、また重々しい様子で話し始めた。

「それでは、まず**受胎前の時期**です。現代社会で把握されている過去と現在において、この時期が子どもの育成の一面として捉えられることはほとんどない。しかしながら、地球またははてしなく広がる大宇宙の空間のどこかに、男女の相互関係が現代のものよりも計り知れないほど完璧な文明が存在していた、または存在している、ということは今日完全に明らかです。そして、受胎前の時期が、人間の育成において重要な構成要素、ともすれば人間の育成の基盤であったのかもしれません。

アナスタシアは、私たちにとって未知であるその文明の慣習に従って、子どもを受胎する前にとある準備を行っています。彼女はあなたの性欲を鈍らせた。一冊目の本に描写された出来事により、心理学者として、私にはこのことがよく見てとれます。その一連の順序を思い出していただきましょう。

あなたはアナスタシアと一緒にタイガで一休みしている。コニャックを飲み、つまみを食べている。アナスタシアはあなたが薦めた食べ物や酒には手を付けない。彼女は上着を脱ぎ、草の上に寝転ぶ。あなたは彼女のありのままの美しさに感嘆し、この麗《うるわ》しい女性の肉体を手に入れたいという自然な欲望が生じる。性的な高まりの中、あなたは接近を試み、彼女の体に触れ、そして……意識を失う。

彼女がどのように、あなたの意識のスイッチを切ったのかということに深入りするのはやめましょう。重要なのはそこではありません。重要なのはその結果、あなたはアナスタシアを、性的欲求を満たすための対象として認識しなくなったことです。そしてあなたご自身がそのことを語っている。あなたがおっしゃったことを書き出しました。『考えもしなかった……』と」

「ええ、そうでした、あのとき以降、アナスタシアに対して性的な欲望が湧いてくることは二度とありませんでした」

「そして**二つ目の出来事である受胎**、それは子どもの受胎の文化についての話です。

快適なほら穴での一夜、干し草と花々の香り。しかしあなたはタイガにおいてひとりで眠ることに安心できず、アナスタシアに隣で寝るように頼んだ。あなたは、彼女が隣にいれば悪いことは何も起こらないと、すでに理解していたのです。そして彼女は隣で横になった。

このようにして、この上なくプライベートな環境の中で、あなたの隣に最高に美しい若い女性の体が横たわる状況となった。そしてその体にはもうひとつの際立つ特徴があり、健康な気を放っていた。あなたがこれまでに見た多くの女性の体と違って、それは健康に輝いていた。あなたは彼女の吐息の芳香を感じたものの、その際にあなたの内で性欲らしきものは湧いてこない。性欲はあなたの内から追い出されていた。空間は、別の心理状態のために清められていた。それは、一族の存続へのほとばしる希求です。あなたは、自分の息子のことを、まだ存在しない息子のことを考えている！　そしてこれが、あなたが本に書いたことです。

『私の息子がアナスタシアから生まれてくれたらいいな。彼女はこんなにも健康だ。ということは、生まれてくる息子も健康で美しい姿に違いない』

あなたは無意識にアナスタシアの胸に手を載せ、愛撫《あいぶ》する。しかしこれはもはや異なったかたちの愛撫です。その愛撫は性的なものではない。あなたは自分の息子を撫《な》でているように愛撫しているのです。

その後、あなたは唇が触れたこと、アナスタシアの軽い息づかいについて描写していらっしゃる。ですがその後については、詳細がまったくもって欠如しています。続きには朝の描写を、素晴らしい気分、特別な偉業を成し遂げた感覚を綴っていらっしゃる。おそらく出版社からは、本の人気をもっと高めるために、この夜のことをより詳しく描写するよう提案されたのでしょうな」

「ええ、実際、一度ならず提案されました」

「しかしそれにもかかわらず、あなたはこの夜のことを、新しく出版したどの本にも書いていない。なぜです?」

「それは……」

「ストップ！　お願いです、言わないでください。私は自分を、自分の結論の正しさを確かめたいのです。あなたがその夜の性的な描写をしなかったのは、単に、アナスタシアと唇が触れたあとのことをまったく覚えていないからです」

「ええ、何も覚えていませんし、翌朝の不思議な感覚以外は、今でも何も思い出すことができません」

「これから私が言うことを、あなたは信じがたいと思うでしょう。あの素晴らしい一夜に、あなたとアナスタシアのあいだにセックスはなかったのです」

「なかった？　じゃあ息子はどうして……？　この目で息子を見たんですよ」

「その晩、あなた方には実際に肉体的なかかわりがあった。精子があり……、概して、子どもの受胎に随伴《ずいはん》するものはすべてあったのです。しかしセックスはなかった。あなた方に起こったことを、同僚たちと一緒に幾度も分析しました。彼らも私と同様に、あなたとアナスタシアのあいだにセックスはなかったということを確信しています。

私たちの時代では〝セックス〟という言葉自体に、肉体的欲求の充足、肉体的な満足感の獲得を求める意味が込められています。しかしタイガのあの夜の一連の出来事では、その目的が欠如している。私が言いたいのは、あなたが肉体的な満足感を得ることを求めていなかったということです。あなたが求めていたことと目的はほかのことで、それは子どもだった。従って、この出来事の名称も異なるものでなければなりません。これは用語の問題だけではなく、人間の誕生における方法の質が異なっているのです。

もう一度繰り返します、**人間の誕生における方法の質が異なっている**のです。

私の主張は抽象的なものではなく、科学的な比較によって簡単に証明できるものです。考えてもみてください。今日の心理学者や生理学者の誰一人として、胎内での胎児形成における、母親の外的な心理的要素による影響を否定する者はいないでしょう。数ある要点の中でも優勢で、かつ多くの場合に重要なのは、男性の妊婦へのかかわり方です。これから人間となるものの形成に対する、性的接触時の男性による女性へのかかわり方も、否定できません。

一方は、性欲を満たすための対象としてのかかわりであり、もう一方は共同の創造の相手としてのかかわりです。そうなると、結果も異なります。これらの条件のもとで受胎した子どもは、知性のレベルにおいて、現代人とサルほどの驚異的な差があるかもしれません。

共同の創造の際、セックスとそれに伴う充足感は最終目的ではなく、ただ単に手段に過ぎません。異なる精神的エネルギーが肉体を先導し、子どもの状態をも異なるものに形成するのです。

こういったことから、第一の法則が導かれます。それは、完全なる人間を生むこと、強固で幸せな家族をつくることを望む女性は、男性が人間の誕生を目的として彼女に接触したいと求め、未来の自分の子どもを想い描き、その子の誕生を願う瞬間を、捉えられなければならないというものです。

このような状況において、男性と女性は、二人の接触によるこの上ない充足感を得られる精神状態に達します。そして生まれてくる子どもは、世間一般的な方法、より正確に言うと偶然にできた子どもには欠けているエネルギーを受けとるのです」

「では、女性はどうやってその瞬間を感じとるのですか？　どのように男性の意識を認識するんです？　意識なんて見えないでしょう」

「愛撫ですよ！　愛撫によって判断できます。精神状態は、常に外側の徴候に現れます。歓びは、笑いや微笑みに。悲しみは、目の表情や姿勢等に。この場合、私が思うに、性的な愛撫と、未来の自分の子どもに触れるように男性が女性に触れるのを、純粋に区別することは特に難しくはありません。このようなアプローチの際にのみ、地球上に生きるすべての存在の中で人間だけが体験することのできる〝あること〟が起こるのです。この〝あること〟を科学的に描写したり説明したりすることは、誰にも絶対にできません。それが起こる瞬間に分析することが不可能なのです。私が心理学者としてできるのは、次のように仮定することだけです。

この出来事において重要なのは、二つの肉体が物理的に融合することではなく、それよりも計り知れないほど大きなこと、それは二つの意識が一つに融合することなのです。より正確に言うと、二つの、あらゆる気持ちの複合体が融合することです。このときに得られる満足感と体験できる至福は、単なる性的な満足感とは比べようもないほど大きく超越したものなのです。その持続時間は、普通のセックスのようにつかの間ではありません。この不思議な快感が何カ月、さらに何年でも持続するのです。それが強固な愛すべき家族を形成します。まさにこのことをアナスタシアは話しているのです。

これは、一度それを体験した男性は、その感覚を単なる性的満足感にとって替えることができなくなることを意味します。妻という最愛の女性に対して、彼は浮気をすることも、浮気をしたいと思うこともなくなります。まさにこの瞬間から、家族の形成が始まるのです。幸せな家族の形成が！

『婚姻は天で定められる』という言い回しがあります。これは、起きていることと完全に一致しています。おわかりでしょう、現在一般に受け入れられている天の婚姻の証明とはなんであるかを。役所に提出される書面、あらゆる教会の儀式です。こっけいなものです。そうではありませんか？　こっけいで、悲しい。

アナスタシアは正確に定義しています。天で定められた婚姻であることの証明となり得るのは、新しい完全な人間の誕生を生じさせる、男女の不思議で素晴らしい状態のみだと。

私が付け加えるとすれば、今日生まれている子どもたちの大多数が、この婚姻外の子どもだということです。そして今から……今から私の同僚であるセックスセラピストの見解を読み上げます。

『アナスタシア』に描写された男女の性的関係は、セックスというものにまったく新しい意味を提示した。古代ギリシャやインドから現代のものまで、今日存在するこのテーマについてのすべての指南書は、アナスタシアによって語られたことの有意義性に比べると、まさに幼稚でこっけいなものになってしまう。我われの時代まで伝えられた古代の、また現代のセックスについての書物では、すべての研究があらゆる体位、愛撫のテクニック、そして外的な付属品の探求に帰着する。一方で、人々の生理的および精神的な特質や可能性は様々である。

人間にはそれぞれ、その人の性格と気質だけに特有の、その人にとって最も効果的で好ましい、たったひとつの体位や、外見上のあるひとつの特質があるものだ。

はたして、この世界に存在する数多くの方法の中から、一人ひとりに最も適したものを見つけることのできる専門家がいるだろうか。

そのような課題をとげるためには、その専門家が現存する何千もの方法を、それぞれの微妙な差異を踏まえて知り尽くし、各個人の肉体的および精神的能力をよく理解しなければならないが、それは不可能である。

男女の性的関係におけるセオリーの問題点が現代科学で解決されていないことは、現代社会において、大多数の男性と女性の性的能力が大きく失われ続けていることが証明している。相手に対し性的に満足していない夫婦の数は増え続けている。しかし、我われはこの憂鬱《ゆううつ》な絵を塗り替えることができる。

アナスタシアによって開示されたことは、解決できないと思われていた問題を一瞬のうちに解決できるなんらかの仕組み、なんらかの崇高な力が自然界にあることを証明している。この仕組み、またはなにかしらの力が、二人の人間、男性と女性の一定の状態を通して、その二人のために特別で特有な状態、および性的関係の手段をもたらすのだ。

疑いなく、こういった場合に得られる満足感は、この上なく高いレベルのものである。このような満足感を体験した男女がいつまでも互いに貞操を守ることは、それがどんな法律や儀式で規定されていようが関係なく、完全に可能なのだ。

夫婦の貞操、そして夫婦の不貞です！　浮気……」

アレクサンドル・セルゲエヴィチは机の向こうから立ち上がり、立ったまま話し続けた。

「アナスタシアがはじめてこの現象の本質を見せたのです。私は彼女の一連の発言を暗誦できますよ、彼女の独白だってできます。ほら、彼女はこう言いました。

『闇の勢力が、肉体の充足感のみを考えるようにすれば満足感が得られると、人をあらゆる手段で洗脳する。そうやって人を真理から遠ざけている。それを知らずだまされた哀れな女性たちは、一生、苦しみばかりを受け続ける。そして、失われた神の恩恵を生涯にわたって探し続ける。探す場所を間違えているの。男性の肉欲を満足させるためだけに自分を捧げる女性は、彼の浮気をくい止めることはできない』

それにまだあります……ええと……そうです……。

『そのあと彼らは次々と新しい別の体を求めたり、あるいは常に破滅的に自分の体だけを用いるようになる。真の結合がもたらす真の恩恵が、彼らからより遠ざかっていくことを直感でしか感じることができずに……！』

夫婦の浮気をまったくもって正しく指摘しています。私は心理学者としてもこのことを説明することができます。まったく論理的です。夫と妻と名付けられた男女が、性欲のためにセックスを行う。彼らは十分な満足感を得られていないことを直感的に感じ、専門家を訪ねたり文献を読んだりする。そこで様々な体位や愛撫の助言を受け、一言で言うなら、セックスのテクニックを通して、より大きな満足感を探求し始めるのです。

よく聞いてください、探求し始める、のです。見解にはなかった言葉かもしれませんが、彼らは自分自身で、彼女が正確に指摘したように、直感的により高い恩恵が存在することを感じて、探し始めるのです。しかし……どこまで探せばよいのでしょう？　探求とは体位を変えることだけに留まるものなのでしょうか？　これが体を替えることへとつながる完全に論理的な説明です。『なんということか！』、社会で悲鳴が聞こえます、『これが夫婦の浮気！』。しかし浮気も何もないのです。なぜなら、夫婦ではないのですから！

一枚の紙きれで定められた結婚が、婚姻の結びつきではありません。これは社会が生み出してしまった取り決め以外の何ものでもないのです。

婚姻の結びつきは、一組の男女によって、アナスタシアが話し聞かせたように、二人がその崇高な状態に到達することを通して定められなければならないのです。彼女は単にその結びつきについて話しただけでなく、それに到達する方法を見せたのです。これは男女関係についての新しい文化です」

「アレクサンドル・セルゲエヴィチ、なんとあなたは、若者たちに公的な婚姻を結ぶ前の性的交渉を推奨すると言うのですか?」

「多くの人々がまさにそのように行動しています。ただ私たちはそのことを公言するのをはばかっているのです。ですが私は、婚姻を届け出る前であれ後であれ、性欲のためのセックスをしない、ということを推奨しているのです。

私たちは、この社会が自由であると考えています。自由に淫蕩《いんとう》に耽《ふけ》ることができる。そして事実そうしている!

淫蕩に耽ることは産業になった。映画、あらゆるポルノ商品、売春、セックスショップのゴム人形がその証《あかし》です。

二人の結びつきを確固たるものにする仕組みの本質と目的を理解することに関し、現代科学がいかに無力であるかを証明しているこの乱痴気騒《らんちきさわ》ぎの中で、まるで閃きのような発見が現れました。

心理学者として、私にはアナスタシアによる発見の壮大さが理解できました。彼女は、男女相互関係の新しい文化を明示したのです。

男女間の主要な役割は女性にあります。アナスタシアはあなたを、この文化の理解へと導くことができた。彼女は、直感的にかもしれませんが、なにかしらの古代文明の知識を利用することで、それを成し得たのです。しかし……私たち……、正確には私の同僚は、男性にもできるということを実践で証明しました……。

セックスセラピストの彼は、一緒にアナスタシアの発言を分析していました。未知の、男女相互関係の新しい文化があるということをはじめに言ったのは彼です。彼を最も大きく揺さぶったのは、アナスタシアの発言でした……。あなたも覚えていらっしゃるでしょう、『いったい誰が単なる肉体の慰みの結果として、この世に現れたいと望むの？　誰だって、肉体の慰みの結果として現れるのではなく、偉大な愛の高まり、まさに創造へのほとばしる希求の中で創造されたものでありたい』。

しかし、私たちの子どもたちは、まさに肉体の快楽の結果としてこの世に現れた。私と妻は子どもがほしいと思い、セックスをしていた。そのうちのどの日に妻が受胎したのかなんて知りません。妻が妊娠してから、より具体的に子どもについて考えるようになりました。しかしアナスタシアは、性交渉の直前の瞬間に、特定の状態とほとばしる希求があるべきだと言っています。概して私の同僚は、おそらく私よりも、彼女の発言から多くを理解した、もしくはより多くを感じたのです。彼はその状態を体験したくなりました。子どもが、息子がほしくなったのです。私の同僚はもう四十歳過ぎで、奥さんは彼より二つ年下、子どもは二人います。彼が自分で告白していましたが、近年はたまにしかセックスをしなくなっていました。しかし、彼は奥さんに子どもがほしいと打ち明けました。はじめ彼女は、彼の望みにとても驚きました。そして自分は子どもを産むにはもう遅過ぎると言っていました。しかし、彼女から夫への接し方はよい方へと変化しました。彼は奥さんに、アナスタシアの発言が書かれた本を渡しました。すると彼女は、自ら話題にするようになりました。いえ、子どもがほしいという思いについてではなく、本に語られていることがいかに正しいかということをです。ある日の夜、同僚はセックスではなく自分の未来の息子について想いながら、奥さんを愛撫し始めました。彼はおそらく、あなたがしていたようにそれができたのでしょう。差があるとすれば、あなたの場合はアナスタシアがその状態へと導いたのに対し、彼は自分でそれに到達した点です。それが偶然に起こったのか否かの判断は難しいですが、きっと彼は、まさにあなたと同じ状態に到達したのです。彼の妻は同様の愛撫で応えました。二人は若くはない、もちろん、若い頃ほどの強い性的欲求は感じていない。おそらく、生まれてくる子どもについての意識が、セックスのテクニックについての意識を完全に追いやったのです。その結果……その結果〝あること〟が起こったのです。同僚も彼の奥さんも、性交渉の詳細を思い出すことができないのです。あなたと同じように、彼らも覚えていない。しかしあなたと同じように、彼らは翌朝、忘れられないほどの素晴らしい気分だったと話しています。同僚はこれまでの人生で、奥さんともほかの女性とも、ちなみに彼は女性経験が決して少なくはなかったのですが、このような経験をしたことは、まったくなかったと言っています。

彼の四十歳の奥さんは、現在妊娠七カ月です。しかし重要なのはこのことではありません。重要なのは……彼の奥さんが恋に落ちたということです」

「誰に？」

「自分の夫にですよ、ウラジーミル・ニコラエヴィチ。想像してみてください、以前は口やかましくて、ややかんしゃく持ちだった女性が、今やときおりクリニックに来ては、夫の診察が終わるのを待っているのです。ロビーに座って、まるで恋に落ちた娘のように、待っているのです。私は頻繁に、彼女の表情をそっと観察しています。表情も変わり、微かにわかるような、秘めた微笑みが現れたのです。八年くらいでしょうか、私はこの家族を昔からよく知っています。太った物憂《ものう》げな女性が、突然十歳くらい若返ったのです。妊娠しているのがはっきり見てとれるにもかかわらず、彼女は美しくなりました」

「あなたの同僚の奥さんへの接し方は変わりましたか、それとも以前のままですか？」

「彼自身が変わりました。酒をまったく飲まなくなりました、もっとも以前からそれほど飲む方ではありませんでしたがね。タバコもやめました。彼ら夫婦には、絵を描くことが一番の楽しみになりました」

「絵を描く？　いったい何を描いているんです？」

「二人は、アナスタシアが話した自分たちの未来の一族の土地を描いています。彼らは土地を得てそこに家を建てようと……。表現が正しくありませんでした、家を建てたいのではなく、未来の楽園の一角の基礎を敷きたいのです。生まれてくる子どもたちのために」

「生まれてくる子どもたち？」

「そうです、生まれてくる子どもたちのために。ただ奥さんは今、あの受胎が自分の土地ではなくマンションで行われたことだけは悔やんでいます。アナスタシアが話している、妊娠から出産までの期間を過ごすべきという、自らの手で創造した愛の空間ではなかったということを。

彼女はもう一人子どもを産むことができると確信しています。彼もまた、そう確信しています。私は、動物が持つ種の存続本能は、ただ自然な発情の声に導かれて交尾するという点で、人間のそれとは異なるということを確信しています。人間は、セックスと呼ばれるものをすることで動物と同じようになっている。そんなプロセスの結果としてこの世に現れる赤ん坊は、半人半獣となってしまう。

真の人間は、共同の創造において人間にしかないエネルギーと気持ち、すなわち、愛、未来を見る能力、創造する意識が加わった時にしか生まれ得ないのです。〝セックス〟という言葉はここではふさわしくない。その言葉はこの行為を卑猥《ひわい》なものにしてしまう。ここでのより正しい言葉は、〝共同の創造〟です。男性と女性が、共同の創造が起きる状態に到達したとき、二人の結びつきも天に定められたものになる。この結びつきを確固たるものにするのは、一枚の紙きれでも儀式でもなく、計り知れないほど大きな、そして重要な何かであり、だからこそ、二人の結びつきは強固で幸せなものになるのです。そして、そのような結びつきに至ることができるのは若者たちだけだと考えてはいけません。私の同僚の例が、どの年齢でも成し得ることを証明しています。そのような結びつきが可能なのは、二人が、アナスタシアが述べたことの重要性を理解できた場合のみです」

「じゃあ、どうなりますか？　パスポート（＊ロシアには身分証明書として国内用のパスポートがある。）に婚姻登録のスタンプがある人たちは皆、実際には結婚しているわけではないということですか?」

「パスポートのスタンプとは、社会によって考え出された取り決めに過ぎません。様々な時代の様々な民族で交わされる書類やあらゆる儀式は、表面上は異なりますが、それらの本質はひとつ、心理への作用です。人為的な方法で、二人の結びつきを見せかけだけでもつくり上げようということです。アナスタシアもこのことを正確に指摘しており、『偽りの結びつきは恐ろしいもの。子どもたち! わかる、ウラジーミル、子どもたちなの! 子どもたちはそのような結びつきに不自然さと偽りを感じとる。そして両親が言うことすべてに疑問を持つようになる。子どもたちは自身の受胎における嘘までも潜在的に感じとり、そのことを辛く思う』と話しているのです。人為的でない、自然の、神による結びつきが自然界に存在することが明らかになりました。そして、どうすればそれに到達できるのか、今日の人々に明示がなされたのです」

「ということは、既婚者であっても、つまりパスポートにスタンプがあっても、実際には夫または妻と、もう一度婚姻を結ぶ必要があるということですか?」

「より正確に言うのであれば〝もう一度〟ではなく〝本当の意味で〟ですな」

「多くの人には理解しがたいでしょうね。すべての国で、セックスが最上の満足であるということが当たり前で、例外なく皆が、満足感を得るためにしているんですから」

「そういったことはすべて嘘なのですよ、ウラジーミル・ニコラエヴィチ。九十パーセントの男性は、女性を満足させることができないのですから。

大半の人々がセックスで最上の満足感を得ているという虚構は、ただ心理的な暗示をかけられているだけに過ぎないのです。人間の性的欲求が商業的に利用されているのです。合法にも非合法にも大量のポルノ雑誌がありますが、すべては金の流れです。それらが人々の目をくらましているのです。ヒーローたちが自由自在にパートナーの女性たちを満足させているような映画、それもビジネスです。

私たちは、ただ単に、ふさわしいパートナーがいないと白状するのを互いに恐れ、恥じらっているのです。しかし議論の余地もない事実が残っています。結ばれた婚姻のうちの六十パーセントが崩壊している。残りの四十パーセントの家族は理想の姿からかけ離れたものになっている。頻繁に起きている不倫や売春業の繁栄が、このことを証明しています。

今日私たちが経験しているセックスによる満足感は、まったくもって完全なものではありません。それは、私たちが虚しくも生涯探し求めている、二人による神なる使命の本当の共同の創造から得られる、人間にしかない満足感のほんの小さな一部にしか過ぎない。『**探す場所を間違えている！**』。私たちの人生そのものが、この発言の信憑《しんぴょう》性を裏付けています。

歴史学者でもおそらく想像していない、なんらかのとても古い文明の文化を代表しているアナスタシアが、固定観念を覆しているのです。この文化の完全性は、妊娠した女性へのかかわり方においても判断できるでしょう。

この文化の必須条件は、妊娠した女性は九カ月間を受胎した場所で過ごし、そこで出産するというものです。これがどれだけ重要なことなのか？

現代科学が並べている情報と比較分析により、この発言の優位性を証明することができます。受胎が行われ、生まれてくる子どもを母親が胎内で育むべきところは、一族の土地と呼ばれる場所です。そこで男性と女性が自らの手で、様々な植物を用いて庭をつくるのです。生理学者は、妊婦にとって正しい栄養摂取が必要であることを否定しないでしょう。このことについて多くの科学的そして準科学的な論文が書かれています。それはどういうことでしょう？　妊婦一人ひとりがそれらを勉強しなければならないと？　すべてを忘れて懸命に、何をどうやって食べるべきかの文献を読み究めなければならないのでしょうか？　そんなことは到底想像もできません。

もし妊婦一人ひとりがそういった科学的論文を勉強したとしても、必ず解決不可能な別の問題がもち上がるでしょう。それは、推奨される食品をどこで手に入れるかという課題です。

想像してみましょう。とても裕福な現代の夫婦がいるとします。物質的にほしいものは、どんな物でも買うことができる。しかしそれは錯覚なのです！　妊婦が食べたくなるものを、それも食べたいと思うまさにその時に買うことなどできませんし、お金では買えません。私が言いたいのは、例えば、女性が自分の庭の木から自らもいですぐに食べた時の質に極めて近いリンゴなど、お金では買うことができないということです。

ここで、二つの状況を想像し、比較してみましょう。これらは心理的特徴を表す一面ですが、生理学に劣らないほど重要です。

一つ目の状況は、大部分の人に起こっている一般的なことです。中流、またはそれより少し高い層の若い家族を例にしましょう。妊婦は夫と二人でマンションに住んでいる。彼女は十分な質の食事をとることができるでしょうか？　できません！　現代のスーパーマーケットは、たとえ高級なスーパーマーケットであろうと、良質な食材を提供することはできません。保存加工品、冷凍食品は人間にとって不自然なものです。市場《いちば》？　市場で売られる食品も、控えめに言っても品質に疑問があります。個人農家であっても、あらゆる化学添加物を栽培時に使用することを覚えたのですから。自家用に栽培するのなら別の話ですが、販売用に栽培するとき、そんなときは収入を得ることを目指す思いが、あらゆる成長促進剤を使用する動機となります。このことは誰もが理解している。そしてそれにより、出どころのわからない食べ物を口にする際に、もちろん不安が生じる。

不安！　それは現代人に常に付きまとうものです。

妊婦には、社会の異変や自然災害についての情報がとめどなく降り注いでいます。彼女の意識と潜在意識において、生まれてくる子どもの運命に対する不安が日々大きくなっていく。では、ポジティブな要素はどんなもので、いったいどこにあるのでしょうか？　そんなものはまず存在しませんし、私たちが身をおとしいれているぞっとするような生活条件の中には、存在し得ないのです。

よい家具が整ったマンションでさえ、私たちはその環境に慣れ、真新しさによって部屋が私たちの目を歓ばすことはなくなります。すべての物が次第に古くなり壊れていくことにも、私たちは慣れています。まるで水道水が飲み水には適さないという知識にも慣れてしまうのと同じように。しかし妊婦はこのすべてを、突然はっきりと認識し始めるのです。彼女には、〝運〟を願う以外にできることがなくなってしまう。逃げ場のなさという重圧に押しつぶされながら、〝運〟が唯一、彼女が期待を残すことができるものなのです。

もう一つの状況は、アナスタシアが呼ぶような愛の空間に囲まれている女性が、生理的に必要なものだけでなく、最強の精神的な補強も受けているケースです。

現代科学は、アナスタシアが断言したことのほとんどすべてを説明し、証明することができます。彼女の話は極めてシンプルで理にかなっているのです。数多くの無意味な話をしていながら、私たちはなぜそれらに大きな注意を払ってこなかったのかと驚くばかりです。

一方でアナスタシアは、現代科学では説明できない、謎めいた現象についても話しています。

『三つの重要な点、存在の最初の三つの次元空間を、親が自分の共同の創造物に提供しなければならない』

それから彼女は、謎めいた三つの存在の次元空間の点が、一つの場所で、すなわちまさに一族の土地で一つに合わさるためには、次のことが起こらなければならないと話しています。

『二人の意識が愛の中でひとつに溶け合い……、第一の点は、親の意識と呼ばれるもの……。第二の点、より正しく言うと、もうひとつの人間の次元空間が、愛の中そして美しい創造の想いの

中でふたつの身体がひとつになる時に生まれ、天に新しい星が灯される時……。そして第三の点は、新たなる次元空間がその場所で生まれなければならないということ。子どもが受胎した同じ場所で出産も行われなければならない。そして父親はかたわらにいなければならない。すると私たちみんなを愛する偉大な父が、三人に冠《かんむり》を授けてくれる』

受胎、胎内での発育そして出産がひとつの場所、すなわち美しい一族の土地で行われることの優位性は、疑いもなく科学的にも、生理学的にも、また心理学的にも証明することができます。しかしアナスタシアはもっと大きなことを話している。彼女は、この場合に誕生する人間と宇宙の完全なつながりが起こると話しています。なぜか？ 何によってか？ 未来のその人の運命にとって、誕生へのこのようなアプローチはどれほど重要なものなのか？ 現代の科学者には、仮説を立てることしかできません。

私はアナスタシアの発言を、今人気の占星術で予言されていることと比較してみました。すると自然に、ある疑問が浮きあがります。三つの瞬間のうち、人間の誕生の主軸と考えられるのはどの瞬間なのかということです。意識した瞬間か、生理学的な受胎の瞬間か、それとも母親の胎内から産まれ出る瞬間か？

一般的には、誕生の日は母親の胎内から出てくる日だとされています。占星術ではこの瞬間をもとに計算がされるのです。しかし、今や科学は胎児が母親の胎内にいながらすでに生きており、感覚があることを知っています。そうなのであれば、その人間はすでに存在しています。すでに生まれているのです。胎児は動き、母親は手足が当たるのを感じています。であれば人間の誕生のより正確な日付は、卵子の受精の瞬間でしょうか？　生理学的観点からは、この瞬間が最も正確な人間の誕生の日と断定されます。しかし……精子と卵子の出会いは原因ではなく、結果なのです。それよりも先に、二人の意志があります。もしかすると、まさにこの二人の意志が誕生の日の決定要素なのでしょうか？　この三つの時点のうち、現在誕生日と考えられているのは、胎児がこの世に出てくる日です。明日には、もしかするとほかの定義がなされる可能性もあります。アナスタシアの理論によると、人間の誕生の日は、先に述べたすべての三つの構成要素が一つに結合する瞬間であるということになります。そしてここに、議論の余地がない論理があるのです。しかし私たち、つまり現代科学も宗教的教義も、このことに言及するのを怖れているのです」

「怖れることなんてありますか？」

「あります。……いいですか、ウラジーミル・ニコラエヴィチ。アナスタシアが主張したことが動かしがたいものだと認めてしまえば、彼女が代表する文化の人々に比べて、私たちは完全な人間ではないということになるのです。現代の大部分の人々には、完全な人間に特有な一つないし二つの要素が欠如しているのです。だからこそ、このことについて語るどころか、考えることさえも怖れているのです。考えるべきことであるにもかかわらず……」

「しかし、私たちが語ったり考えたりしないのは、この主張にあまりにも疑うべきところがあるからではないですか？」

「その逆ですよ！　あまりにも議論の余地がないのです！

第一に、よく考えてみてください。精子と卵子の出会いに先行して、淫蕩《いんとう》ではなく生まれてくる子どもへの意識がある方が、道徳的また精神的により充実した状況であることを、誰が否定するでしょうか。

第二に、妊婦が完全な栄養を摂り、ストレスを避けるべきであることは、絶対的に議論の余地がありません。そのために、アナスタシアが話している自分の一族の土地で過ごすことは理想的なのです。

第三に、状況を知っている場所で、慣れ親しんだ環境の中での出産は、出産間近な妊婦にとって、そして……何より新生児にとって好ましい。このことも、心理学者や生理学者にとって議論の余地のない事実です。これらの三つの項目に、あなたは賛成でいらっしゃいますかな？」

「もちろん賛成です」

「そうでしょう、疑いの余地がないことなのです。そしてそれは科学者にとってだけではありません。従って、この三つの有益な要素が一つに結合することで起こる有益な作用を、否定することはできないのです。

心理学者として、この結合が起こる際に、空間で精神的反応が起こっているのではないかと仮定することができます。それに対して大宇宙のすべての空間が反応しているのです。大宇宙の空間が赤ん坊を受け入れ、赤ん坊と情報のつながりを確立する」

「そうかもしれません。しかし、ここで人間の誕生の正確な日付を定義することに、どんな意味があるのですか？」

「大きな意味があります！　包括的な意味が！　これは私たち自身の世界観のレベルを決めるものです。胎児がこの世に生まれ出ることが最初だと位置づけるならば、それはすなわち、私たちの世界観によると、物質が他に先駆けて存在することを意味するのです。

男女の意識が合わさる瞬間を最初とするなら、意識が他に先駆けて存在することになる。それに従って、生き方を決定づける今までとは異なった文化が形成されるのです。前者の場合は物質が優先され、後者では、精神性が優先される。この論争は、おおやけであれ、おおやけでないものであれ、ずっと前から続いています。しかし今や、私にはこの論争がまったく無意味であることがはっきりとわかります。アナスタシアは、一つに合わさるものにはこの二つの概念だけではなく、三つ目のものがあると言っているからです。彼女の主張をもとに、完全な人間の誕生について、またその実現の可能性についての理論を組み立てることができます。これは簡単な、誰にでも手の届くものです。しかし私たちは、なぜ自分の可能性を発揮しないのでしょうか？　なぜ私たちの意識はカオスとなっていて、人生はせわしさの中で過ぎていくのでしょう？　これこそが疑問なのです」

「私はやはり、誕生の日を、赤ん坊が母親の胎内からこの世に生まれ出る日時としてもよいと思いますよ。ただ、より正しく、この世に生まれたとき、と名付けるべきです」

「それもいい。まったくもっていいですな！　それでも誕生の瞬間については、やはりアナスタシアに訊いてみてください」

「訊いてみます。私自身、自分が具体的にいつ誕生したのか、息子がいつ誕生したのかを知るのは興味深いですから」

「息子さん……。そもそもあなたは私のもとに助言を求めていらしたのでしたね。それなのに私はこうして自分の話を……。許してください、夢中になってしまいました。鬱積《うっせき》していましてな。私は週に三回診察をしていますが、皆が自分の問題を抱えてやってきます。

皆決まった問題を抱えているのです。どのように子育てをすればよいのか？　どうすれば娘や息子と会話が持てるか？　そして子どもはすでに五歳や十歳、十五歳なのです。

そんな人に『おやあなた、今から育てようなんてもう遅いよ』と伝えることは、つまり彼らの最後の望みを絶つことになります。ですので、実のところは慰めることばかりしているのですよ」

「私の息子ももうすぐ五歳になりますが、つまり私も、もう手遅れだと？」

「ウラジーミル・ニコラエヴィチ、あなたの場合は状況が異なります。あなたの息子さんのそばにはアナスタシアがいる。彼女があなたに、息子さんを私たちの世界に放り込むことをさせなかったのには理由がある。彼女は息子さんを、私たちの世界と異なった文化に従って育てているのです」

「つまり、私と息子とは異なった文化の人間であり、そうすると、互いを理解することは絶対にできないということですか？」

「親と子どもは常に、異なった世界観を持つ異なった文化の代表者のようなものです。それぞれの世代に、それぞれの優先順位がある。確かに、あなた方の場合ほど際立ったものではありませんが。私からの助言は、息子さんとお話しになる前に、どのようにするのがよいのか、アナスタシアと話し合うことです。彼女が言うことをよく聞いてみてください。あなたは子どもの育成について、たくさんの本を読み、深く考えてきたのですから。今なら彼女を理解しやすいでしょう」

「彼女をいつも理解できているわけじゃありませんよ、長い時間をかけてもできないこともある。いくつかの発言は、疑問を抱かせます。謎めいていて、根拠もないんです。アナスタシアが話したことの中で、公開しないようにしているものも多くあります。奇妙に思えることもよくありますからね。それに……」

アレクサンドル・セルゲエヴィチは突然机を叩くと、激しく、乱暴にさえ思える様子で私の話を遮った。

「あなたにそんなことをする権利はありません。たとえあなたの知性で理解できないようなことがあるとしても、ほかの人に理解するチャンスをくださらなければ」

私には彼の話し方の激しいトーンと、発言の意味していることが気にいらなかった。私へ向けられた同じような発言を聞いたり読んだりしたのは、これがはじめてではない。意味するところは、私は何か脳みその足りない男であり、私の役割はタイガの女世捨て人が話したことをできるだけありのままに記述することだけということになる。しかし、このようなことを言う利口ぶった人たちは、すべてを考慮しているわけではない。私は、突然攻撃的になった心理学者に、身の程をわからせることにした。

「もちろんあなたはご自身のことを、彼女の発言のすべてを理解できる特別な人間だと思っていらっしゃいますから。私は学術称号のある心理学者ではありませんが、私にだって、もしも根拠のない、謎めいた発言を全部公表すれば、本に描かれているすべてのことが、おとぎ話のように捉えられてしまうという単純な現実は理解できますよ。そんなことをしたら、本来は理にかなった、今日すでに生活の中に取り入れることができるものも、すべて葬られてしまうんです。謎めいた発言を公表しないのは、私が、ともすると、そうすることによって理にかなっているところを救っている可能性もある」

「では具体的に、どんな謎めいたことについておっしゃっているのですか?」

「例えばこんなことです。彼女は、大宇宙から最良の音の組み合わせを集め、それを本の文章の中に隠した。そしてそれらが読者によい作用をおよぼすと言いました」

「ええ、そんな話を覚えていますよ、とてもよく覚えています。一冊目の本に書かれていましたね。そこには、読者が本を読む際に、自然界の音を聞いている場合にその作用が強化されるとも書いてありました」（*ロシア語原書の旧一巻には、表紙の内側などに、このメッセージが記載されている。）

「覚えていらっしゃるのですね? では、それらの言葉が本に書かれた文章の中でだけ響くのではなく、表紙の内側にもあるということも？　覚えていらっしゃいますか？　出版社がそうするよう私に助言したんですよ、読者の好奇心をそそるために。それで私はそうしたんです……」

「それは正しい行いだったのですよ」

「正しいですって?!　ご存知ですか。表紙に書かれたこの発言が、多くの人を本から遠ざけたんですよ。多くの人が宣伝のための策略だと見なし、このことはメディアにも書き立てられました。私は何度目かの重版ではこの記述を消しました。多くの人がこれを奇妙なつくり話だと考えているのです」

「馬鹿げたことだ！　本当に……社会の知性は本当にそのようなレベルまで落ちることができるものなのでしょうか？　または知性を使うことへの怠慢が、大衆に論理的な思考を停止させたのでしょうか？」

「どうして知性の怠慢が関係するんです？　証明できないことなのに」

「証明ですと？　何を証明することがありますか？　この発言は、そのシンプルさと有効性において、ほかでもない、心理テストなのです。それは、落ちぶれた知能を持つ完全なうすのろか否かを、一瞬にしていとも簡単に判別する。もしもその際にメディアにまで出ようものなら、それによって、『ご覧ください、私たちはこんなにもうすのろなのです』と示すことになります。これは天才的なテストです！」

「どうしてテストになるんです？　この発言は証明できないものですよ」

「証明できないとお考えになるのですね？　証明しなければならないものなど何もないのです。アナスタシアが言っていることは、自明の理なのです。考えてみてください、どんな本に書かれた文章も……、よく聴いてください、どんな本も、手紙も、話される言葉も、まさに音の組み合わせです。これはわかりますね？　このことには同意なさいますか？」

「まあそうですね、ええ、同意します。実際にすべての本の文章は、組み合わせでできている……」

「ご覧なさい、いともシンプルなことでしょう？　そしてこのシンプルさに、論理的に考えることを怠る人がつまずくのです」

「そうかもしれません……。しかし彼女は言ったじゃありませんか、『大宇宙の空間から最良の組み合わせを見つけ、そして集めた。そして、それらが読者によい作用をもたらすことになる』と」

「しかしこのことにも、何も奇妙なことなどまったくありませんよ。ご自身でご判断ください。あなたがその本あるいはほかの本、新聞や雑誌の記事を読むとき、これらが影響を与えないというのでしょうか？　文章が、あなたを無関心にさせることも、苛立たせたり、満足、憎悪または楽しい気持ちを起こさせることもできます。そうでしょう？　わかりますか？　同意なさいますか？」

「ええ」

「よろしい。アナスタシアの文章がもたらすよい作用に関しては、読者が内容に対し、どのように反応しているかによって証明ができています。依頼されて書くこともありますから、書評のことではありませんよ。よい作用があるという事実は、創作意欲の高まりに裏付けられます。あなたの読者たちによって書かれた多くの詩や歌が、このことを証明しています。私だってアナスタシアに捧げられた歌の楽曲集を五つも買ったくらいです。そういったものをつくったのは、普通の人々、もしくは、逆に普通でない人たちなのかもしれません。私はそういった楽曲集を買って聴きました。現実が、アナスタシアの話したことを裏付けていました。読んだことに感化されて詩が生まれたのです。なのにあなたは『奇妙だ』とおっしゃる。あなたにアナスタシアの検閲官たる資格はありませんよ」

「わかりました。では、失礼します。ご助言ありがとうございました」

私は心理学者の診察室から出ようと、すでにドアノブに手をかけていた。

「お待ちください、ウラジーミル・ニコラエヴィチ。あなたの気を悪くしてしまったようですな。私の言い方がいくぶん激しかったのでしたら、どうかお許しください。お別れをこのようなかたちにしたくありません」

診察室の中央に立っているアレクサンドル・セルゲエヴィチは、少しだけ太り気味の、年輩の男性である。彼はジャケットのボタンを丁寧に留めると、話を続けた。

「ご理解ください。あなたは、アナスタシアが話すことのすべてを書かなければならないのです。

あなたにとって、私やほかの誰かにも、理解できないことがあってもいい。いいのです。大切なのは彼女たちが理解することなのですから！」

「彼女たちって誰です？」

「若い女性たちです、これから健康な子どもたちを産むことのできる、若い女性たちです。彼女たちが理解すれば必ずすべてが変わるのです。しかし……、なんだか私たちはご子息についてあまり話をしませんでしたな。あなたはまさにそのために診察にいらしたのに」

「もちろん、そのために来ました」

「私は何も具体的なことは助言できません。あまりにも一般的でない状況ですから。彼のためにタイガに絵本を持って行くのはどうでしょう。例えば歴史の絵本なんかを。少しよい身なりをして。私は馬鹿げたことを話しているかもしれませんが、ただ私は、あなたが彼に、私たちの現実がそれほど残酷なものでないように見せるようになされば、と思うのです」

「じゃあ、どのような現実にすればいいというんですか？　髪にポマードを撫《な》で付けるような、美化され装飾された現実がいいとでも？」

「そういうことではありません。ご子息の前で、あなたが私たちの現実の代表となるのです。それゆえに、あなたは息子さんの前でご自身の面目を潰すことになるかもしれないのです」

「どうして私一人が、この社会のすべての歪みの責任を取らなきゃいけないんです？」

「あなたがご子息に、社会をなにかしらよい方向に変える力がないことを見せてしまうと、あなたの無力さを見せることになります。ご子息の前で、面目を潰してしまうことになるのです。おそらく彼は、人間に不可能なことが存在することを理解できないように育てられているのだと思いますよ」

「あなたは正しいでしょう、アレクサンドル・セルゲエヴィチ。的を射た助言に感謝します。本当に、子どもの前では、我われの生き方を少しだけ飾って見せた方がいいですね。そうすべきだ、さもないと彼は……」

私たちは握手を交わし、別れた。そして二人のあいだに敵意はないように思えた。

息子との対話

河からアナスタシアの草地までのすべての道のりを自力で歩ききると、私はまるで家に帰ってきたかのような感覚を覚えながら、知っている場所へと近づいていった。今回は誰も私を出迎えなかったが、道案内なくタイガを自力で歩くことを、私は好ましくさえ感じた。

私は大きな声でアナスタシアを呼ぶことはしなかった。取り込み中なのかもしれないし、用事が終わったら、私が来たことを感じ、自分から来るだろう。

よくアナスタシアと座っていた湖のほとりの、私のお気にいりの場所が目に入ってきた。旅路のあと、座って一息つく前に、まずは着替えようと私は決めた。

リュックサックから、しわができにくい加工が施された濃いグレーのスーツ、薄手の白いセーターと新しい靴を取り出した。タイガへの支度をしていたとき、白いワイシャツとネクタイも

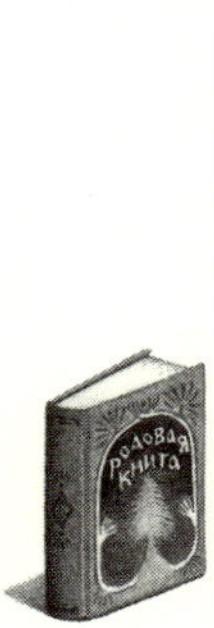

持って行こうと思ったが、ワイシャツはしわになり、タイガではアイロンもかけられないと思い留まった。スーツの方は、店でしわにならないように包んでもらったのだった。

私は息子に対して、自分を品よくおごそかに見せようと決めた。だから見た目にうわ薬をかけようとあれこれ思索するのに、多くの時間と労力を費やした。

私はひげ剃りと鏡も持ってきていた。鏡を木に立てかけ、ひげを剃り、くしで髪も整えた。それから小さく盛り上がった土の上に座ると、息子との対面プランとして道中で考えたことを書き加えようと、メモ帳とペンを取り出した。

息子はもうすぐ五歳になる。もちろん、もう話ができる。私が最後に会ったのは本当に幼い頃で、まだ言葉を話せなかったが、今はもう多くのことを理解するはずだ。きっと、アナスタシアやおじいちゃんたちと一日中おしゃべりをしていることだろう。私は堅く決心していた。アナスタシアが現れたらすぐさま、息子との対面にどんなプランを練ったか、何を話すつもりかを話して聞かせよう。

私はこの五年のあいだ、あらゆる類の子どもの教育システムを学び、その中で私から見てよりよい、最も理解できると思うものを選んだ。教育学者や児童心理学者たちと交流し、自分に必要な結論を出した。そして今、息子と対面する前に、私がつくり上げたプランと出した結論を、アナスタシアと一緒に検討できればと思っている。彼女と一緒に、もう一度すべてを詳細に検討しよう。息子に向けて最初にどんな言葉をかけるべきか、その際にどんな姿勢で立っているべきか、アナスタシアに助言してもらおう。姿勢だって重要で、私は、父親というものは自分の子どもから尊重されるべきであると決めていた。しかし、まずはアナスタシアに紹介してもらうべきである。

私のメモ帳には、一項目にこう書いてある。

「アナスタシアが俺を息子に紹介する」

私のことを、例えば、「ほら坊や、目の前にいるのはあなたの実のお父さんよ」というような簡単な言葉で紹介してくれたらいい。

しかし、彼女はその言葉をとてもおごそかに発するべきだ。子どもが彼女の声のトーンで自分の父親の重要性を感じとり、そのあと父親の言うことを聞くように。

突然、私は周囲のすべてが、まるで何かを警戒して身構えているかのように静まったのを感じた。突然訪れた静寂に怖れはしなかった。タイガでアナスタシアに会う前には、いつもこうだったのだ。まるでタイガがその住民たちと共に、じっと息を潜め、耳を凝らし、警戒して身構えながら、訪問者が彼らの主人に何か悪いことを持ち込んではいないかを判断しようとしているかのようだ。その後、攻撃性のないことが感じられたら、すべてが落ち着きを取り戻すのだった。

静寂が訪れたことで、私の後方からアナスタシアが静かに近づいてきたことがわかった。後方から、まるで何かが私の背中をあたため始めたように感じたことからも、彼女がやって来ることを察知するのは難しくなかった。あたためる眼差《まなざ》しで見つめることができるのは、アナスタシアだけだ。私は彼女の眼差しの方へすぐには振り返らなかった。しばらく座ったまま、心地のよい、嬉しいぬくもりを感じていた。そのあとで振り返ると、そこには……。

目の前には、私の小さな息子が草の上にしっかりと裸足で立っている。彼は大きくなっていた。亜麻色の巻き毛はすでに肩まで垂れ下がっていて、イラクサの繊維で編んだ襟のない短いシャツを着ていた。アナスタシアに似ている。私にも少しだけ似ているかもしれないが、すぐにはわからないくらいだ。振り返るや否や、私は頭が真っ白になり、地面に手をつき、四つん這いで固まったまま彼を見つめていた。彼も黙ってアナスタシアの眼差しで私を見つめている。あまりの思いがけなさから、私はおそらく長いあいだ何も言えずにいたのだ。しかし、彼の方からはじめに話を切り出した。

「あなたの光の意識に健康を。こんにちは、ぼくのパパ！」

「ああそうかい？　きみにも、もちろん、こんにちは」私は答えた。

「許してね、パパ」

「何を許すんだい？」

「パパが大事なことに思いを巡らせていたのを、ぼくが止めてしまったから。はじめはパパからちょっと離れて立っていたんだよ、邪魔しないように。でも近づいてそばにいたくなったの。パパ、ここで静かに座っていさせて、パパが思いを巡らせるのを終えるまで」

「そうかい？　いいぞ。もちろん、座っていいよ」

彼は素早く近寄り、私から五十センチメートルほど離れて座ると動きを止めた。私は茫然自失で四つん這いになったままでいたが、息子が座り込むあいだに考えることができた。

〝思慮深いポーズをとらなければ。この子が、私が大事なことに最後まで思いを巡らせていると思っているあいだに、このあとどう振る舞うかを決めなければ〟

私は相応のポーズをとり、私たちは隣り合ってしばらくのあいだ黙って座っていた。その後、私は隣で静かに座っている幼い息子の方へ振り向くと、質問した。

「どうだい、ここでのきみの物事はどう進んでいる？（＊ロシア語では「元気かい？」という意味で一般的に使われる言い回し。）」

彼は、私の声を聞いて嬉しそうにはっと身体で反応すると、振り向いて私の目をまっすぐ見つめ出した。その眼差しから、彼が懸命に考えていること、一方で私の簡単な質問にどのように答えればよいのかわからないでいることが感じとれた。それでもその後、彼は話し始めた。

「ぼくはねパパ、パパの質問に答えられないの。物事がどう進んでいるかわからないの。ここではねパパ、生きることが進んでいるよ。生きるって、よいことなんだよ」

〝どうにかして話を続けなければ……〟と私は思った。〝主導権を手放してはだめだ〟。そしてよくある質問をもうひとつ投げかけた。

「そうだな。で、どうだい？　ママの言うことを聞いているかい？」

今度は、彼はすぐに答えた。

「ママが話をするとき、ぼくはいつも歓《よろこ》んで聞いているよ。それにおじいちゃんたちが話すのも、聞いていて面白いんだ。ぼくもみんなに話すよ、そのときみんなが聞いているよ。アナスタシアママはね、ぼくがたくさん話すって思っているの。想いを巡らせることをもっとするようにって、アナスタシアママは言う。でもぼくは速く想っていて、全部いろんなふうに話したいんだ」

「どういうことだい、いろんなふうにって？」

「おじいちゃんたちみたいに言葉を順番に組み立てるの。ママみたいに、パパみたいにも」

「私がどうやって言葉を組み立てるかなんて、なぜわかるんだい？」

「ママが教えてくれたよ。パパの言葉を使ってママが話をするとね、ぼくとっても面白くなるの」

「そうなのかい？　そんなことが……。それで、おまえは将来、何になりたいんだい？」

彼は、再びこの最もありふれた、大人が子どもに一度ならず投げかける質問を理解できなかった。

そして、しばしの間のあと答えた。

「ぼくはもうぼくになっているよ、パパ」

「おまえなのはわかっている。私が言いたいのは、将来何をしたいのかっていうことだ。大人になったとき、何になりたいんだい？」

「ぼくはパパみたいになるよ、大人になったら。パパが今していることを、最後までやるんだ」

「私が何をしているか、どうして知っているんだい？」

「アナスタシアママが話してくれた」

「ママはおまえにどんなことを話したんだい？」

「たくさんのこと。アナスタシアママは話してくれた、パパがどんな……なんていう言葉だったかな……そうだ、パパがどんなにすごいエイユウなのかって」

「英雄？」

「そうだよ。パパは大変なんだ。ママはパパに少しでも楽になってほしいの。パパに人間らしいものの中でゆっくり休んでほしいのに、パパはあっちの世界へ行ってしまう。たくさんの人たちがとっても大変な暮らしをしているところに。パパが行ってしまうのは、そこも善《よ》い場所にするためなんだ。自分の草地を持っていなくて、いつもおびやかされていて、したくない生き方を無理やりしている人たちがいるって知ったとき、ぼくはとても悲しかった。その人たちは食べる物を自分で得ることができないんだ。その人たちは……えっと、ハタラク、ハタラクっていうんだよ。ハタラかなきゃならないの。その人たちはね、自分がしたいことではなくて、誰かが言うことをしなきゃいけないんだって。そしてそうすれば、その人たちに小さな紙が……お金が与えられて、そのお金を食べ物と交換しているんだよ。その人たちはね、ただ少しだけ忘れてしまっているんだ、どうすればほかの方法で生きることができるのか、それにどうすれば生きることを歓べるか。それでパパは、あっちへ行くんだね。大変な思いをしている人たちのところに。そこで善《よ》いことをするために」

「そうかい？　私が行ってしまうのは……。そうさ、どこもかしこも善い場所にしなきゃいけないからな。だがおまえは善いことを最後までやるために、どんなふうに計画しているんだい。そのために今どんな準備をしているんだ？　勉強しなくちゃならないだろう」

「勉強してるよ、パパ。勉強するのが大好きなんだ、だから頑張っているよ」

「何を、どんな科目を勉強しているんだい？」

彼は再び、質問をすぐには理解できなかったが、間をおいて答えた。

「一つの全部の科目を勉強しているよ。あれをアナスタシアママと同じ速さにできたら、その一つの全部の科目、そうじゃない、全科目がすぐにわかるようになるんだ。そうだ、全科目っていう言葉を使った方が正しいね」

「何をママと同じ速さにするんだ？」

「ぼくの意識だよ。でも今はまだそんなに速くならないの。ママの意識の方が速いんだ。ママの意識は、おじいちゃんたちよりも、お日さまの光よりも速いんだ。ママの意識はとても速くて、それより速いのは彼の意識だけなんだよ」

「彼のって、誰のだ？」

「神の、ぼくたちの父のだよ」

「そう、もちろんだ。じゃあそうやって頑張りなさい。そう、頑張らなきゃならないぞ、息子よ」

「わかった、パパ。ぼく、もっともっと頑張るよ」

私は、勉強についての話を続けつつも、何か賢くて重々しいことを言うために、リュックサックの中から、持ってきた本のうちの一冊を運まかせに取り出した。小学五年生向けの『世界の古代史』だった。そして息子に言った。

「ほらごらん、ヴォロージャ。これは現代の人によって書かれた、たくさんある本の中の一冊だ。この本には、どのように地球に生命が生まれたか、人間や社会がどうやって発展してきたかが子ども向けに書かれているんだ。たくさんの色の付いた絵や文章もある。この本には、人類の歴史が書かれているんだ。学者たち……っていうのはとても頭のいい人たち、まあほかの人より頭のいい人たちなんだが、彼らがこの本に、はじめに地球にいた人間たちの生活を書いている。おまえが文字を読めるようになったら、本からたくさんの興味深いことを知ることができるぞ」

「文字は読めるよ、パパ」

「そうか……なんだって？　ママが教えているのか？」

「あるとき、アナスタシアママが砂の上に文字を書いて、読み方を教えてくれたの」

「それでおまえは、すぐに全部の文字を覚えたっていうのかい？」

「覚えたよ。とっても少ないんだもん。とっても少ないんだって知って、すごく悲しくなったんだ」

私ははじめ、文字の数について息子が言ったことに意味をみいださなかった。それよりも、息子が本当に印刷された文字を読むことができるのか、実際に聞いてみたかったのだ。本の最初のページを開き、彼の方へ差し出すと、私は促した。

「ほら、読んでごらん」

歪められた歴史認識

ヴォロージャはなぜか左手で開いた本を手に取り、しばらくのあいだ黙って印刷された文章を見ていたが、やがて読み始めた。

「〝大昔の人々は、気温が零下になるような寒い冬のない、暑い国に暮らしていました。人々は一人ひとりバラバラではなく、学者が群れと呼んでいるグループで暮らしていました。群れの人々は皆、子どもから大人まで、採集をしていました。毎日、食べられる根っこや野生植物の実、ベリー、鳥の卵を一日中探していました〟」

この文章を読み終わると、彼は小さな頭を持ち上げ、何か疑問があるような様子で私の目をまっすぐ見つめだした。私は何が疑問なのかを理解できないまま黙っていた。彼は少し心配そうに話しだした。

「ぼくにはね、パパ、想像が起こらないの」

「どんな想像だい?」

「なんにも想像が起こらないの。壊れちゃったのかな、それともこの本に書いてあることが想像できないのかな。アナスタシアママやおじいちゃんたちが話しているときは、全部はっきり想像できるんだよ。ぼくが神の本を読んでいると、もっとはっきりと全部が想像できる。でも、この本に書いてあることは、なんだか歪んでいてめちゃめちゃで、想像が起こらないんだ。それともぼくのが壊れちゃったのかな」

「なんで想像なんかするんだ？　想像にわざわざ時間を費やさなくてもいいだろう？」

「だって、本当のことなら想像は勝手に起こるんだもの……。でも今は起こらない。ということは……。ぼく、確かめてみる。この人たちは、一日中食べ物を探していたんだよね。もしかしたら本に書いてある人たちは、お目めがなかったのかな？　食べ物は周りにいつもあったのに、どうして毎日、一日中食べ物を探していたんだろう？」

するると、彼に何かよくわからないことが起き始めた。彼は突然目をつぶると、片手で自分の周りの草を探りだした。何かを見つけると、摘んで食べた。それから小さな足で立ち上がり、目をつぶったままで言った。

「もしかすると、お鼻もなかったのかな」

指で鼻の穴を塞ぐと、私から離れて歩きだした。十五メートルほど歩くと、鼻から手を離すことなく草の上に寝転び、「アーア」というような音を発した。

するとたんに、周りのすべてのものが動きだしたように感じた。木々から地面へと何匹かのリスが飛び降りた。リスたちは両手両脚を広げ、尾の毛並みをふかふかにしながら、まるでパラシュートのように草の上へ飛び降り、草の上に横たわった子どものもとへ走り寄ると、頭のそばに何かを置いた。そして木に向かって草の上を飛び跳ね、木によじ登ると、再びパラシュート降下で降り立った。

遠くに立っていた三匹の狼も、草の上に寝転んだ子どもに走り寄り、そのそばで何やら不安げに足踏みを始めた。

木の枝が折れる音がし、低木の茂みから若い熊が慌ててよろめきながら現れ、そのあとで少し小さいがより動きの素早いのがもう一頭現れた。

一頭目の熊は子どもの頭を嗅ぎ、依然として鼻を塞いでいる彼の手をなめた。茂みからは、次々と大小様々なタイガの獣たちが姿を現し続けた。獣たちはみな同様に、互いにはまったく注意を払わず、草の上に横たわった小さな人間の周りで心配そうに足踏みをしていた。息子に何が起こっているのかを、獣たちが理解できていないのは明らかだった。

私もはじめは息子の奇妙な行動を理解できずにいたが、そのあと気づいたのだった。彼は視覚も嗅覚も失った、無力な人を体現していたのだ。そしてときおり「アーア」という音を発することで、空腹を周囲に知らせていたのだ。

リスたちは依然として、走って行ったり来たりしながら、草の上に横になった子どものかたわらにシベリア杉の松ぼっくりや干しキノコ、ほかにも何かを運んでは並べていた。

一匹のリスが後ろ脚で立ち上がると、前脚で松ぼっくりを持ち、歯で素早く種を取り出し始めた。するともう一匹のリスが種をかじり、殻を剥いて実を次々と並べて盛った。

しかし当の人間は食べ物を手に取らない。彼は依然として目を閉じて鼻を塞ぎ横になったまま、ますます要求するように「アーア」という音を発している。

茂みから突進するようにクロテンが走り出た。豊かな被毛に覆われ、毛皮の色調が変化に富む美しい獣だ。クロテンは、集まっていたほかの獣たちにはなんの注意も払うことなく、草の上に寝転んだ子どもの周りを二周した。ほかの獣たちは全員残らず、子どもの普通でない行動だけにすべての注意を向けていて、クロテンには気づいていないかのようだった。しかしクロテンがリスたちによって盛られた杉の実の前で突然動きを止め、それを食べ始めた時、獣たちは反応した。最初に狼たちが歯をむき出し、毛を逆立てた。その場でそわそわと足踏みをしていた熊は、一瞬立ち止ったあと、食べた奴をじっと見据え、前脚でクロテンの横腹をはたいた。クロテンは脇に叩き飛ばされ、回転したものの、すぐに立ち上がると寝転んだ子どもへとすばしこく走り寄り、前脚を子どもの胸についた。息子が再び要求の「アーア」を発するや否や、クロテンは自分の顔を彼の開いた口に近づけると、確かに口の中に噛み砕いた食べ物を入れたのだ。

ヴォロージャはやっと起き上がると、草の上に座り、目を開き鼻から手を放した。まだ興奮した様子の獣たちを見回して、小さな足で立ち上がると、獣たちを安心させ始めた。

獣たちは、彼らにしかわからない何かの階級に従って、順番に子どもに歩み寄っていた。一頭ずつが、自分のご褒美を受けていた。ヴォロージャは狼たちのたてがみを優しくたたき、一頭の熊には両手で顔を軽く撫《な》で、もう一頭の熊には、なぜか鼻をこすった。彼の足元でくるくると走り回っていたクロテンは、足で軽く地面に押し当てられたあと、クロテンがくるりと仰向けになると、胸を掻いてもらっていた。

ご褒美を受けると、各自決まりよくその場を離れていった。

ヴォロージャは、殻が剥かれた一掴みの杉の実を手に取ると、リスたちに何かの合図をした。おそらく贈り物をもうやめるようにという意味なのだろう。ヴォロージャは獣たちを安心させたものの、彼らはそれでも食べ物を与え続けていた。しかし、合図したとたん、それは止まった。

幼い息子は私のところに来て手を伸ばし、一掴みの実を見せて言った。

「ぼくに起こっている想像ではね、パパ、はじめて地上で暮らし始めた人たちは、一日中食べ物を探す必要はなかったの。彼らは食べ物のことなんて全然考えていなかったんだ。ごめんね、パパ。ぼくの想像と、パパが持ってきてくれた、頭のいい学者たちが書いた本とが違っていて」

「ああ、わかったよ、まったく違っていたんだな」

私は再び土が盛り上がったところに座った。するとすぐ隣に座ったヴォロージャが私に訊いた。

「でもどうして、ぼくの想像と本に書いてあることから浮かぶ想像は違っているの？」

私の頭も、おそらくこれまでになかったほどに素速く働きだした。実際、このようなめちゃくちゃなことが、なぜ本に、それも子どもの教科書に書かれているのか？　自然のことをあまり詳しくない大人にとっても、温暖な気候では、それに熱帯気候ではなおさら、あらゆる食べ物が辺り一面にあふれていることはわかりきったことではないか。その量は、巨大な動物たち、つまりマンモスや象さえも不自由なく食べ物を得ることができるほどだった。小動物だって飢えることはなかった。その一方で、動物たちの中で最も知能の面で発達した存在である人間が、食べ物を得るのに苦労していたというのだ。実際にそんなことを想像するのは、不可能でしかない。つまり、歴史を研究する大多数の人々が、歴史の本に書かれていることの意味について、ただ何も考えていないということだ。読んだことを、最も基本的な論理と対比して考えることもなく、歴史的過去を、知らされた通りにしか受け取らないのだ。

例えば、せいぜい六アール（＊六百平方メートル。）の土地しか持っていないダーチニクに、隣人がその土地で育つ食べ物の中を一日中歩き回っていながら、まったく何も食べる物を見つけられないのだと言ったらどうだろう。ダーチニクはその隣人のことを、控えめに言っても病人だと思うことだろう。

タイガで育った様々な植物や果実を食べてきたこの子は、なぜいつもすぐそばにあるものを探さなければならないのか、理解することができないのだ。さらに、彼を取り巻く動物たちは、どんなときも彼に仕える用意がある。木の実を採りに木に登り、さらには殻をきれいに剥くことさえも彼のためにするのだ。

これまでに私はもう一つの現象を目にしていた。アナスタシア一家が暮らしている領域の獣たちのすべてのメスが、彼女が生んだ赤ん坊を自分の子としても受け入れるのだ。この現象について書いているのは私だけではない。動物たちが人間の子どもを食べさせ育てたという例は、多く知られている。同じように犬が仔猫を育てたという例も、また猫が仔犬をという例も、きっと多くの人が見たことがあるはずだ。しかし動物たちは、人間に対し特別な接し方をする。

タイガの獣たちは、常に自分のテリトリーにマーキングする。彼らがマーキングしたテリトリーにはアナスタシアの一家が暮らしている。だからこそ、彼らに対しては特別な接し方をしている。なぜすべての獣たちはそれほどに人間に惹かれ、震えるほどに大きな熱意をもってその人に仕える用意があるのだろう？　なぜ、動物たち一匹一匹が人間からの寵愛《ちょうあい》を必要としているのだろうか？　例えば家の中、現代的なマンションでも、様々な動物たちが暮らしている。猫、犬、インコ。そして、それぞれが人間からなにかしらの注目を、そしてもっと大きなご褒美……寵愛を受けることを目指す。そして、人間がほかの動物たちよりもどれか一匹に多く目をかけると、嫉妬《しっと》さえする。我われにとっては、このことはごくありふれた、見慣れた光景だ。ここタイガでは少し不思議に見えるのだが、実質的にはそれらとまったく同じユニークな現象なのだ。つまり、すべての動物たちは、人間から発せられている、歓びをもたらす目に見えない光、または気持ち、または放出されているほかの何かを受けようと希求しているのだ。この議論の余地のない事実をなんと呼ぶのかは重要ではない。重要なのは別のこと、自然界にこの事実が存在するということ、そしてなんのために存在しているのかを正確に理解しなければならないということなのだ。もともと存在したものなのか、それとも人間が長い年月をかけて動物たちをしつけてきたのか？　今日でも世界のすべての大陸各地で多くの様々な動物や鳥たちが人間に仕えているのだから、人間がすべての動物をしつけたという可能性もある。動物たちは自分の主《あるじ》を知っているのだ。インドでは、象やサル、中央アジアでは、ラクダやロバ。犬や猫、牛、馬、鶏、ガチョウ、鷹、イルカ。これらはほぼ世界中で。すべてを挙げきれないほどだ。重要なのは、動物たちが人間に仕えているということだ。そしてこの現象は誰もが皆知っていると言ってよい。しかし、それが始まったのはいつなのか。三千年、五千年、いや一万年前か？　もしくは、まだ自然が創造されていたときに、創造主によって、はじめからそのように意図し定められたことなのだろうか？　おそらく、はじめからだろう。聖書にも書いてあるではないか、「すべての生き物にそれぞれの使命を定める」（＊参照：『旧約聖書』創世記1・28）と。もしも創造主がはじめからこのように意図し定め、それが即実行されているのだとすれば、実際に人間には食べ物を獲得するための困難が存在するはずはない。

しかし、ではなぜ子ども向けや大人向けの歴史の本には真逆のことが書かれているのだろう？　そして、これは我われの国に限ったことではなく、世界中にそのようなナンセンスなことが吹き込まれているのだ。単なる間違いだろうか？　いや、きっとそうではない！　この裏には、ただの間違いよりも何かもっと重要なことが隠されている。企みだ！　そしてその企みは、誰かにとってとても不可欠なことだったのだ。誰にとって？　なんのために？　もし違ったふうに書かれていたら？　真実が書かれていたら？　世界中の教科書に、例えばこのように書かれていたとしたらどうだろうか？

「私たちの地球にはじめに暮らしていた人々は、食べ物に困ることがまったくありませんでした。

彼らの周りを、とても豊かで様々な種類の、そして生きるために最上級の健康的な食べ物が取り巻いていました」

しかしそうすると……。そうすると、多くの人々の頭に疑問が浮かぶ。

〝その様々な種類の有り余るほどの食べ物は、いったいどこに消えてしまったのか？　なぜ今日の人間は、一切れのパンのために奴隷のように誰かのもとで働かなければならないのか？〟

そして最たるものとして、次のような疑問が浮かぶかもしれない。

〝現在の人間社会が歩む発展の道は、どの程度万全であると言えるのか？〟

さて、息子にどのように答えるべきだろう？　熱帯に住む人々は、一日中食べ物を探し回ることだけに費やしていた、というようなナンセンスなことが、〝頭のよい〟本、教科書に書かれている理由を。タイガに住む、献身的に仕える獣たちに囲まれた息子は、〝頭のよい人たち〟によって書かれたことを想像することができない。

私はアナスタシアの言葉を思い出した。

「自分自身で現実を見極めなければならない」

そしてこの状況を打破しようと、息子に言った。

「この本は、ただの本じゃないんだ。おまえは自分の想像で、ここに書いてあること全部を確かめなくちゃならない。おまえにはっきりと想像できることを書いてもしょうがないだろう？　ほら、こうして逆のことが書いてある。おまえが自分の想像で確かめられるように。どこが正しくて、どこが間違っているか。気を付けなきゃならないんだ。ヴォロージャ、私の言うことがわかるかい？」

「パパ、ぼく、どうして嘘が書かれるのかがわかるように頑張るよ。まだわからないから。動物たちには、しっぽで自分の足跡を掃いて消すのもいるんだよ。にせものの寝ぐらを掘るのもいるし、罠を仕掛けるのもいる。でも人間にはなんのためにそんないろんな仕掛けが要るの？」

「言っただろう、発展していくためだよ」

「本当のことでは発展できないの？」

「本当のことでもできるが……だがそれほどではないな」

「パパが暮らしているところでは、本当のことで発展しているの？　それとも嘘のことで発展しているの？」

「色々だよ、本当のことでも嘘のことでも、そうやって効率的に発展しようとしている。ヴォロージャ、おまえはよく本を読むのかい？」

「毎日」

「どんな本だい？　誰が本をくれるんだい？」

「アナスタシアママが、ぼくが読むようにって、パパが書いた本を全部くれたよ。ぼく、とっても速く読んじゃった。でも毎日違う本を読んでいるの。陽気でいろんな文字が書いてある本を」

私はそのとき、彼が言った陽気でいろんな文字が書かれた、どこか奇妙な感じのする本のことには、注意を払っていなかった。

パパはママを好きになった、でも愛だと気づかなかった

頭の中を恐ろしい憶測がよぎった。

〝息子が私の本を全部読んだのなら、私がアナスタシアと出会った最初の数日間に、彼女にどう接したかについても知っていることになる。私が彼女を何呼ばわりしたか、さらに棒で叩こうとまでしたことも知っていることになる。母親を愛する子どもが、母親に対してあんな粗暴に振舞った私を許すだろうか？　間違いなく、読んだことを思い出すたびに、息子は私のことを悪く思うだろう。いったいなんだって、彼女は息子に私が書いた本を読ませたんだ？　本当に、この子が字なんかまったく読めなければよかったのに。いや、もしかしたら彼女は察して、私の醜い振る舞いが書かれているページを破ってくれていたかもしれない〟

一縷《いちる》の望みにすがるように、私は恐るおそるヴォロージャに訊いた。

「つまりだな、ヴォロージャ、私が書いた本を全部読んだのかい？」

「うん、パパ、読んだよ」

「それで、書いてあったことは全部わかったのかい？」

「全部はわからなかった。でもアナスタシアママが説明してくれたんだ、わからないことをどうやってわかるようにすればいいのか。それでわかったの」

「ママは何を説明してくれたんだい？　何がわからなかったのか、一つ言ってごらん」

「言えるよ。ぼくは、どうしてパパがアナスタシアママに怒って、叩こうとしたのか、すぐにはわからなかったんだ。ママはとっても善《よ》い人で、優しくて、美しいのに。ママはパパを愛してる。でもパパはママにひどいことを言ってたから、ママのことを全然愛してなかったの。でもあとで、ママは全部話してくれたよ」

「何を？　ママは何を話したんだい？」

「アナスタシアママはね、パパはママをものすごく愛するようになったけど、自分の愛に気づかなかったんだって説明してくれたよ。それでも、その気づいていない愛と一緒に、人々が大変な暮らしをしているところに帰ったとき、ママがお願いしたことをやり始めたんだ。ママがね、パパは自分なりの方法で、善くなるように自分で考えたことを全部やったって言ってたよ。そしてママのことを思い出したときに本を書いて、人々がその本を好きになったの。人々が詩や歌を書くようになった。善いことをするにはどうすればいいか、考えるようになったんだよ。今は善いことについて考える人たちがどんどん増えているんだ。だから、地球全部に善《ぜん》があるんだ。パパは、本のことでひどいことを言われたり、ねたまれたりしたの。でもパパは、もう一冊の本を書いた。それからもう一冊、また一冊と書いた。パパにもっとひどいことを言う人もいたけど、ほかの人たちは、パパが行くと拍手したんだよ。その人たちは本に書いてあることがわかったの。パパがまだ気づいていない、愛のエネルギーによって本が書かれたんだって感じていたんだよ。そしてぼくが生まれたの。パパがとってもぼくに会いたがったから。それに愛もぼくに会いたがったからだよ。パパが本を書いたのは、ぼくが生まれる前に、善い世界を準備したかったからなんだ。ただ、ぼくが生まれる前までには間に合わなかっただけ。だって、世界はとっても大きいんだもの。アナスタシアママはぼくに、パパや世界に値する人にならなきゃいけないって言った。ぼくは大きくなって、全部をわからなきゃいけないんだ。それにママはね、パパのことで気を悪くしたことは一度もないって言ってた。ママはすぐに愛のエネルギーに気づいたの。そのあとママはパパに本を読んだ。淋しくない文字で書かれた本だよ。ママは、パパに本の全部を読んでいないんだ。でもママが読んだところを、パパはたくさんの人にわかる文字で書くことができたの。そしてほとんど全部を正しく書けたんだよ」

「なんの本のことだい？　おまえの言う、ママが読んでくれた本のことかい？　それはなんていう本なんだ？」

「本の名前は『共同の創造』っていうの」

「『共同の創造』？」

源《みなもと》の本

「そうだよ、『共同の創造』。ぼく、毎日その本を読むのが大好きなんだ。でもパパが書いている文字じゃないんだよ。ママがほかの文字でこの本の読み方を教えてくれたの。ぼく、たくさんのいろんな陽気な文字を読むのが好きなんだ。この本は、ずっと一生読んでいられるよ。全部のことが書いてあるんだ。でももうすぐ、地球に新しい本が現れるの。そしてぼくのパパ、パパは新しい本のことを書くんだよ」

「ヴォロージャ、おまえの表現は正しくない。『本を書くんだ』って言うべきだ」

「でも、パパが九冊目の本を書くわけじゃないもの。その本はね、たくさんの大人や子どもが創造するんだ。生きた本なんだよ。美しい楽園の一族の土地の、たくさんの章でできている本。みんなが地球の上に、ぼくたちの父の陽気な文字を使って、その本を書くの。その本は永遠の本。ママは、その生きた永遠の文字を読んで、その文字で言葉をつくることを教えてくれたんだよ」

「待ってくれ」私は息子を遮った。「私は少し考えなきゃいけない」

彼はすぐに黙り、おとなしくなった。

〝信じられない〟と私は思った。〝つまりこのタイガのどこかに、アナスタシアの手元に、人々が知らない文字で書かれた古代の本がある。彼女はその文字を知っていて、息子にその文字を使って言葉をつくり、読むことができるように教えたんだ。彼女はその本から、『共同の創造』

の本のためにいくつかの章を私に読んで聞かせた。神が地球と人間を創造した様子が書かれた章だ。そして私はそれを書き留めた。息子の言葉から、そういうことになる。しかし、私はアナスタシアが本を手に取っているのをまったく見たことがない。でも息子は、彼女がその本に使われている文字を私のために翻訳したと言った。息子を通じて、すべての解明を試みる必要がある〟

そして私は息子にたずねた。

「ヴォロージャ、世界にたくさんの言語があることを知っているかい？　例えば英語、ドイツ語、ロシア語、フランス語なんかのことを？」

「うん、知っているよ」

「ママやおまえが読むことができるその本は、何語で書かれているんだい？」

「特別な言語で書かれているんだよ。でもその文字は何語ででも話すことができるんだ。パパが話している言語にも置き換えることができるんだよ。ただ、全部の言葉を置き変えることができるわけじゃないんだ。だってパパの言語は文字がとっても少ないんだもの」

「おまえが話している、その陽気ないろんな文字が書いてある本を、私に持ってくることはできるかい？」

「パパ、本全体を持ってくることはできないよ。ちっちゃな文字なら少しだけ持ってこられるけど。でもなんのために持ってくるの、文字はその場所にあった方がいいのに。もしパパ、パパがそうしてほしいなら、ぼくはここからでも読めるよ。ただ、ママみたいに速くは読めないの」

「読んでみてごらん」

ヴォロージャは立ち上がると、小さな指で空間を差しながら、『共同の創造』の本の一節を読みだした。

「〝大宇宙は意識である。意識によりこの夢が生まれ、夢は一部が物質として目に見える。息子よ、おまえは無限であり永遠、おまえの内に創造の夢がある〟」

彼は音節ごとに区切って読んでいた。私は彼の表情を観察していた。各音節で表情はほんの少し変わった。驚いたような表情、注意深い表情、楽しげな表情という具合に。しかし彼が指差していた方向をじっと目で探っても、私にはいかなる文字も、ましてや音節など、その空間には見えなかった。それで私は息子の不可解な音読を遮った。

「待ってくれ、ヴォロージャ。おまえには、空間に文字が見えるっていうのかい？　でもなぜ私には見えないいんだい？」

彼は驚いたように私を見つめた。しばらく考えて、ためらいながらこう発した。

「パパ、本当にパパには、あの白樺や、松や、杉や、ナナカマドが見えないの？」

「見えるさ、だが文字なんてどこにある？」

「あれが文字だよ、創造主が書いている文字！」

彼は、小さな指で様々な植物を指しながら、続きを一音節ずつ読み始めた。そして私は、信じられないことに気づいたのだ。息子と一緒に座っている、また何度もアナスタシアと一緒に座ったことのある湖の辺り一面は、植物であふれている。各植物の名前は一定の文字で始まっており、一方でいくつかの名前を持つ植物もある。名前から名前へ、文字から文字へ……音節ができ、それから言葉が、文章ができる。あとになってわかったことだが、アナスタシアの草地を取り巻くタイガの空間は、ただ無秩序に生える木や茂み、草に囲まれているのではない。草地を取り巻く広大な空間が、まさに生きた文字、つまり植物たちで書かれ、埋め尽くされているのだ。この信じがたい本は、無限に読むことができるように思える。同じ植物の名前を、北から南へ向かって読めば、ひとつの言葉と文章が出来上がる。西から東へ向かって読めば、また異なった言葉と文章が。厳密に円周に沿って読めば、三つ目の言葉と文章ができる。また、太陽の動きに沿って植物の名前から言葉、文章、表現が織りあがる。太陽の光線が、まるで指し棒のように文字をなぞっていく。私には、ヴォロージャがこれらの文字のことを陽気な文字だと名付けた理由が理解できた。普通の本では、印刷文字が厳密に同じ形をしている。しかしこれは、植物の文字だ。同じ種類の植物であっても、必ず違いがある。様々な角度で太陽に照らされ、葉を揺らしながら、人間に挨拶をする。本当に植物たちはいつまでも見ていられるものだ。

しかし、誰が、いつ、何世紀かかってこの驚くべき本を書いたのだろう？　アナスタシアの先祖たちか？　もしくは……？　あとになって、アナスタシアから短くて簡単明瞭な答えを聞いた。

「**私の先祖のあらゆる世代が、この本の文字を原初の順序のままで何千年も保ってきた**」

私は息子を見つめ、そして高ぶったように話題を探していた。話し合うことで、互いへの理解を得られるような話題を。

1＋1＝3

算数だ！　数学だ！　もちろんだとも、このような正確な学問であれば、どんな矛盾も起こらない。アナスタシアが息子に算数を教えたのなら、この話題でいかなる異論も、彼が優位になることもないだろう。二掛ける二は、どんな言語や時代であろうとも、いつだって四だ。自分の発見に嬉々としながら、私は希望を持ってたずねた。

「ヴォロージャ、数え方や、足し算、掛け算はママから教わったかい？」

「うん、パパ」

「それはよかった。私が暮らしているところでは数学という学問があるんだ。とても重要な学問だ。計算や勘定がもとになって、たくさんのことができているんだぞ。足し算や引き算、掛け算が楽にできるように、人々はたくさんの道具を発明してきた。今ではそれなしには難しいくらいだ。おまえに、そのひとつを持ってきたんだよ。計算機というんだ」

私は、ポケットサイズの小さな日本製の太陽電池式計算機を取り出し、息子に見せた。

「ごらん、ヴォロージャ、この小さな道具はとてもたくさんのことができるんだ。ほら例えば、知っているかい、二掛ける二はどんな数字になるか？」

「うん、パパ。ぼくに『四』って言ってほしいの？」

「正解、四だね。でもそう言ってほしいと思っているからじゃないんだぞ。それが答えなんだ。二掛ける二はいつでも四だ。そしてこの小さな道具も計算ができる。小さな画面を見てごらん。ほら、私が『2』のボタンを押すと、画面に数字の〝2〟が表れる。そして掛け算を意味するマークを押して、もう一度数字の『2』を押す。そのあとは、結果を知るために『イコール』のマークのボタンを押す。するとほら、答えが出た。画面には〝4〟が照らし出されている。でもこれはとても簡単な算数だ。この道具は、人間にはできないような計算だってできる。例えばほら、百三十六掛ける千百三十六。『イコール』のマークを押すぞ、するとどんな数字になるかわかるんだ」

「十五万四千四百九十六」計算機よりも先にヴォロージャが発した。

その後、私は四桁、五桁、六桁の掛け算と割り算をしてみたが、息子は毎回、計算機よりも速く答えた。彼は即座に、つかえることなくすらすらと答えを口にしていた。計算機との競争はゲームのようだったが、息子は興味なさそうにしていた。彼は何かほかのことを考えながら、ただただ数字を言っていた。

「どうやって計算しているんだい、ヴォロージャ？」私は驚いてたずねた、「誰に、そんなに速く暗算を教わったんだい？」

「ぼく、計算していないよ、パパ」

「なんだって、計算していない？　数字を言って、問題に答えているじゃないか」

「ただ数字を言っているだけだよ。だって死んでいる次元では数字はいつでも変わらないもの」

「おまえが言いたいのは、正確な次元では、ってことじゃないのかい？」

「正確、かもしれないけれど、まったく同じことだよ。空間と時間を止まったものとしてイメージすれば、数字はいつも変わらないの。でも、空間と時間はいつも動いているんだよ。その動きが数字を変えるんだ。その方が計算するのがもっと面白いよ」

その後ヴォロージャは、理解できない、信じられないような数式や計算を言い出した。私が覚えているのは、その数式がとてつもなく長く、終わりがなかったということだけだ。ヴォロージャは生きいきと、個々の計算の結果を言っていたが、それらすべては最終的なものではなく、計算過程の値だった。毎回数字を言ったあと、嬉々として付け加えた。

「時間と関連付けすると、この数字が生み出すのは……」

「待った、ヴォロージャ」私は息子を止めた。「おまえの言う次元ってのがよくわからない。一足す一はいつも二だ。ほらごらん、枝が一本ある」

私は草の中から小枝を拾うと、息子の前に置いた。それからもう一本見つけると、一本目の枝の横に置いて言った。

「枝は何本ある？」

「二本」ヴォロージャは答えた。

「まさにそうだ、二本だ。どんな次元であろうと、それ以外はない」

「でも、生きた次元だと、まったく違う計算になるよ、パパ。ぼくは見たんだ」

「見たって、どういうことだい？　その別の次元の計算を自分の指を使って見せてくれるかい？」

「うん、パパ」

彼は私の前に小さな握り拳を差し出して見せると、まず指を一本立てて言った、「ママ」。二本目の指を立てて言った、「パパを足すと……、ぼく」と、三本目の指を立てた。「ほらね、指が三本あるよ。二本だけしかないようにするには、一本なくさなきゃいけない。でもこの指のうち、どれもなくしたくないんだ。ぼくはね、もっと指があってほしいの、生きた次元ならこれができるんだよ」

私だって、この三本の指のうちの一本がなくなってほしくはない。いいではないか、この別の次元、すなわち彼が言うところの生きた次元があっても。そしてそれが数を大きくしていってもいいではないか。なんということか！　一足す一は……三。なんだか耳慣れないが。それでもやはり私にとっては、生きた文字が書かれたタイガの本というのが、最も不可解なものとして残っていた。

女の子大宇宙を幸せにするんだ

私は、特別できっと世界で最も生命あふれる本を読むことができ、それを明かしてくれた小さな息子を見つめていた。その本を全部読むには多大な時間がかかることはわかっていた。さらに、すべての植物の名前を知っていなければならない。しかし、なぜか心の中では、息子の表現を借りると、陽気ないろんな文字の書かれた本の存在が、心地よかった。それに息子はその本を読むだろう。それから？　彼が大きくなったら？　息子は言っていた、「パパみたいになる」と。つまり、私たちの世界へ出てくるということだ。戦争や麻薬、犯罪、毒が入れられた水のある世界へ。なんのために出てくると言うのだ？　でも息子はそのつもりだ。彼は、大きくなったら私たちの世界へ来て、何か善《よ》いことをするつもりなのだ。何をするつもりなのだろう？　私は訊いてみた。

「ヴォロージャ、おまえが大きくなったときに、おまえが最も大事だと思うことや仕事はどういうものなんだい？」

「アナスタシアママが話してくれたよ。大きくなったときにはじめに一番大切なのは……ぼくは、一人の女の子大宇宙を幸せにしなくちゃならないんだ」

「誰をだって？　それはどんな大宇宙だか女の子なんだ？」

「地球に生きている女の子はみんな、大宇宙の似姿なんだよ。ぼくははじめそれがわからなかったの。それであの本を読んで読んでたくさん読んだらわかった。女の子はみんな、一人ひとりが大宇宙に似ているんだ。女の子一人ひとりには、大宇宙のすべてのエネルギーがあるんだ。女の子大宇宙たちは、幸せにならなきゃいけない。だからぼくも、絶対に、一人の子を幸せにしなきゃならないんだ」

「それで、大きくなったときにどうやって自分の考えを実現させるつもりなんだい？」

「ぼくね、たくさんの人々が暮らしているところに行くんだ。そして彼女を見つけるんだ」

「誰を？」

「その女の子を」

「彼女はもちろん、並外れて美しいんだろうね？」

「きっとそうだよ。だけど悲しそうに見えるかもしれないし、みんなが美しいって思わないかもしれない。もしかしたら病気かもしれない。パパが暮らしているところでは、たくさんの人が生活しにくい環境のせいで病気になっているんだもの」

「なんだって一番美人じゃなくて、健康じゃない女の子を選ぶ？」

「ぼくだよ、パパ。ぼくがその女の子大宇宙を一番美しく、健康に、そして幸せにしなきゃならないんだよ」

「どうやって？　確かにおまえが大きくなるときまでには、きっと人を幸せにできるようになっているかもしれない、つまり自分の女の子をだな。しかし、ヴォロージャ、おまえはまだ私が暮らしている世界のすべてのことを知っているわけじゃないぞ。もしかすると……おまえに選ばれた女の子は、おまえと話なんかしたがらないかもしれない。最近の女の子がどんな人に注目しているか、知っているかい？　知らないだろう、教えてやろう。美しかろうがそれほどでもなかろうが、病気だろうが健康だろうが、彼女たちが第一に注目するのは、たくさんのお金や車がある人だ。いい服を着て、社会で地位のある人。もちろん全員じゃないが、たいていの女の子はそうなんだ。おまえはどこでたくさんのお金を得るつもりなんだい？」

「たくさんって、それはどのくらいなの、パパ？」

「そうだなぁ、例えば、少なくとも百万。それにドルの方がいい。お金の単位は知っているかい？」

「人々が大好きないろんな紙やコインのことは、アナスタシアママが話してくれたよ。ママはね、人々がそれと交換で、服や食べ物やいろんなものを与えるんだって言っていたよ」

「そうだ。じゃあどこでそれを手に入れるのか知っているかい？　そのコインを受け取るためには、どこかで働かなくてはいけないんだ。ただ働くだけでは、たくさん得ることはできない。……ビジネスをするか、何かを発明しなきゃならないんだ。ほらヴォロージャ、おまえは何か人々に必要なものを、何かその、とってもほしがるものを発明することができるかい？」

「どんな発明なら人々が一番ほしがるの、パパ？」

「どんなって？　ああ色々あるぞ。例えば、エネルギー危機がたくさんの地域に訪れている。電力が足りないが、原子力発電所はつくりたくない。爆発して危険だからな。だがそれなしには立ち行かない」

「原子力の？　その放射線で人や植物を殺してしまうもののこと？」

「放射線のことを知っているのか？」

「うん、どこにでもあるんだよ。エネルギーなんだ。善《よ》いもので、必要なものなんだよ。ただ、ひとつの場所にたくさん集めちゃいけないんだ。おじいちゃんが放射線の操り方を教えてくれたよ。でも、このことは誰にも話しちゃいけないんだ。善い放射線を、ほかの人を殺すための武器に変えてしまう人たちがいるから」

「そうだな、話さない方がいい。実際おまえは何かを発明して、自分の女の子のためにたくさんお金を稼げそうだな」

「たぶんできるよ。でもお金は人を幸せにはしないんだよ」

「じゃあ、人を幸せにするものはなんだと思うんだい？」

「その人がつくりだす空間だよ」

私は、幼い息子が青年になっている様子を想像した。普通でないことや現象をたくさん知っていても、うぶだ。放射線を扱うことだってできるが、いずれにしてもやはり、我われの生活の複雑な絡み合いに関してはうぶ過ぎる青年が、女の子を探しに行く。彼女を幸せにするために。彼は人々の中で目立たないように努力するだろう。アナスタシアがタイガから人々のところへ出るときには、いつもそうしていた。彼は目立たないように努力するだろうが、やはり、完全にみんなと同じようにはなりきれない。彼は準備をするだろう。膨大な叡智を吸収し、健やかな肉体の持ち主になろうとするだろうが、それらすべてが誰かたった一人の女の子のためだ。私は、アナスタシアが息子を大きな偉業を成し遂げられるように準備し、そのために自分の叡智や能力を伝えているのだろうと考えていた。なのにここへきて、男の生における最も大事な行いは、たった一人の女性を幸せにすることだとは。息子は、女性の一人ひとりが、それぞれ大宇宙全体の似姿だと確信している。本当にそうなのだろうか？　風変わりな哲学ではあるが、なんにせよ私の息子はそう確信しており、自分の人生における主要な行いのひとつがたった一人の娘を、しかもまだ知りもしない娘を幸せにすることなのだ。彼女はまだ生まれてもいないのかもしれない。すでにハイハイをしているか、やっとはじめてのよちよち歩きを始めたくらいかもしれない。あるいは、誰一人彼のことを好きになろうと思わない、または、より正確に言えば、好きになることができないかもしれないではないか？

息子が彼女の望みを叶えようと金を貢《みつ》ぐはじめの頃には、彼女は息子を愛しているようなふりもするかもしれない。ああ、私たちの世界にはこのような女性がどれほど多いことか！　金のためなら老人のところにさえも飛んで行って嫁ぐ用意があるのだ。彼女たちは愛していると見せかける術を習得済みだ。

息子は大きくなり、そんな女に出会い、そして彼女の望みを叶える。彼女は息子を愛していると言うだろう。しかし、息子が愛の空間を創造する話、園をつくる話をし始めたときに、何が起こるだろう……。嘲笑うか？　息子を異常者だと思うか、あるいは理解するか？　理解するかもしれない。しかし……。いや、やはり、より悪いことについて警告しておいた方がいい。

「わかるかい、ヴォロージャ。おまえがその女の子を見つけて、健康でとても美しい女性にすることができたとき、おまえが言うように、最も美しい女性にすることができたときのことだ。もしかしたら、おまえが全然思ってもいないようなことが起こるかもしれない。私たちの世界の最も美しい娘たちは、ファッションモデルや女優になってショービジネスを目指すんだ。彼女たちは、周りの男たちみんなから褒めそやされるのが大好きだ。な、想像してごらん、彼女はおおやけの場で女王のように輝きたいと思うようになる。かたやおまえは、愛の空間をつくろうと提案する。彼女は、耳を貸すことくらいはするかもしれないが、そこ止まりだ。おまえから離れていき、つくり出された光やお世辞、拍手喝采のあるところへ出ていく。さらに、親切にも子どもを残していくかもしれないぞ。そうしたら、どうする？」

ヴォロージャは、考え込むこともなく答えた。

「そうしたら、ぼくはひとりで空間をつくるよ。はじめはひとりで、あとで彼女が残した子どもと一緒に。ぼくたちはその空間で愛を保つんだ」

「誰のために保つんだ？」

「自分のためだよ、パパ。そしてその女の子のため。パパが話した、つくり出された光の中に行ってしまった女の子のためだよ」

「おい、なんだっておまえがほかでもない彼女のために愛の空間を準備したり保ったりするんだ？　ほらわかっただろう、おまえがこういった問題についてどれだけうぶなのか。別の女の子を探さなきゃならないんだ。そして次回はもっと慎重にならなきゃいけない」

「もし別の女の子を探したら、出ていった女の子は誰が幸せにするの？」

「そんなの誰でもいい、誰かにやらせておけばいいんだ。なんでおまえが彼女のことで頭を悩ませる必要がある？　彼女は出ていった、それで終わりだ」

「彼女は帰ってくる。そして美しい森や園を目にする。ぼくはね、獣たちみんなが彼女に従って、仕えるようにするんだ。その空間のみんなが、全部が、心から彼女を愛するんだ。彼女はきっと疲れ切って帰ってくる。きれいな水で顔を洗って、ゆっくり休む。そして、もっと美しくなって、もう自分の愛の空間を、ぼくたちの空間を離れたくなくなるんだ。彼女は幸せになる。そして彼女の上にある星たちも、もっと明るく、幸せになる。でもパパ、パパがそんな状況を、彼女が出ていくはずだってことを思い付いたり意識で生み出したりしなければ、彼女は出ていかなかったよ」

「私が？　私が生み出しただって？」

「そうだよ、パパ。だってパパが言ったことでしょ。パパの意識だよ。人は自分の意識でいろんな状況を創造するんだ。だからパパも、創造しちゃったんだ」

「でもおまえが、おまえの意識が状況を変えることはできないのか？　私の意識に打ちかつんだ。だって言ってただろう、おまえの意識はほとんどアナスタシアのように速いって」

「打ちかつことはできるよ」

「じゃあ、かつんだ」

「ぼくはパパ、ぼくの意識をパパの意識と闘わせたくないんだ。ほかの方法を探すことにするね」

壁を乗り越えるには

私はそれ以上、息子と話ができなかった。私のすべての言葉を、彼は自身の想像によって自動的に検証してしまう。息子の想像は、いとも簡単に真実と虚偽を判別するのだ。教科書にある、歴史学者が出した結論さえも論破してしまった。私の父親としての威厳のかけらすら、どうにも上手く示すことが叶わなかった。対話は私の父親としての権威を大きくするどころか、アナスタシアのおかげでせっかく与えられていただろう権威さえも崩壊させていた。さらに、意識の力に対する彼のおかしな確信が私に怖れを抱かせ、彼から遠ざけていた。私たちは違う人間だ。父親が子どもと接するように、この子と接することができない。彼を自分の本当の子どもだと感じられなかった。さらに、私にとって彼は自分の息子というよりは、まったく異なる存在のように見えていた。私たちは黙っていた。すると、ふとアナスタシアの言葉を思い出した。

「子どもたちに対して、完全に正直で、誠実であること」

私は出口のない状況により、怒りにとらわれてさえいた。正直だと？　誠実？　努力したが、それでどうなった？　それに、もし完全に正直で誠実に話をしていたら、もっとひどいことを言ってしまうことになっていたじゃないか。そして、私はひと息にまくし立てた。

「ヴォロージャ、全部正直に言おう。私たちには父親と息子がするような会話ができない。私たちは違う人間なんだ。考え方も、情報も、知識も違う。おまえのことを自分の息子として感じないんだ。触るのも怖いくらいだ。私のいる世界では、自分の子どもを理由なしで優しくあやすこともあれば、悪いことをしたら罰したり、叩くことだってある。だが、おまえとの関係において、そんなことを考えることすらできない。私たちのあいだには、越えられない壁があるんだ」

私は黙った。黙って座り、これ以上何を話せばいいのかわからなかった。私は、変わった考え方の息子が深く考え込むのを、座って見ていた。巻き毛の頭を私の方へ向けると、彼は再び自分から話し始めた。しかし、今度はその声に悲しげな色があることを感じた。

「ぼくとパパのあいだに、壁があるの？　パパには、ぼくを自分の本当の息子だと受け入れることが難しいの？　パパは長いことあっちに、全部が少しことは違う世界にいるでしょ。知ってるよ、パパ、そこではときどき親たちが自分の子どもを叩く……。そこでは全部がここととは少し違っているんだ。ぼく……、思い付いた。今すぐ戻るね……」

彼は素早く立ち上がり、走っていった。それから乾いた針葉のついた枝を持って戻ってくると、私の方へ伸ばした。

「パパ、この枝を持って。それでぼくを叩いて。パパが長いこといる、ここと違った向こうの世界で、親たちが自分の子どもを叩くみたいに」

「叩く？　おまえを？　なんのために？　いったいおまえはなんてことを思い付くんだ？」

「知ってるんだ、パパ。あっちでは、パパが長いこといなきゃいけない世界では、親は自分の本当の子どもだけを叩くんだ。ぼくは本当の息子だよ、パパ。ぼくを自分の本当の子どもだと感じられるように、叩いて。その方がパパが、パパだということを感じやすいかもしれない。ただね、こっちのおててでは叩いちゃだめだよ、それにこっちのあんよも。こっちのおててでは痛みを感じないの。こっちのあんよも感じない。両方ともまだ少ししびれているんだ。ほかのところは全部痛みを感じるよ。ただね、きっとぼくはほかの子たちが泣くみたいに泣くことはできないの。ぼく、まだ一度も泣いたことがないんだ」

「それはおかしい！　おかし過ぎる！　絶対に誰も、おまえの言う〝あっちの世界〟でだって、子どもたちを理由もなく叩いたりはしない。まあ、ときには罰として軽くはたくことはある。でもそれは、子どもたちが親の言うことを聞かないとき、してはいけないことをしたときだけだ」

「うん、もちろんそうだね、パパ。子どもたちが正しくない行いをしたと親が見なしたときだね」

「まさにそういうことだ」

「じゃあねパパ、ぼくの行いが正しくないと見なして」

「見なしてってどういう意味だ？　行いが正しくないってのは、正しくないことが誰にでもはっきりわかるものであって、正しくないと見なそうと思って見なすんじゃない。正しくないってことが、みんなに理解できなきゃならない」

「叩かれる子どもたちにも？」

「子どもたちにもだよ。だから叩くんだ、子どもたちが、正しくなかったことを理解するように」

「子どもたちは叩かれる前に、それを理解することはできないの？」

「できないってことだ」

「子どもたちには説明がされているのに、理解できないの？」

「理解できない、だから彼らのせいなんだ」

「じゃあ、理解できない説明をする人は悪くないの？」

「その人は悪くないってことになる。その人は……。まったく、おまえがなかなか理解しないから、俺が混乱するじゃないか！」

「ほらよかった。ぼくは理解できない、だからぼくを叩いて。それでぼくたちの壁はなくなるんだ」

「まったくどうして理解できないんだ。罰するのは、例えばだな……まあ例えば……ママがおまえに厳しく言う、『ヴォロージャ、これをやってはいけません』。でもおまえは禁止されているにもかかわらず、『えいっ』とやってしまう、そういうときのことだ。これでわかるか？」

「わかった」

「ママが禁止したことを一度でもしたことがあるか？」

「うん、したよ。二度した。それに、ママが何回それを禁止したとしても、これからもするんだ」

息子との会話は、私が計画していたのとは違うかたちをとり続けた。現代の文明化した社会を、どうしてもうまく説明することができない。従って、私自身のよいところも、見せることができない。私は今回の息子の論証で感じた悔しさのあまり、木の幹を拳で殴ってしまった。そして息子に言ってしまった……。というよりも、自分自身に対して言ったところが多分にあるだろう。

「俺のいる世界のすべての親が、子どもたちを叩いて罰しているわけじゃない。多くの人は、逆に正しい子育てのシステムを探しているんだ。俺も探していたが、見つからなかった。タイガのおまえたちのところへ来たときは、おまえはまだほんの小さな赤ん坊だった。俺はいつもおまえを抱きたかった。少しだけでも抱きしめていたかった。でもアナスタシアが言ったんだ、『たとえかわいがる行為であっても、子どもの意識を遮ってはいけない。子どもの意識のプロセスはとても重要なもの』。だから、俺はおまえを見つめているだけだった。おまえはいつも何かほかのことをしていたんだ。それが今やこうだ。おまえとどうやって話をしたらいいかわからない」

「でもパパ、今はぼくを抱きしめたくないの？」

「抱きしめたいさ、でもできない。頭の中が全部、そのいろんな子育てのシステムでぐちゃぐちゃなんだ」

「じゃあ、ぼくがしてもいい？　ぼくがパパを抱きしめてもいい？　だって今、ぼくたちの想いは同じだもの」

「おまえが？　おまえも私を抱きしめたいのか？」

「そうだよ、パパ！」

彼は一歩私の方へ歩み寄った。私は膝をつくと、ぎこちなく地面に腰を落としてしまった。息子は片手できつく私の首に抱きつき、肩に頭を押し当てた。息子の心臓の音が聞こえた。私の心臓のリズムがはじめは早く、その後不規則に打ち、少しだけ息苦しくなった。おそらく数秒か一分後だったか、不規則に打っていた心臓が、まるでもう一つの心臓の鼓動に合わせているかのように、突然リズムを均《なら》し始めた。呼吸がとても楽になった。そして、こんな状態になったのだ……。言いたく、いや叫びたくなった、〝なんてすごいんだ、この周りのすべてのものは！　人間の生とは、なんて素晴らしいんだ！　この世界を思い付いた人よ、ありがとう！〟。そしてもっと色々な善いことを言いたくなった。ただ、それらは内にのみ留まった。私は息子の髪を撫《な》でながら、なぜかささやき声で訊いた。

「小さな息子よ、教えておくれ。ママに禁止されてでもやってしまったなんて、いったい何をしたんだい？　しかもまたやろうと思っていることなんて？」

「あるときね、アナスタシアママを見たらね……」、私の肩から頭を持ち上げることなくヴォロージャも、はじめはささやき声で答えた、「見たらね……」。彼は身体を引き離すと、地面に座って小さな手で草を撫《な》でた。

「草はね、心地いいといつも緑なんだよ」

彼はしばらく黙っていた。それから顔を上げると、話を続けた。

ぼくはママを救う

「あるとき、ママが長いこといなくなっちゃったんだ。ぼくは〝ママはどこだろう?〟って思った。それでママが、ぼくたちの草地のそばの、似てはいるけれどそこまでは心地よくない草地にいると思ったんだ。そこでママを見つけたの。ママは動かないで寝転んでいた。それに全部真っ白だったんだ。寝転んでいるママの周りの草も白かったんだよ。

ぼくははじめ立ったまま思ってたの。〝どうしてこんなことが起こるんだろう。ママの顔が真っ白になって、周りの草も真っ白になるなんて、あるはずない〟。そのあとママを触ってみることにしたんだ。ママはやっとのことで目を開けたけど、動かなかった。だからぼくがママの手を引っ張って、白い円から出そうとしたんだ。ママがもう一方の手で頑張って、ぼくたちは白い円から抜け出たんだよ。

ママはもとに戻ったときにぼくに言ったんだ。こんどあんなことが起こったとしても、絶対にママに触っちゃだめだって。ママは自分で自分を助けることができるけど、ぼくにはできないから。白い円の中に入ってママを引っ張ったあと、ぼくのおててとあんよがしびれてしまって、なかなか治らないんだ。ママはすぐにもとに戻るけど、ぼくのはなかなか治らないの。

ママを二回目に同じような円の中で見たとき、ママは本当に真っ白になって寝ていて、ぼくは自分でママに触るのをやめたんだ。叫んで、強いメス熊を呼んだの。ぼくが小っちゃいときに乗って寝ていたメス熊だよ。ママを引っ張り出すように指示したの。でも、メス熊が白い円に一歩入ったら、倒れちゃったんだ。そして今はもう生きていないの。仔熊たちだけが残っちゃった。メス熊は、白い円に一歩入ったとたんに死んじゃった。白い草の上ではみんな死んじゃうんだ。だからぼくは、やっぱり自分で白い円に入って、アナスタシアママを引っ張り始めた。ぼくたちは力を合わせて死んだ草から抜け出したんだよ。でもぼくのおててとあんよは、前みたいに強くはしびれなかったよ。身体中が少し震えていただけだよ、今はもう震えていない。見て、パパ。ぼくの身体は震えていなくて、ちゃんと言うことを聞くもの。おててだってもう少ししたら、上げたいと思えば上がるようになるんだ。もう今でも少し上がるようになったもの。前は全然上がらなかったんだよ」

私は呆気にとられて息子の話を聞いていた。以前に一度、アナスタシアが同じような状況にあったとき、私も同様に、直感的に彼女を白い円から引っ張り出そうとしたことを思い出した。

この現象について、老教授ニコライ・フォードロヴィッチが話していたことを思い出した。

しかし、なんだって彼女は自分をそのような危険にさらすのだろう？　息子さえも危険にさらして。本当にそれがそんなに重要なことなのだろうか、発せられた何かの目に見えないエネルギーを自分の内で燃やし尽くすことが？

正確な幾何学的形状の不可解なサークルは、テレビで一度ならず見たことがある。そういったサークルは様々な国で、主に穀物畑に現れた。人々はなんら異常なく育っている畑の中に、茎が押しつぶされたサークルを発見した。それらは無秩序につぶされているのではなく、一方向に折れ曲がって幾何学的形状をつくっているのだ。学者たちはこの不可解な現象を研究してはいるが、今のところ説明はなされていない。アナスタシアの場合もサークルであり、同様に草が押しつぶされているが、テレビで映された状態に加え、まるで太陽の光を十分に浴びていないかのように、草が白くなっているのだ。

アナスタシアは、それは人によってつくり出されるネガティブなエネルギーだと言っていた。仮にそうだとしても、なぜそれがアナスタシアを狙って発せられるのだろうか？　彼女に向けて発しているのはどんな人たちなのか？　その思いにとらわれて我を忘れた私は、声に出して言っていた。

「なんだって彼女はそれと闘うんだ？　誰に必要なんだ？　そうすることで誰の役に立つっていうんだ？」

「みんなに、少しずつだよ」、私は息子の声を聞いた。「ママは、悪意のエネルギーが少なくなれば、そして空間に反射させずにママがそれを自分の内で燃やして減らすことができたら、そのエネルギーが少なくなるんだって言ってた。そのエネルギーをつくり出す人たち自身も優しくなるんだって」

「見せてくれ。その白い円はどこに、いくつあるんだ?」

「ぼくたちの草地のそばに、とっても小さな草地があるの。白い円がいつも現れるのはそこだよ。そのあと草はまた緑になるの。でも今はまだ全部緑にはなっていなくて、白い円が見えるよ。見たいなら行こう、見せてあげる、パパ」

「よし行こう」

私は素早く立ち上がり、かわいい息子の手をとった。子どもは小さな足で、小さな歩幅を速く進めようと懸命だったが、私は彼が少し足を引きずっていることに気が付き、あまり早く歩かないようにした。

ヴォロージャはときおり私の目をのぞき込み、歩きながらずっとおしゃべりをし続けていた。しかし私はその奇妙な白いサークルのこと、アナスタシアの理解できない行動のこと、彼女の行為の意味、この奇妙な現象全体について考えを巡らせていた。

息子との会話をどうにか続けるため、私はたずねた。

「ヴォロージャ、どうしてママのことをママって呼んだり、アナスタシアママって呼んだりするんだい？」

「ぼくね、前に地上に生きていた、たくさんのママたちのことを知っているんだ。アナスタシアママが、ママたちのことを話してくれたの。ママたちのことは、おばあちゃんたちって呼んでもいいし、ひいおばあちゃんたちって呼んでもいいよ。でも、ママたちって呼んでもいい。おばあちゃんたちがママを生んだ。だからママたちって呼んでもいいの。ぼく、ママたちを感じるし、見えるんだ。ママたちについての話を聞いているとき、想像が起こるの。それにときどき自分でも想像するんだ。でも、こんがらがらないように、ときどきママのことをアナスタシアママって呼ぶの。ママたちはみんな善《よ》い人たち。でもアナスタシアママはぼくにとって一番近くにいて、一番善い人なんだ。ママは花や雲よりも美しいんだよ。ママはとっても面白くて、陽気なの。ママがずっといたらいいな。ぼくはもう少ししたら意識のスピードを速くして、ママをいつでも帰らせることができるようになるんだ……」

私は最後まで聞かず、彼が言ったことの意味も考えずにいた。私たちは小さな草地にたどり着いた。そして草の上に、白味を帯びた四つのサークルを目にした。サークルの直径は五、六メートルといったところだ。かろうじて気づくようなものだったが、一つはその白さで他から際立っていた。おそらくつい最近できたものなのだろう。そして私は、なぜアナスタシアが私を出迎えず、今そばにいないのかに気が付いた。つまり、彼女は今どこかで衰弱しているのだ。そして自分を憐れんでもらったり、自分の姿を見てがっかりさせたくないのだ。

私は白いサークルを見つめていた。私の意識は錯綜《さくそう》しながらも素速く駆け巡った。もちろん多くの人は、嫌なことが襲いかかると青ざめる。思いがけず自分に悪意や憎しみが向けられたとき、ほとんどの場合青ざめるものだ。しかしこの場合は？　このように遠く離れていながら感じることなど、本当にできるのだろうか？　人々の悪意や憎しみを、ひとつの膨大な量のエネルギーに凝縮することなど本当にできるものだろうか？　人間だけでなく、その周りの植物全体が白くなるほどの膨大な量を？　おそらくはできるということなのだ。ほら、これらがこの上なく悪意に満ちた試みの痕跡だ。そして私は再びアナスタシアの言葉を思い出した。三冊目の本に書いた言葉だ。

〝地球のすべての悪よ、その手を止め私に向かって来るがいい。おまえたちの前にいるのは私一人、打ち負かしてみよ。全員で私を打ち負かしに来てみよ。戦いは戦いなく終わる〟

私はこれをただの言葉だと思っていた。だが、すべてがその通りになっている。本も彼女が予言した通りだし、バルドの歌も、詩も……。彼女はただ話をしているのではない。しかし、それならばどうして「戦いは戦いなく終わる」のか？　結局彼女は、悪意や憎しみを自分の内で燃やし尽くそうとしているだけじゃないか。彼女はひとりで頑張っている！　だが、実際の戦いで面と面を向き合わせて戦うべきだと私は思う……。しかし彼女はひとりだ。違う！　きみはひとりじゃない、アナスタシア！　いくらかでも……少しだけでもいい、俺がその汚い奴らを引き受ける。そして戦ってやる。ああ、彼女のように話せたらいいのに。俺だって奴らに言ってやるのに。

おそらく私は本気で興奮してしまい、声に出してだしぬけにまくし立てた。

「悪意の奴らめ、ほら、みんなで俺に飛び掛かって来るがいい。お前たちをいくらかでも焼いてやる！」

小さなウラジーミルは突然私から手を引き抜き、前に走り出ると、驚いたように、そして注意深く私の目を見つめた。それから小さな足をどすんと踏み鳴らすと、元気な方の手でもう一方のまだ力が戻っていない手をとり、両手を上げて私と同じ調子で大きな声を上げた。

「悪意たち、ぼくにも押し寄せて来い。ほら、ぼくのおててはもう治りかけているんだ。アナスタシアママはひとりじゃない。ほら、ここにぼくがいる、そしてぼくの意識はどんどん速くなってきている。急げ、悪意たち。その手を止めて、ぼくのところへ急げ。ほら、どんどん大きくなっているぼくを見てみろ」

そして両手をできるだけ高く持ち上げようとして、つま先で立った。

「あら、輝かしい、向こう見ずで、勇気のある戦士たち。誰と戦おうとしているの、勇者さんたち？」

アナスタシアの静かな声が聞こえた。振り返ると、シベリア杉の木の下で木の幹に頭を持たせかけているアナスタシアを目にした。彼女は、木の幹に頭を預けていなければならないほど、明らかにひどく疲れていた。そして両腕も肩も、地面に力なく下ろされていた。顔は蒼白《そうはく》で、瞼は少し閉じかかっていた。

「パパと一緒に、悪意と憎しみに向かって立ち上がったんだよ、ママ」

　私の代わりにヴォロージャが答えた。

「悪と戦うためには、どこに、何に悪があるのかを知らなければ、そして相手を詳細に思い描かなければならない」アナスタシアは静かに、そしてやっとのことで話した。

「ママチカ（＊ロシア語で「ママ」の愛称。）、ここでゆっくり休んでいて。ぼく、パパと一緒に思い描いてみる。もし正しく思い描くことができなかったら、ママチカがあとで教えてね」

「パパは遠いところから来たのよ、かわいい息子よ。まずはパパをゆっくり休ませてあげたらどう？」

「俺は休んだよ、アナスタシア。それに、そもそもほとんど疲れてない。こんにちは、アナスタシア。どうなんだい？」

　彼女の無力な様子を見て、私はなぜかその場に凍りついたようになり、この先どう振る舞ったらいいのか、何をして、何を話すのかわからないまま、しどろもどろに話を始めた。ヴォロージャは私の方へ歩み寄ると、私の手をとり、アナスタシアへ向かって続けた。

「ぼくが旅路のあとのパパに食べ物をあげて、それから湖のきれいな水でパパと水浴びするね。それに身体をきれいにする草も摘んでくる。ママチカ、ここでしばらく休んでいて。話すために力を使わないで。ぼく、全部自分でするよ。あとでパパと一緒に来るからね。早くママに力が戻ってくるように……」

「待って、私も一緒に水浴びをするわ。私も行く」

アナスタシアはシベリア杉の幹につかまりながら、立ち上がろうとした。少しだけ身体が持ち上ったところで、手のひらが木の幹を滑り、無力にも再び地面に落ちてしまった。そして辛うじて聞こえるような声でささやいた。

「ああ、私ったらなんてへまをしてしまったの。息子と愛する人を前にして、起き上がることができないなんて」

再び杉の幹に支えられながら、彼女は懸命に草の上から立ち上がろうとした。おそらくこのときも立ち上がることはできなかった。しかし、突然信じがたいことが起こった。彼女を支えていた巨大な杉の木が、突然幹の下の方にある枝の針葉を彼女の方へ向け始めたのだ。

下方へ向けられた針葉は、微かに見える青味がかった光を放ち出した。ほとんど目に見えないくらいの光が、ゆっくりとアナスタシアを包んだ。その後、上の方からパチパチとはじけるような音を聞いた。高圧送電線の下で聞こえるような音だ。見上げると、周囲のすべての杉の針葉も、微かに見えるほどの青味がかった光を放ち出したのだ。しかしそれだけではなかった。それらの杉の針葉は、アナスタシアが立ち上がろうとつかまっていた杉の木に向けられていた。その木は、上の方の枝の葉で、ほかの杉たちから出ている光を受け取っていた。そして下方の葉の光がますます強くなってきたのだ。そんなことがおよそ二分間続いた。それから青い光が強く閃いた。杉の針葉たちは光を止めた。葉が少ししおれたようにさえ見えた。アナスタシアは、青い光に包まれて辛うじてうっすらと見える状態だった。光が拡散していったのか、彼女の中に入っていったのかわからなかったが、そのあとで私が見たのは……。

杉の下に、いつも通りの、力に満ちた、類まれな美しさのアナスタシアが立っていた。彼女は私と息子に微笑みかけていた。顔を上げると、静かに言った。

「ありがとう」

それから……。なんと、大人の女性がこんなことをするものだろうか？　アナスタシアは軽くその場で跳び上がると、一番大きい白いサークルに軽々と、そして一目散に向かって走った。サークルの縁辺りでもう一度、しかし今度は高くジャンプし、宙返りを三回連続して、白いサークルの真ん中に着地した。そして再び跳び上がるとバレリーナのように両脚を広げた。甲高い、誘《いざな》うような声で笑い、白いサークルの上で踊りながらくるくると回った。

その周りで森は生きいきと、陽気に感極まったように彼女に応じた。リスたちが枝から枝へ飛び移りながら、円を描いて走った。低木の茂みの中でビーズのような獣の目が輝いた。草地すれすれに、木々よりも低いところまで二羽の鷲《わし》が連れ立って急降下したかと思うと、再び高く上昇した。そして再び降下し円を描くと、また上昇した。

曲芸師のように、またバレリーナのようにアナスタシアは踊り、声を立てて笑っていた。そして彼女の足元で、草がゆっくりと緑色になっていった。一番白かったサークルさえも、辛うじてそれとわかるほどまでになった。彼女の踊りと笑いと周りのすべてによって、私はだんだん愉しくなってきた。そして突然……突然息子が勢いよく走り出て、まだ少しだけ白っぽいサークルの中で二回でんぐり返しをすると、素早く起き上がり、ぴょんと跳び、アナスタシアのダンスを真似ようとくるくると回りだした。私も我慢ができなくなり、息子の隣で踊ったり、嬉しくなって跳び上がったりし始めた。

「行くわよ、湖へ！　誰が私を追い越せるかしら？」アナスタシアはそう声を上げると、湖を目指して一目散に走りだした。そして私と息子もあとを追ってすぐに走りだした。

私は飛び跳ねていたせいで軽く息切れしており、少し遅れたが、小さく跳び上がって湖面の上で宙返りをしながら湖に飛び込むアナスタシアの姿が見えた。彼女に少し遅れて、息子が、ほとりから助走してお尻から飛び込み、水しぶきを上げた。

私は夢中で走りながら服を脱ぎ捨てたが、肌着とズボン、そして靴を脱ぐのが間に合わず、そのまま湖に飛び込んだ。そして、アナスタシアの高らかな笑い声の響きの中に浮き上がった。私たちの息子は感極まって声を立てて笑い、小さな手で水面を叩いていた。

私は一番に湖から上がり、自分のびしょ濡れの服を引き剥がして絞り始めた。湖から出てきたアナスタシアは、素早く濡れた身体の上に薄手のチュニックを着ると、私が低木の茂みにズボンを広げ、風に当てて早く乾かそうとしていたのを手伝い始めた。その後、私はリュックサックからジャージの上下を引っ張り出し、それを着た。アナスタシアのチュニックは、すでに乾いていた。私は彼女を抱きしめたかったが、なんだか勇気が出なかった。

彼女が私にぴったりと寄り添うと、彼女のぬくもりが伝わってきた。私は彼女に何か気の利いた言葉を掛けたいと思ったが、言葉が出てこなかった。私が伝えられたのはこれだけだった。

「ありがとう、アナスタシア」

彼女は微笑み、両手を私の両肩に置いた。そして頭を肩にもたせかけ、答えた。

「あなたにも、ありがとう、ウラジーミル」

「よーし!」と息子の陽気な声が響いた。「じゃあ、ぼく、行くね」

「いったいどこに?」とアナスタシアが訊いた。

「大おじいちゃんのところ。肉体を葬るのを許してあげるんだ。そして手伝うの。行ってくるね」

ヴォロージャは素早く、そしてほとんど脚を引きずらずに立ち去った。

未来への招待

「大おじいさんに肉体を葬るのを許すって、どういう意味なんだ？」

私は戸惑いながらたずねた。

「今にすべて見ることになるから、あなたにもわかるわ」

アナスタシアは答えた。

しばらくして、私は生きたアナスタシアの曾祖父を見たが、葬式らしきものは何も見ることがなかった。生きいきとし、どこか謎めいて捉えようのない感じのままの彼が、私の記憶に残ることとなった。

祖父たちが近づいて来たことをはじめに気が付いたのはアナスタシアだった。そのとき私たちは二人で草地を歩いていた。突然アナスタシアが立ち止まり、ジェスチャーで私を立ち止まらせると、一番背が高く力強いシベリア杉が生えている方へ振り返った。私は彼女の視線の先を追って見たが誰も見えず、アナスタシアに「いったいどうした？」とたずねようとした。しかしできなかった。まるで何も言うなと懇願《こんがん》するかのように、彼女は私の手をとると、軽く握った。

じきに私は、堂々たる杉たちのあいだにアナスタシアの曾祖父の姿を見た。荘厳な老人は、膝下まである長い薄灰色のシャツを着ていた。老人がゆっくりと、しかし堂々とした、まったく老人らしからぬ歩みで草地へ出てくると、私は彼と手をつないでちょこちょこと歩いている、私たちの息子であり彼の玄孫《やしゃご》、ヴォロージャを見た。少し離れて、老人の息子である祖父が歩いていた。

みんなが、それに私でさえ、来《きた》る出会いの瞬間について何かしらの厳粛さがあることを理解していたようだったが、老人と一緒に歩く子どもだけは、自然体で屈託なく振る舞っていた。ヴォロージャは老人にずっと話をしていた。少しだけ前に出て彼の顔をのぞき込んだかと思うと、突然立ち止まって老人の手を放し、草の方へかがみこんで何かを興味深く見ていたりした。そうすると老人も立ち止まるのだった。それからヴォロージャは再び彼の手をとり、見たものについて生きいきと話しながら、彼を私たちの方へ誘導していた。

彼らがすぐ近くまで来たとき、いつもは厳しく荘厳な顔をした老人が、少し微笑んでいるのを私は目にした。彼の明るい顔が、厳粛さと慈《いつく》しみのようなものを同時に放っていた。彼は私たちから数歩のところで立ち止まり、眼差しはどこか遠くに向けられていた。全員が黙っていたが、ヴォロージャだけが早口で話した。

「ほら、大おじいちゃんの前にパパとママがいるよ。善《よ》い人たちだよ、大おじいちゃんのおめめは見えないけど、全部感じるでしょ。ぼくのおめめは見えるよ。ぼくのおめめで善いものを見て。そしたら大おじいちゃんもきっと心地よく感じるよ」

そのあと私たちに話しかけながら、ヴォロージャは嬉々として突然宣言した。

「ママ、パパ、ぼくね、さっきぼくたちが一緒に水浴びをしたときに……ぼく理解して、そしてモーセおじいちゃんの肉体が死ぬことを許したんだよ。ぼくたちでもう見つけたんだよ、ぼくがモーセおじいちゃんの肉体を葬る場所を」

ヴォロージャは身体全体を彼の高祖父の脚にぴたりと付けた。白髪の荘厳な老人は優しく、そして慎重な様子で玄孫の髪を撫《な》でた。愛、優しさ、理解と歓びが、互いへの接し方から感じられた。この時点で葬ることについて話をすることが、私にはまったく奇妙に感じた。我われがそうするように、私は息子の話を止めて、アナスタシアの曾祖父は元気そうに見え、もっともっと長生きすると言ってあげたくなった。我われはいつもそう言うし、ときには病気でとても弱った老人にさえもそうやって言う。私は息を胸に吸い込んで、そう言いそうになったほどだった。しかし、アナスタシアが急に私の手を握ったので、私は言葉を発しなかった。

曾祖父がアナスタシアに話しかけた。

「私のひ孫娘であるアナスタシアよ、おまえの意識は、おまえによってつくり出される空間をなにで制限するのか?」

アナスタシアは答えた。

「制限に遭うことなく、意識と夢はひとつに合わさった」

すると曾祖父が新しい問いを投げかけた。

「おまえによって創造されている世界を、人々の魂が受け入れている。教えておくれ、どんなエネルギーで動いているのか?」

「樹木を育てるエネルギー、つぼみを開かせて花にするエネルギーよ」

「どのような勢力がおまえの夢の障害となり得るのか?」

「夢をみるとき、私は障害をかたどらない。克服できるものだけがその道に見える」

「アナスタシア、私のかわいいひ孫娘よ、おまえはすべてにおいて自由だ。私の魂に、おまえが望むものへと具現化するよう指示しておくれ」

「私は、誰の魂に対しても指示することを、自分自身に許すことはできない。魂は自由、それは創造主が創造したもの。でも、この上なく美しい園で、私の大好きな曾《ひい》おじいちゃん、あなたの魂が具現化するに値するものを見つけることができるよう、私は夢をみるわ」

しばしの間があった。曾祖父はこれ以上質問をしなかった……。すると、再びヴォロージャがアナスタシアの曾祖父の方を向いて早口で話しだした。

「ぼくも大おじいちゃんに指示なんかしないよ。でもね、とっても強くお願いしたいことがあるんだ。大おじいちゃん、早く地上に自分の魂をまた人間に具現化させてね。大おじいちゃんは若い人としてまた現れて、ぼくの親友になるの。それかぼくにとって特別な人になるんだよ……。ぼくは命令しているんじゃないよ……ただ言っているだけ。……ぼくのモーセおじいちゃん、おじいちゃんの魂をぼくの内に、ぼくの魂のそばにおいてほしいの」

この言葉を聞くと、荘厳な老人はヴォロージャの方へ振り向き、彼の前でゆっくりと、はじめに片方の膝を、そのあともう片方をついた。白髪の頭を傾け、子どもの小さな手を自分の唇へと持ち上げ、キスをした。ヴォロージャは彼の首に抱きつくと、何かを彼の耳へ早口でささやき始めた。

その後、このとても年老いたアナスタシアの曾祖父は、子ども一人だけの手助けで、膝から立ち上がった。今でもこの場面を思い出すとき、どうしてこのようなことができたのか、私は理解できないでいる。彼らはただ手をつないでいただけなのに、ほかに何にもつかまることなく曾祖父は立ち上がった。そして、私たちの方へ一歩進み出て一礼し、それ以上何も言わずに向き直って玄孫に手を伸ばした。そして彼らは手をつないで話をしながら歩きだした。少し離れて、二人の会話に割り込みもせず、曾祖父の息子である祖父が歩いていった。

私は、アナスタシアの曾祖父が永遠に去ってしまうのだということを理解した。彼は死へと歩んでいったのだ。

私は目をそらすことなく、歩いていく幼子《おさなご》と老人を見つめていた。私はアナスタシアの言葉から、墓にまつわる現代の儀式や葬式に対する彼女の考えを以前から知っており、そのことを前の本にも書いた。彼女、そしてタイガで今生きている彼女の親族も、過去に生きていた親戚もみんな、墓地はあるべきでないと考えている。墓地は、誰にも必要なくなった、死者の息絶えた肉体を捨てる場所という点で、ゴミ捨て場に似ている。人々が墓場を怖れるのは、そこで自然に反する行為が行われているからだと考えている。まさに故人の親族が、その人が帰らぬ人だと思うその意識によって、故人の魂を、新しい地上の人間の姿に再び具現化できなくしているのだと。

過去に見てきた葬式を分析しながら、私も同じ考えになり始めていた。偽善があり過ぎるからだ。ああ、親族たちは故人のことをあれほど悔やむのに、たった数年後には……。墓地で、十年、二十年経った墓がきちんと世話をされているのを見ることは、めったにない。新しい墓のために、墓地の職員たちは荒れはてた墓場を掘っている。

埋葬された人はみんなに忘れられる。故人が地球で生きた証《あかし》は何も残っていないし、故人についての記憶さえ、誰にも必要とされていない。そのような終焉《しゅうえん》を迎えるのだとすれば、なんのためにその人は生まれ、生きたのだろう？　アナスタシアは、亡くなった人の墓を特別な石で定めることなく、自分たちの一族の土地にその肉体を埋葬すべきだと言う。芽を出してくる草花、木や茂みが、その肉体の命の続きとなる。そうすれば、肉体を離れた魂には美しい人間の姿に具現化するより大きな可能性が与えられるのだ。一族の土地では、故人の意識が生前に愛の空間を創造し、彼の子孫たちは、その空間で育つ植物たちに触れながら生き続ける。意識はそこで育つすべてに触れる。それによって自分の親たちの意識に触れ、親たちが創造したものを守っていく。そしてその空間も、そこに生きる人たちを守っていく。こうして地上での生が永遠に続くのだ。

では都市に住む人々はどうすればいいだろう？　どうすれば墓地をつくらないで済むだろうか？　しかし、たとえ年老いてからであっても、永遠のためには無責任な生き方を続けてはいけないということを、都市の生活様式を続けていくうちに、いずれ考えさせられることになるのかもしれない。

そして、私はアナスタシアの哲学に賛成だ。しかし、考え方に賛成しているということと、死にゆくアナスタシアの曾祖父との別れを実際に目にすることは、まったく異なるものだ。この場合、彼は、いや正しくは彼の魂は死なないのだが。彼の魂がどこかこの辺りに残る、またはとても早く新しい人間の生、必ずよい生に具現化するのは明らかだ。彼らは誰も、アナスタシアも、小さな息子も、アナスタシアの祖父も曾祖父自身も、意識の中に悲劇を描いてすらいないし、彼らは死に対して我われと異なった解釈を持っている。彼らにとって、死は悲劇ではなく、新たなる美しい存在への移行に過ぎないのだ。

待て！　曾祖父ですら悲しげではなかった。おそらく逆だった。ほら！　これが謎の種明かしだ。

「眠りにつこうとするときに、暗くて辛い、不快な思いがのしかかる場合は、概して悪夢をみることになる。眠る前の思いが明るいときは、心地よい夢をみる」。アナスタシアはこうも言っていた、「……死とは、悲劇ではない。それはつかの間の、またはもう少し長いかもしれないけれど、眠りの夢に過ぎない。でもそれは重要ではないの。どんな眠りであっても、人は美しいことを思って眠りにつかなければならない。そうすれば魂は苦しむことがない。人間は、自分自身の意識によって、自分の魂のために、楽園でもそれ以外のどんなものであってもつくり上げることができる」と。

アナスタシアの曾祖父もこのことを知っていた。彼は苦しまなかった。しかし最期の数時間に、いったい何が彼にあれほどはっきり見える歓びをもたらしたのだろう？　何かが起こったのだ。理由なく、ただ微笑んだりするはずはない。では何が起きたのだろう？　私はアナスタシアの方へ振り向いた。すると目にしたのは……。

彼女は私から少し離れて立ち、両手を太陽に向けて広げ、ささやいていた。私には何か祈りの言葉をささやいているように見えた。雲間に見え隠れしながら輝く太陽の光が、アナスタシアの頬を伝う一筋の涙に反射していた。そのときの表情は悲しげではなく、穏やかなものだった。彼女はささやいたり、耳を傾けていたり、まるで誰かが彼女に応えているようだった。なぜだか私は近寄ることも言葉を発することも躊躇《ちゅうちょ》し、立ったまま待っていた。彼女が振り返り、私に向かって歩いて来たときになってはじめて、彼女に問うた。

「きみは曾《ひい》おじいさんの安息を祈っていたのかい、アナスタシア？」

「曾祖父の魂は、深遠な安らぎの中にあるでしょう。そして魂が望むときに、再び地球での生が控えている。私は、創造主が私たちの息子に大きな力を与えてくれるよう、彼のためにお願いをしていたの。息子はね、ウラジーミル、今日生きている人々の中でほんのわずかな人しか執り行わないことをした。曾祖父は魂ですべての力を彼に与え、彼はその力のすべてを自身の内に取り込んだ。これから大人になっていく彼には、自分の内で、たくさんのエネルギーを調和させながら保つことは、まだ難しいでしょう」

「しかしなぜだ。それらすべてが起こっていた時、俺は息子の普通と違う様子なんて何も気が付かなかったぞ」

「ウラジーミル、曾祖父は息子の前で膝をつく前に言葉を発した。私たちの創造主がどのように創造を行ったのかを識《し》っている人にしか理解できない意味の言葉を発したの。あの子は、完全に理解していなかったかもしれない。でも息子は、心から自信を持って、曾祖父に彼の魂と彼自身を地上に残しておくことができると言ったの。私は、そのようなことは口に出せなかった。自分の内にそこまでの力を感じない」

「それで気が付いたんだが、曾おじいさんはその言葉を聞いてより強く輝きだした」

「ええ、高齢になってから、あんなことを聞くことができる人はほんのわずか。曾祖父は、あの子の口から未来の具現化を、未来への招待を受け取ったのだから」

「それは、彼らがお互いをとても強く愛していたということか？」

「息子はね、ウラジーミル、曾祖父がもう生きられなくなったときに、生き続けるように頼んだことがあったの。そして曾祖父は、あの子の頼みを断ることができずに生き続けた」

「しかしそんなことが可能なのか？」

「とても簡単なことよ。でもいつも簡単なわけではない。医者だって、意識不明やひん死状態から人を呼び戻すでしょう。でも医者でなくとも、親しい人が意識のない状態や気を失った状態の人を呼んだり揺さぶり起こしたりして、その人が生きられるようにすることもできる。曾祖父の意志と愛が、玄孫の望みを聞いて、彼の命を延ばすことができた。曾祖父は、何世紀にもわたって偉業の数々を成し遂げた、あの神官たちの子孫。彼は一度、未曽有の大爆発を自分の意志と眼差しで食い止めた。そして、目が見えなくなったの」

「眼差しでだって？　眼差しで大爆発を止めるなんてできるのか？」

「できる。自覚を持ち、そして人間の力と絶対不屈の意志への確信を持って見つめるのであれば。曾祖父はその災害がどこで起きるのかを知っていて、そこへ行った。予見するのが少しだけ遅れてしまったために、最初の爆発は起こった。それでも彼は死をもたらすものの前に立ちはだかり、すでに空間の中に突入していた闇の勢力の発露を眼差しで鎮めた。爆発は一度だけで済み、そしてその威力も完全なものには至らなかった。本当はそのあと二回爆発が起こる可能性があったの。もし曾祖父が一度でも、一瞬瞬きをしてしまっていたら……。ウラジーミル、でも彼は爆発を起こさせなかったの。視力を失ってしまったけれど」

「しかし、どうしてきみは、息子が曾祖父から受け取る能力のことをそんなに心配するんだ？」

「私は、彼には私とあなたの能力で十分だと思っていた。人々にとって過剰に見えるかもしれないものの隠し方を教えた。息子が世の中で暮らそうと出ていったとき、ほかの人々から目立つことがないようにしたかったの。人々の中で目立つことなく、たくさんのことを創造することはできるのだから。でも、あまりにも普通でないことが起こった。今や、私たちの息子は何者か、彼の使命は何にあるのか、あなたと私がその意味を理解しなければいけない。それで私は、あと少しだけでも普通の子どもでいられるように、息子に力を与えてほしいと創造主にお願いしたの」

「きみは今になって心配しているんだな、アナスタシア。思うに、これらの多くはきみのせいだ。きみの育て方のせいだよ。きみは魂について、人間の使命について多くを話す。子どもに共同の創造についての奇妙な本を読むことを教えた。それで彼の内では独特な世界秩序のイメージが形成されたんだ。なんのためにあんな歳の子が、魂や神のことを知る必要がある？　わかるかい。あの子は俺のことをパパと呼ぶ。それでいてさらに、自分には父親がいるとも言うんだ。俺は理解した、彼は神のことを自分の父と呼んでいるんだ。しかし、俺でさえこんなことのすべてを理解するのが大変なのに、きみはそうやって子どもに負担をかけたんだ。これはきみの育て方が悪いんだよ、アナスタシア」

「ウラジーミル、私が曾祖父に、誰の魂にも指示をすることはできないと答えたことを覚えているでしょう。息子も、私の答えを聞いた。それにもかかわらず、私よりも上の勢力が、彼に別の行動をとることを許したの。でも心配しないで。私は起きたことを理解できるようになる。ただ息子が、私のことも違ったように受け取るようになるかもしれないけれど。彼はもうすぐ、私たち二人を合わせたよりも強くなる」

「まあそれでいいさ。各世代が前の世代よりも強く、賢くなるべきだ」

「ええ、あなたは正しい、もちろん、ウラジーミル。でも、自分の世代よりも強く、より自覚を持って生きていると、そこには悲哀もある」

「なんだ？　わからないぞ、どんな悲哀のことを話しているんだい、アナスタシア？」

彼女は答えず、うなだれた。そして表情は悲しみにくれたものになった。彼女が淋しがったり悲しんだりすることはめったにない。しかしこのときは……。私は理解した……。麗《うるわ》しいシベリアのタイガの女世捨て人、アナスタシアのきわめて大きな悲劇を理解した。彼女は孤独なのだ。この上なく孤独なのだ。彼女の世界観、叡智、能力は顕著にほかの人々と異なっている。そしてそれらが強ければ強いほど、より一層、悲劇的に孤独となる。彼女は異なる意識の次元に生きている。その次元が素晴らしいことはよいのだが、彼女はそこでひとりぼっちなのだ。彼女はもちろん、人々の方に降り、みんなと同じようになることもできるが、彼女はそれをしなかった。なぜか？　その理由は、彼女が自分自身を、自分の信念を、またともすれば、神を裏切らなければいけなくなるからだろう。それで、アナスタシアは信じがたい決断をしたのだ。他の人々をこの美しい次元へと呼んだ。そして彼女を理解できた人たちもいた。私だって、たぶん彼女を理解し、感じ始めている。六年が経って、今やっと少し理解し始めたのだ。一方彼女は、我慢強く待っている、いつも穏やかに説明し、怒ることなく。忍耐強く、自分の希望に対し揺らぐことがないのだ。彼女とまったく同じように、おそらくイエス・キリストも孤独だったのだろう。もちろん、彼には弟子たちがいて、人々が常に話を聞きに訪れていた。しかし友となれる人、ほんの一言だけで理解し、困難なときに助けてくれる友人がいただろうか？　彼女のかたわらにも、本当に頼れる友は一人もいなかったのだ。たったの一人も。

神！　大半の人々は神をどのようなものだと思っているだろうか？　不可解な、実体の見えない、感覚のない本質だ。みんなが言うことは「与え給《たま》え！」そして「裁き給え！」だけだ。しかし、もし神が我われの父で、我われを取り巻く世界のすべてが神によって創造されたのなら、親としての一番の切望は、当然、我が子に自覚ある生を送ってほしいということや、森羅万象の本質への理解、そして自分の子どもたちと共に創造をしたいということ以外の何ものでもないではないか。しかし、神によって周りに創造されたものすべて、つまり神の意識を踏みにじっている我われに、自覚を語ることなどできようか。しかも、我われは同時に様々な方式で神ではない誰かに頭《こうべ》を垂れている。神は崇拝を必要としていない。神は協力を待っている。しかし我われは……、我われは、このような単純な真実さえもまったく理解することができないでいる。もしもあなたが、父を理解することができる神の子であるなら、たった一ヘクタールの土地でもいいから手に入れて、そこを楽園にしてみろ。父を歓ばせてみろ。しかしできやしない！　それなのに全人類は、まるで気が狂ったかのように突き進んでいる。しかしいったいなんのために？　常に我われを狂人にしているのは誰だ？　そして地上の乱痴気騒ぎを見ている神、父はどう感じているだろう？　父はそれを見ていながら、地上の息子や娘たちに自覚が訪れるのを待ち、子どもたちが呼吸できるように太陽で全地球を照らしている。どうしたら我われは存在の本質を理解することができるようになるのだろう？　我われに実際に起きていることをどのように理解すべきなのか？　これは集団的精神病だろうか？　または何かの勢力による意図的な作用なのか？　どのような勢力だ？　いつになったら我われは解放される？　奴らは、いったい誰なんだ？

眠りに墜ちた文明

これは二日目にした会話だ。

湖のほとりにある、もうずいぶん前から私が気にいっている場所に、アナスタシアと二人で黙って座っていた。時刻は夕方へ近づいていたが、夕べの涼しさはまだ訪れていなかった。かろうじて感じられるくらいのそよ風が吹いていた。まるで風がタイガの多種多様な芳香を味わってほしいとばかりに、しきりに方向を変えては身体を撫《な》でていった。

アナスタシアはかすかな笑みをたたえ、湖面を見つめていた。私が彼女に聞きたいと思っている質問を投げかけるのを待っているようだった。ただ、私はそれらの質問を、短く具体的な言葉にまとめることができていなかったのだ。頭の中でまとめたことが、知りたいと思う肝心なことを含んでいないように思えた。そのため、私は主題からそれたことから話し始めた。

「あのな、アナスタシア。ほら、俺は本を書いていて、そこにはきみが話した言葉が綴られている。きみの言葉全部が俺にとってすぐに理解できるわけじゃない。だが何よりも、言葉ではなく、それに対する反応の方がわからなくなってきたんだ。

きみと出会うまでは、俺は実業家だった。働いて、みんなと同じように一ルーブルでも多く稼ぎたいと思っていた。酒を飲むことだって、楽しい仲間たちと遊びまわることだってできた。でも誰も、俺に対しても、会社の従業員に対しても、今メディアが襲いかかっているみたいに批判を浴びせることはなかった。

なんだかおかしなことになっている。あの頃は、金儲けをすることで批判されることはなかったが、本が出たとたん、一部の人たちが、俺のことを重商主義の実業家だとか、いかさま師や反啓蒙主義者じゃないかとまで記事を書きたてたり言いだしたりし始めた。俺のことだけならまだいいが、奴らは読者たちまで反啓蒙主義者、セクト（＊「セクト」は分派の意。本書ではオカルトというニュアンスで使われている。）だと呼んで、侮辱《ぶじょく》している。きみのことなんて、さらにとんでもないことが書かれているんだ。きみはまったく存在しないんだと証明しようとする者もいれば、多神教徒の指導者だと言う者もいる。

本当におかしいだろう。ここシベリアにはいろんな少数民族が暮らしていて、彼らのいろんな文化や信仰もあり、シャーマンたちがまだ存続しているのに、彼らのことは何も悪く言われない。逆に、そういった民族の文化は保護すべきだって言われているんだ。きみは一人だけなのに、まあ、きみの祖父や曾祖父、今になっては息子もここで暮らしているが、自分たちのために何をほしがるわけでもないきみたちが発する言葉が、感情の嵐を呼び起している。きみが話した言葉に歓び、魅了され、行動を始めている人たちもいれば、なにやら猛烈な悪意や憎しみできみに襲いかかる人たちもいる。どうしてこうなるんだ？」

「自分で、ウラジーミル、あなたは自分でこの質問に答えられない？」

「自分で？」

「ええ、自分で」

「俺の頭に、すごくおかしな考えが浮かぶんだ。まるで人間社会の中に、人々なのか、何か見えない勢力なのかわからないが、人々が苦しむことを強く欲しているものが存在するような印象があるんだ。この勢力には戦争や麻薬中毒、売春や病気が必要なんだ。それにこういったネガティブな事象をより強くすることも必要としている。そうでなければ、どう説明がつく？　殺人についての本や半裸の女が載っている雑誌は批難しないのに、自然や魂についての本は奴らには気に食わないんだ。きみに関することなんて、もっと理解不可能だ。きみは幸せな家庭のために楽園である一族の土地を築くことを呼びかけ、とてもたくさんの人々がきみに賛同している。言葉だけの賛同じゃない。人々は行動を始めているんだ。俺はこの目で、すでに土地を手にし、それを手入れしている人たち、きみが話したように自分の一族の土地を築いている人々を見た。その中には老いも若きも、貧しい人も裕福な人もいる。だが誰かにとって、それはとても気に食わないことなんだ。そして奴らは常にマスコミを使ってきみが話したことを捻じ曲げようとしている。

一言で言えば、ただ嘘をついているんだ。タイガに住む、誰の邪魔もしていないような人の言葉が、どうしてここまで反応を呼び起こすのか、理解ができない。

それにどうして、きみの言葉と実際に闘おうとまでするのか？　さらにこうも言われている。後ろに、きみが話す言葉の背後には、オカルトか何かの大きな力があると」

「あなた自身はどう思うの？　言葉の背後に力があるのか、それともただの言葉なのか？」

「やっぱり、なんらかのオカルト的な力があるんじゃないかと思う。そのように何人かのエソテリック（＊秘教や超常現象、神秘学など。）な人も話している」

「ウラジーミル、他人の言うことは脇に置いてみて。自分のハートと魂の声に耳を傾けてみて」

「そうしているよ、だが情報が足りない」

「具体的にどんな情報？」

「例えば、きみはどの民族なのか、アナスタシア？　きみときみの親族の信仰は？　それとも、きみたちには民族がないのか？」

「ある」アナスタシアは答えると、立ち上がった。

「でも、その言葉を発すると、闇のものが動揺して、驚いて金切り声でわめき出す。それからありったけの力を余すことなくぶつけて、私だけでなくあなたをも刺して傷つけようと試みる。彼らの全力の試みに気が付かないでいることができ、自分の意識を美しい現実に向けることができるのなら、あなたは耐えられる。でもあなたが、自分が悪の前で無防備だと考えるのであれば、今の質問を取り下げ、当分のあいだこの質問のことは忘れて」

アナスタシアは私の前に立ち、両腕を下ろしていた。私は彼女を見上げた。そして思いがけず彼女の姿勢に、凛としたさま、格別な美しさ、揺るぎないさまを見てとった。彼女の優しく包むような、人に問うような眼差しが私の答えを待っていた。彼女の発言が、実際になんらかの普通でない反応を呼び起すことに疑いはない。なぜなら、彼女と知り合ってからのこの数年間、彼女の言葉に多くの人々が猛烈に反応しているのを、一度ならず目撃してきたからだ。だから、危険の可能性も疑っていない。しかし私はこう答えた。

「俺は怖がっていないよ。きみが言ったようなことが全部起こることは間違いないだろうがね。もしかすると、俺は耐えられるかもしれない。だが俺だけじゃないんだ……。俺たちには息子がいるんだ。あの子を脅かすようなことはあってほしくない」

すると、突然アナスタシアの方へ息子が歩いてきた。おそらく彼は、どこか私たちのそばに静かに立っていて、話を邪魔せずに聞いていたのだろう。そして話題が彼のことになったとき、その場に現れてもいいと考えたのだろう。

ヴォロージャは、小さな両手でアナスタシアの手をとり、頬に押し当てると、顔を上げて言った。

「アナスタシアママチカ、パパの質問に答えてあげて。ぼくは自分で自分を守ることができるから。ぼくのために人々に歴史を隠さなくていいよ」

「ええ、その通り、あなたは強い。日を追うごとにますます強くなる」アナスタシアは子どもの頭を撫《な》でた。そして顔を上げると、私の目をまっすぐ見て、いつもよりはっきりと一つひとつの文字を発音しながら、まるで初対面の人に自己紹介するように言った。

「私は、ヴェドルシア人よ、ウラジーミル」

アナスタシアが発した言葉は、実際に私の内部でなにか普通でない感覚を呼び起した。弱い電流のようなものが、身体の細胞一つひとつに何かを知らせるかのように、心地よいぬくもりが体中を走り抜けた。そして周囲の空間で、いつもと違うことが起きたように思えた。言葉それ自体は何も語ってはいない。しかし私はその言葉を聞いて、なぜか立ち上がった。何かを思い出しているかのように、突っ立っていた。

嬉しげな様子で、再びヴォロージャが話しだした。

「ママチカアナスタシアは美女のヴェドルシア人、そしてぼくもヴェドルシア人だ」

それから歓びあふれた笑顔で私を見て言った。

「パパは、ぼくのパパだよ。パパはぼくと同じヴェドルシア人なんだ。ただ眠っているだけなんだよ。ぼく、またお話しし過ぎちゃったかな、ママ？　じゃあ行くね。パパとママのために素敵なことを思い付いたんだよ。陽が木々の向こうに沈まないうちに、思い付いたことを創造してくるね」

そしてアナスタシアが承諾するようにうなずいたのを見ると、ぴょんぴょんと飛び跳ねながら走っていった。

私は、目の前に立っているアナスタシアを見て思った。〝ヴェドルシアというのはおそらく、今でも北極圏やシベリアに住んでいる、ユゴルスク（＊北極海の一部であるカラ海に臨む半島。）の小数民族のひとつだろう〟。

一九九四年に、ハンティ・マンシースク民族管区（＊チュメニ州中部にある自治管区。）でユゴルスクの民族共同体研究の国際映画・ドキュメンタリー作品祭が開催された。自治管区の行政当局からの依頼で、映画祭参加者の大半が私の船に宿泊したのだ。私は彼らと話をしたり、映画コンクールを鑑賞したり、一緒にシャーマンたちが残っているシベリア奥地の居住地を訪れたりした。そういったごく少数の民族の文化や習慣については、あまり多く記憶に残っていない。ただ、それらの少数民族が消滅しつつあることに寂しさを感じたことだけは、なぜだか覚えていた。そして人々は彼らのことを、じきに地球上から完全に消えてしまう異国情緒あるものとして見ていた。

民族のイベントとも言えるその映画祭で、ヴェドルシア民族については参加者から何も聞いたことがなかった。だから私はアナスタシアに質問した。

「アナスタシア、きみの民族は、絶滅してしまったのか？　というより、もうほんの少数しか残っていないのか？　どこに住んでいた民族なんだい？」

「ウラジーミル、私たちの民族は絶滅していない、眠ってしまったの。かつて私たちの民族は、現在国境によってロシアやウクライナ、ベラルーシ、イギリス、ドイツ、フランス、インド、中国やその他の大小多くの国々として分けられている地域で、幸せに目覚めていた。

ごく最近、ほんの五千年前は、地中海や黒海から北極圏の地域にわたって、まだ幸せに現実の世界で目を覚ましている私たちの民族がいた。

アジア人、ヨーロッパ人、ロシア人、それに最近自分たちのことをアメリカ人と呼ぶようになった私たちは、実際はひとつのヴェドルシア文明の起源を持つ、神なる民。

私たちの惑星の営みにおいて、ヴェド期と呼ばれる期間があったの。

ヴェド期の人類は、地球で集合意識によってイメージエネルギーをつくり出すことを可能にする、感覚を主体とする叡智のレベルまで到達していた。こうして、人類は新しい時代、つまりイメージ期への移行を遂げたの。

意識の集合体によってつくり出されるイメージエネルギーのおかげで、人類は大宇宙における創造の可能性を得て、地球の生命に似た生命を他の惑星に築くことまでできるようになっていた。ただそれは、イメージ期においてひとつの間違いも起こさなければ、の話。

でも、地球時間で九千年続いたイメージ期には、ひとつまたは一度に複数のイメージを共に創造する際に、毎回間違いが起こっていた。

地球の人間社会にある意識や気持ちの文化に、意図の純粋さが十分でない人たちが残っていた場合に、間違いが起こっていたの。

それは、大宇宙空間における創造の可能性を閉ざし、人類をオカルティズムへと転換させた。

人類の営みの中で、オカルト期が続くのはたった千年間。それは人間の意識が急激に低下したことによって始まった。知識が高いレベルにあり、高い可能性を持っている状態での、意識の堕落や純粋性が十分でない意図は、いつも最終的に、人類に地球規模の大惨事をもたらす。

これが地球の何億年もの歳月のあいだに何度も繰り返されてきた。

現在の地球はオカルト期にある。そして例のごとく、地球規模の大惨事が起こるはずだった。起こるはずだったけれど、大惨事は起こることなく、その時期が過ぎた。オカルト千年紀の終わりは過ぎたの。だからまさに今、一人ひとりが自分の使命と本質、そしてどこに間違いがあったのかを理解しなければならない。お互いに助け合いながら、意識で歴史がたどったすべての道をさかのぼり、間違いを特定する。そうすれば、この地球という惑星の歴史に一度もなかったような幸せな時代が始まる。大宇宙はその時代を大いなる希望と共に、息を潜めて待っている。

闇の勢力は今もまだ生きていて、大多数の人々を牛耳《ぎゅうじ》り、頭脳を利用して人々を支配しようと、熱に浮かされたように躍起になっている。でも闇の勢力は、五千年前にヴェドルシア人たちのとった普通でない行動に、はじめて気づかなかった。

歪んだ意識によって、地球のすべての人々を支配しようと欲するイメージが生まれたとき、人々のあいだにはじめて戦争が起きた。そして人々はイメージに操られてお互いを殺し合うようになったの。地球規模の大惨事の前には、地球上に何度もこの事態が生じていた。でも今回は……非物質の次元における戦闘に、ヴェドルシア人たちの文明は、はじめて踏み込むことをしなかった。

大小様々な地域で、意識と感覚の一部のスイッチを切って、ヴェドルシア人たちは眠りに入っていった。

以前とまるで同じように、地球上に人間は生き残り、子どもが生まれ、住居が建てられ、彼らを襲った人たちの命令が遂行されていった。闇にはヴェドルシア人たちが降伏したように見えた。けれど、そこに大いなる秘密があったの――ヴェドルシア人たちは降伏することなく、眠ったままで、存在のすべての次元空間に生きていた。そして幸せな文明は今日に至るまで眠っていて、眠っていない者がイメージの創造における間違いを探し当てるまで、眠り続ける。地球の文明を今日の状態にまで至らしめた間違いを。

間違いが絶対的な正確さで特定されたとき、眠っていない者の言葉を眠っているヴェドルシア人も聞く。そして、彼らは休眠状態からお互いを起こし始める。

誰がこのような駒の進め方を思い付いたのかはわからない。きっと、神にとても近かった人。

少しだけでいいから、あなたも目を覚まして、ヴェドルシア人。そして歴史の歩みに目を向けてみて。

かつて様々な大陸にいた私たちの民は、眠りについていってしまった。

三千年前、現在でいうロシアの領域でのみ、私たちの民は目覚めていた。

そのときすでに闇の勢力の時代が地球全体に到来していた。そしてヴェドルシア人たちは、現在ロシアと名付けられている、地球全体からすると小さな島と呼べるようなわずかな領域でのみ、幸せに暮らし続けていた。

彼らは、あと一千年を耐え、生き残れるよう、強く強く欲した。未来へ叡智を伝える方法、地球で起こったことを理解し、間違いを繰り返さないための方法をみいだす必要があったから。結果として彼らは、その島でさらに千五百年耐え抜いた。物質的でない次元で攻撃をかわしてきたの。一方、すでに全地球の人々の頭の中で、闇が権力を牛耳っていた。自分を神よりも上に位置づけた神官たちは、自分のオカルト世界を創造しようと決めた。彼らは、世界の三分の一の人々の頭をもうろうとさせることに成功した。

そう、けれど闇の全勢力は、現在ロシアと呼ばれているこの島の民に対しては、何も悪いことができなかった。

でも、たった千五百年前、この最後の島は眠りについた。地球の文明、神を識《し》る民は、眠ってしまった。新しい現実の夜明け前として目覚めるために。

闇の勢力は、この民の文化、叡智、魂の希求を永遠に壊滅することができたと確信していた。だからほら、闇の勢力は現在も地球のすべての人々からロシアの民の歴史を隠そうとしているの。

実は、その背後にはもっと多くのことが隠れている。美しい世界とのかけ橋であるロシアの歴史を隠蔽《いんぺい》することで、実際彼らは、地球で幸せに暮らしていた文明を隠そうとしている。あなたの先祖が生きていた最も幸福な文明、神を識《し》る文化、そして叡智や気持ち、感覚を」

「アナスタシア、待ってくれ。もうちょっと詳しく、わかりやすい簡単な言葉、理解できる言葉で、その消滅したか、きみが言う、眠ってしまった文明のことを話せないかい？　そしてその存在は証明できるのかい？」

「簡単な言葉を選んでみることはできるわ。でも一人ひとりがそれを見ようと努力する方が百倍もいいの」

「しかし、一万年前のことなんて、誰でも見られるものなのかい？」

「見られる。ただし、その程度や詳細は異なるわ。でも概して、一人ひとりがその文明を、それに自分の先祖たちさえも感じることができるし、その幸福な世界の中の自分自身を見ることができる」

「どうしたらそれができるようになるんだい？　ほら、例えば俺はどうすればいい？」

「すべてとても簡単よ。ウラジーミル、はじめに、自分の論理だけで、あなたが知っている出来事を診断し、比較してみて。すると疑問が湧いてくるから、そしたら自分で答えを導きだすの」

「論理でってどういう意味だ？　例えばロシアの歴史について、どうすれば論理で知ることができるって言うんだい？　そうだ、第一きみは、ロシアの歴史や文化は消滅させられ、そして地球のすべての人々から隠されていると言ったじゃないか。ならばどうやって俺が、ほかの人だって、自分の論理だけを使って、きみの言葉を確信することができるんだい？」

「一緒に考えてみましょう。あなたが歴史に触れるのをほんの少しだけお手伝いするわ」

「そうしよう。はじめに何をすればいい？」

「まず自分の疑問に、自分で答えを出して」

「どんな?」

「簡単な質問よ。ウラジーミル、ほら、あなたは息子に『世界の古代史』というタイトルの教科書を持ってきたでしょう。そこには古代ローマ、ギリシャ、中国のことが書かれた章がある。五千年前のエジプトがどんなだったかが書いてある。でもその時代のロシアがどんなだったかということは、何も書かれていない。五千年前の歴史はもちろん、千年前のロシアの歴史や文化でさえも極秘とされ、厳重に隠されている。この教科書はロシア語で書かれていて、ロシアの子どもたち向けのものだけれど、たった二千年前のことであっても、ロシアについては一言も書かれていない。なぜ?」

「どうしてだ? ……本当だ、まったくおかしなことだ。確かにロシアの古代世界史の教科書には、ロシアのことが書かれていない。古代ローマやエジプトの時代だけでなく、もっと後《のち》の時代のロシアの人々の生活についても語られていない。おかしいな、本当におかしいぞ。まるでその頃ロシアの人々が存在していなかったかのようだ」

歴史について知っていることをすべて思い出そうとしながら、私は古代ローマ、ギリシャ、中国に哲学者がいたと聞いたのを思い出した。彼らの書を読んだわけではない、ただ聞いただけだ。しかしまた、それらは傑出した、天才的なものであると社会で認められていることも知っている。しかし、その時代のロシアの哲学者や詩人については、一人も記憶に浮かんでこない。これは本当にどうしてなんだ?!

アナスタシアが私に、答えを自ら導きだしてほしいと思っていることをわかっていながら、私は言った。

「この質問には、俺も、ほかの誰も答えることはできないよ、アナスタシア。これはきっと、そもそも答えられない質問なんだ」

「答えられる。論理的に推論することを怠けてはいけないだけ。だって、最初の結論はもう出ているのだから。ロシアの民の歴史は、世界に対してだけではなく、ロシア人にも明らかでない。あなたはこの結論に賛成、ウラジーミル？」

「まあ、完全にそうだとは言えないかもしれない。千年前のことはすべて記述されている」

「それは検閲のもとで極端に歪められ記述されたもの。それにすべての出来事についての解釈もことごとく同一。ルーシ（＊ロシアの起源とされる、東スラヴ人の国家。）の過去千年の歴史が、まるで一日しかなかったかのように書かれている。その時代は、キリスト教時代。今日もルーシにはキリスト教があるけれど、その前には何があったか言える？」

「それ以前のルーシは、多神教だったと言われている。人々は色々な神々を崇めていたんだ。でも、とてもさらりとした感じでしか触れられていない。この時代について、我われは文字のことも知らないし、言い伝えもない。国家体制も、人々の生活についての記述もない」

「ほら、あなたは二つ目の結論を出した。ロシアの民の実際の文化は異なっていた。じゃあ次は、自分の論理に従って、教えて。人々はどんな場合に歴史を隠そうとしたり、誹謗中傷をしたりすると思う？」

「歴史を捏造《ねつぞう》しようと懸命になる場合なんて、決まっているさ。新しい体制、新しい権力、新しいイデオロギーの優位性を証明したいときだ。しかし、言及することさえも完全に隠すなんて……信じられないよ！」

「その信じられないことが起こったの、ウラジーミル。この事実は議論の余地がない。じゃあもうひとつ教えて。どうか、考えることを怠けないでちょうだい。このような事実は勝手に起こるもの？　それともそれは誰かの意図的な力が働いた結果？」

「叡智やイデオロギーを消滅させたいときは、いつも本が焼かれていたことから判断すると、偶然ではなく、誰かがキリスト教時代以前のルーシの文化についての情報をすべて消滅させたんだ」

「それは誰だと思う？」

「おそらく、ルーシに新しい文化、宗教を導入した奴らだ」

「確かにそのようにも言えるわ。でも新しい宗教とそれを導入していた人たちをも、誰かが操っていた可能性があると思わない？　個人的な目的があったのかも？」

「でも誰が？　誰が宗教を操れる？　教えてくれ！」

「あなたはまた外側からの答えを探そうとして、自分の内から探すことを怠けている。私は答えることはできるけれど、外側から得た答えはあなたにとって信じられないものに映り、疑問を呼び起こす。自分の内で、凝り固まった論理と魂を解き放ち、ほんの少しでも眠りから覚めれば、一人ひとりが自分で答を聴くことができる」

「いや俺は怠けているわけじゃない。自分の内で探していると時間がかかってしまうだけだ。きみが話してくれた方がいい。疑問が浮かんだら訊くから。きみの話をドグマのように聞いたりせずに、そのときすぐに、それに時間をおいてからも、きみが言うように自分の論理で全部を検証するよ」

「あなたが望むならそうしましょう。でも、私は大まかなことを見せるだけ。一人ひとりが自分で歴史という絵画を描き、想像することが大切よ。現在、過去そして未来の現実を、自分で、自分の魂だけで判断するこころざしが必要なの」

アナスタシアが語った人類の歴史

ヴェディズム

人間は、地球上に何十億年にわたり暮らしている。はじめのときからすべてが、完全なかたちで創造された。樹木、草花、蜜蜂、すべての生き物の世界が。

存在するものすべてが、相互につながり、そして大宇宙全体とつながっている。すべての創造物の頂点が、人間。人間も、はじめのときにあった偉大な調和の中で、調和のとれたものとして創造された。

人間の使命とは、周囲のすべてのものを知り尽くし、美しいものを大宇宙に創造すること。他の銀河において地球の世界と似たものを司ること。そして、一つひとつの新しい共同の創造において、その独自の美しさを地球の世界に加えること。

人間による他の惑星での共同の創造の道は、人間が誘惑に打ちかち、自身の内にある偉大な大宇宙のエネルギーの数々を調和したひとつとして保ち、そしてどのエネルギーにも、他のエネルギーに対し優勢になることをできなくさせたときに、開かれる。

地球全体が楽園となって現れる日が、大宇宙において創造の道が開かれる合図となる。そして人間は、地球のすべての調和を理解して、自身の美しいものを加えることができるようになる。

百万年に一度、人間は自らの行いの総決算をする。もしどこかで間違いをしていたのなら、もし、自身の内にある数々のエネルギーのうち、たったひとつにでも優勢であることを許し、他のエネルギーたちを軽んじてしまっていたのならば、地球に大惨事が起きていた。その後すべてがはじめのときに戻り、再び生じていた。そんなことが何度もあった。

人類の周期は百万年単位で、さらにそれを三つの時代に分けることができる。第一の時代が、ヴェド期。第二がイメージ期。第三がオカルト期。

地球における人間社会の営みの第一の時代であるヴェド期は、九十九万年続く。この間、人間は親の保護のもとで育つ幸せな子どものように、楽園に暮らした。

ヴェド期では、人間は神を〝識《し》っていた〟（＊ヴェドとは古代スラヴ語で、知識として「知る」に留まらず、「体験や経験を通してわかり、理解している」というすべての状態を含んだことを意味する。詳しくは、１８７ページ参照。）。神のすべての気持ちが人間の内にあり、それらを通して、人間は神からのあらゆる助言を知ることができる。人間によって間違ったことが行われたとき、ただヒントだけを与えながら、調和を壊すことも人間の自由を犯すこともなく、修正する自由が神にはある。

世界、大宇宙、数々の銀河、そして美しい星である地球を、誰が、どうやって創造したのか、というような疑問はヴェド時代の人間には浮かびもしなかった。彼らの周りのものすべて、目に見えるものも見えないものも、彼らの父、神によって創造されたということを、すべての人々は識《し》っていたの。

父はいたるところに存在している！　周囲に生えるもの、生きるもののすべては、神の生きた意識であり、神の計画。私たちは、自分の意識を通して父の意識と触れ合うことができ、さらには神の計画をよりよくすることもできる。そのために必要なことは、ただそれを細部まで理解すること。

人間は神を崇拝しなかったし、後に生じた多くの宗教は、ヴェド期には存在しなかった。そこには暮らしの文化があった。人々の生き方そのものが、神なるものだった。

肉体の病気は存在しなかった。神の恵みを食し、神の衣服を身にまとい、人間は食べ物と衣服のことを考えることはなかった。意識はほかのことにあったの。意識は、発見し感嘆することに夢中だった。人々の社会の上に統治者は存在せず、現在の国家を定めるような国境もなかった。

地球の人々の社会は、幸せな家庭で構成され、様々な大陸で暮らしていた。美しい空間を創造することへの希求が、彼ら全員を団結させていた。

多くの発見がなされ、そして素晴らしいものを発見したそれぞれの家庭が、他の人々とそれを分かち合いたいという欲求を感じていた。

愛のエネルギーが家庭を形成していた。そして、新しい家庭が、自分たちが生まれた惑星にもうひとつの美しいオアシスを創造することを、一人ひとりが識《し》っていた。

ヴェド期の人々には、たくさんの儀式や祝日、祭典があった。それらすべてが、偉大な意義や感性、そして実在する地球の聖なる存在への理解に満ちたものだった。

儀式の一つひとつが、参加した人たちにとって偉大なる学校となり、試験になった。それは人々の前、自分自身の前、すなわち神の前での試験だった。

あなたにそのひとつを話し、見せるわ。婚礼、または、より正確に言うと、愛し合う二人の結びつきへの承認について。ほら、見て。そして、叡智と文化のレベルを現代のものと比べてみて。

婚礼――二人の結びつき

婚礼、つまり二人がひとつになるという結びつきを確固たるものにするこの儀式は、村をあげて執り行われていた。ときには複数の村が参加することもあり、それは隣村や、遠くの村であることもあった。

未来の恋人たちの出会いは様々だった。同じ村に住む若者同士が互いを好きになることもあった。でも多くの場合が、複数の村により合同で行われる祭だったの。そこで互いの眼差しが合わさり、そしてハートに気持ちの閃光が走った。

彼から彼女の方へ、または彼女から彼の方へ、どちらが先にやって来るのかは重要ではないわ。その眼差しは互いに多くのことを伝えることができる。そして言葉もあった。現代の言語に訳すならば、それはおよそこのように響いていたの。

「麗しい女神よ、きみとなら、僕は永遠の愛の空間を共に創造することができる」

彼は自分が選んだ女性に言った。そして乙女のハートが愛と共に応えるなら、それはこのように響いていた。

「私の神であるひとよ、偉大な共同の創造において、私はあなたを手伝う意志がある」

それから恋人たちは、二人で自分たちの生きた家となる場所を選んだ。

そして彼らは二人で、まず彼が両親と暮らしている村のはずれに行き、その後彼女の村の近くへ出かけた。恋人たちが親に自分たちの意志を伝える必要はなかったの。村では誰もが、これから行われる偉大な行いを識《し》っていた。

二人の合意のもとで暮らす場所を決定すると、そこを訪れ、二人きりで過ごした。

大空の下や掘っ建て小屋で夜を過ごしたり、夜明けを迎えたりして、一日を過ごしていた。生家にはほんの短時間だけ戻り、また自分たちの場所へと急いだ。どういうわけか、赤ん坊が子を愛する親を惹きつけるように、その場所が彼らを呼び、惹きつけていたの。

親が若い恋人たちへ、問いを投げかけることはなかった。彼らの息子や娘が深い思慮の中にあるのを見守りながら、子どもから問いかけられるのを彼らは胸を弾ませながら、大きな歓びと共にただただ待っていた。

そして、子どもたちは再び自分たちの偉大なる隠遁生活に戻っていった。これが数カ月、一年、あるいは二年続くこともあった。そしてそのあいだずっと、愛し合う二人のあいだに肉体的な関係はなかった。

ヴェド期では、二つの愛し合うハートが偉大な構想を創造し、愛のエネルギーが彼らにインスピレーションを与えることを、村の人々は知っていた。

彼と彼女は、幼い頃からずっと両親から暮らしの文化、叡智、ヴェドの文化への理解を学んでいたので、夜空に輝く星についても、太陽が昇るとともに花びらを開く花についても、蜜蜂の使命についても、空間に流れるエネルギーについても語ることができた。

二人は、幼い頃から両親が愛の中で創造した美しい一族の土地、オアシスであり楽園である園を愛《め》でてきたので、今度は自分たちのものを創造することを希求したの。

恋人たちは、選んだ一ヘクタール、もしくはそれ以上の土地での現実的な日々の生活について構想を練っていた。意識の中で家を設計し、すべてが互いに作用し助け合うように、多種多様な植物を配置した。

すべてが自分で育ち、人間が労力を費やすことがないように配置しなければならない。そのためには、惑星の配列や日々の空気の流れといった、多くの細やかなことを考慮に入れなければならない。

春と夏には植物たちが芳香を振り撒き、エーテル（＊香り。肉体だけでなく、人間を構成する目に見えないものを養うとされる。）を放つ。恋人たちは、風がそよいだときに、多種多様なエーテルの花束が家の中に入るように、植物の配置を工夫した。

そのようにして、これまでになかったような複合体が生まれていた。その複合体は、神なる創造物で成り立っていた。さらに、恋人たちが選んだ場所は、美しく、目を愉しませる絵画へと変わらなければならない。生きた絵が、キャンバスの上ではなく、生きた大地で、永久《とわ》に残るように、意識の中で生み出されていた。

自分の家を設計しようと希求するとき、どれほど意識が集中し、夢中になるものなのか、今日でも人は理解できる。

ダーチニクにもわかるはず。特に春の日、自分の菜園でこれから何を育てるか考えるとき、どれほど意識が夢中になるか。

自分の未来の絵画に想いを巡らすとき、意識がどれほど夢中になれるものか、才能ある芸術家なら知っている。

これらの希求のすべてが一緒になり、二人のハートに凝縮した。愛のエネルギーによって叡智が深まり、インスピレーションを生み出していた。

ほら、だから彼らは、今日肉体の快楽と呼ばれていることに思いがおよぶこともなかったの。

意識の中で構想が完成すると、恋人たちははじめに新郎の村へ行った。そしてすべての家を訪れて回り、家の主《あるじ》たちを儀式に招いた。各家が、彼らの訪問を胸を弾ませながら心待ちにしていた。

ヴェド文化の人々は、恋人たちが訪れるとき、一瞬ではあるけれど、神の愛の新しいエネルギーが彼らの土地を訪れることを知っていた。そして各々の一族の土地の美しい空間が、若い愛に微笑みかける。これはつくり話ではなく、オカルトの信仰でもない。なぜなら、今でもそばに悪意ある人でなく善《よ》い人がいるときには、誰もが心地よく感じるものなのだから。

恋人たちが悪意を持つことはない。特に二人で訪れるときには。

村の各家は心地よい緊張とともに胸を弾ませて待っていた。若い恋人たちが果樹園や庭、そして家を訪れるとき、彼らが主《あるじ》たちに多くの言葉をかけることはなかった。それぞれに一言だけ。例えば、「ああ、あなたのリンゴの木はなんと素晴らしい」だったり、「この仔猫は自覚ある眼差しをしていますね」「あなた方の熊は機転が利く働き者ですね」と。

果樹園に育つ樹木や、彼らの屋根の下に暮らす仔猫への褒め言葉を恋人たちから聞いた人にとって、それは若者たちが年上の世代の暮らしを立派なものであると認めていることを意味していたの。褒め言葉は、自分の一族の土地にそのような樹木や仔熊を持ちたいということを意味していたので、評価はいつも誠実なものだった。

若い二人の褒め言葉によって敬《うやま》われたものを、村のみんなの前で、誇りと大いなる歓びをもって贈りたいと誰もが希求していた。そして若い二人が指定した日、贈り物を渡す日がくるのを、首を長くして待っていた。

若い二人は、今度は花嫁の村の各家を一軒ずつ訪れていた。二つの村の家々を訪問するのに三日間かかることもあれば、一週間でも足りないこともあった。すべての訪問が終わり、指定された日がくると、夜が明ける頃、二つの村から、お年寄りから若者までみんなが、二人の敷地に集まった。

人々は、新郎新婦が乾いた木の枝で囲った敷地の外周に沿って立っていた。中央の掘っ建て小屋のそばには、花々で飾られた盛《も》り土《つち》があった。

見て、今にあなたは見たことのない光景を目にする！

ほら彼が！　見て！　青年が二つの村の住民たちの前に出てきた。アポロンのように姿美しい、亜麻《あま》色の髪の青い瞳の青年が、盛り土に上った。みんなの前で緊張しつつ盛り土に立つのはラドミール。それがその青年の名前。集まった人々の眼差しは、彼だけに向けられていた。そして訪れた静寂の中で、彼はスピーチを始めた。

彼はみんなの前で、愛する女性と創造した新しい空間の構想を順序立てて述べた。ラドミールは、リンゴの木、サクランボの木、梨の木が育つ場所を手で示しながら話した。松や樫《かし》、榛《はん》の木、そして杉の林がそれぞれどこにできるのか。どのような低木がベリーに色を添えられながら、それらの木々のあいだに育つのか。どのような草が芳香を放つのか。どうすれば、蜜蜂が喜んで、森の中に巣をこしらえるようになるのか。そして働き者の熊は冬、どこで眠るのか。

インスピレーションに駆られながら、熟考したことをとても早口に述べていた。約三時間スピーチは続いた。息を凝らし興奮を感じながら、人々はそのあいだずっと注目していた。そして若者が、彼の壮大な計画に従って植物が育つ場所を指し示すと、彼に注目する人々の輪の中から一人ずつ進み出て、リンゴの木や梨の木、またはサクランボの木が育つ場所に立った。女性が出ることもあれば、男性、老人が出ることもあった。自覚と賢明さ、満ちたりた歓びが瞳にあふれる子どもが出ることもあった。

輪から進み出た人は、青年がその名を告げ美しく成長すべき場所を示した、まさにその樹木の苗木を手にしていた。

そして村人たちは、輪から進み出る一人ひとりにお辞儀をした。それはその人が、新郎新婦が村を回ったときに、美しい樹木を育てることができたと称賛を受けた人たちだからなの。そしてそれは進み出た人が、創造主から、つまりみんなの父、みんなを愛する神から称賛されたことを意味していた。

このようにみなされたのは迷信ではなく、論理的なもの。

ヴェド文化の人々は、美しいオアシスを創造している若い恋人たちを、神として扱った。そのような扱いは当然だったの。

創造主は、インスピレーションと愛の高まりの中で創造していた。そして同様に、若い恋人たちも愛によってインスピレーションを受け、美しい構想を共に創造していた。

見て、若者がスピーチを終えて盛り土から下り、緊張し胸を弾ませながらすべての成り行きを見届けている恋人に歩み寄った。

彼は彼女の手をとり、盛り土の方へと引き寄せると、今度は二人でその上に立った。

そして、青年がみんなの前で言う。

「この愛の空間は、僕一人で創造したのではありません。僕の隣に、そしてみなさんの前に、僕の美しいインスピレーションがあります」

娘というよりは乙女と呼んだ方がいいわ。乙女は、まずみんなの前で眼差しを下ろした。

女性には一人ひとりが持つ独自の美しさがある。でもすべての女性の人生には、誰よりもひときわ美しくなる瞬間がある。今日の文化ではそのような瞬間がない。でもあの頃は……。

見て！　リュボミーラ、盛り土の上に立った娘の名前はリュボミーラ。彼女は人々へ眼差しを注いだ。全員の感嘆の大歓声が彼女の前でひとつに合わさった。娘の表情には、思い上がったものではない、勇敢な笑顔が輝いていた。愛のエネルギーが彼女をあふれんばかりに満たしていた。いつもより強く彼女の頬が紅色《くれない》に染まった。乙女の健康に輝く身体と瞳の輝きは、人々と周りの空間をあたたかさで包み込んだ。一瞬、周囲のすべてが静止した。人々の前に立った若い女神は、自身の余すところのない美しさで輝いていた。

乙女の両親はその輝きに浸るように間をおいてから、恋人たちが立っている盛り土に近づいた。老人も若者も入れた家族全員につき添われながら、盛り土の手前で立ち止まると、乙女の家族はまず新郎新婦にお辞儀した。その後、乙女の母親は自分の娘に問いかけた。

「我が一族の叡智はあなたの内にある。教えて、私の娘よ。あなたには自分が選んだ土地の未来が見えている?」

「ええ、ママ、見えるわ」と娘が答えた。

「娘よ、教えて」と母親が続けた。「示された未来のすべては気にいっているの?」

母親のこの質問に、若い乙女は様々な答えを返すことができた。「ええ、ママ。ここには美しい楽園、生きた家ができる」と答えることが最も多かった。

でも、ほら見て。頬を紅色に染めた情熱的な乙女が、みんなの前で母親の問いへ少し型破りな答えを返した。

「彼の語った構想は悪くないわ。私は気にいっている。でもやっぱり私の構想を少しだけ加えたいの」

盛り土から素早く飛び下りると、乙女は突然人々のあいだを抜けて未来の園の端まで走り、立ち止まって発した。

「ここは、針葉樹が育つところ、そしてその横に白樺が。風があちらから吹いたとき、まず松の枝に出会い、それから白樺の枝に出会う。そのあと風は園の木々の枝にメロディーを奏でるようお願いするの。二度と同じメロディーは繰り返されないわ。でも毎回、魂にとっての悦楽の調べとなる。あと、ここには……」、乙女はそこから少し走って言った。「ここには、花が育つべきよ。はじめに赤い花を燃え上がらせ、ここに少し遅れて紫の花を、ここにはワイン色の花を」

乙女は頬を染めながら、まるで妖精のように未来の園の中を踊っていた。すると輪になって立っていた人々が再び動きだした。彼らは急いで種を手に握ると、燃え上がる乙女が定めた地点へ持っていった。

彼女は踊り終えると盛り土へ走って戻り、再び自分の相手の隣に立ってこう言った。

「これで、ここには素晴らしい空間ができるわ。見たこともないほど美しい絵画を大地が育んでいくでしょう」

「娘よ、人々にお伝えしなさい」乙女に向かって母親が再び問いかけた。「この最上に美しい空間の上で、誰がすべての冠《かんむり》をかぶる者となる？　地球に生きるすべての人々のうちの誰に、あなたは自らの手で冠を授けるの？」

乙女は、苗木と種を手に抱えて周囲に並んで立っている人々に眼差しを走らせた。それぞれの人が、構想を語った青年が指した場所と乙女が美しい光景を描いた場所に立っていた。でも誰も種を土に蒔いていない。そのための聖なる瞬間はこれから訪れようとしていた。そしてほら、乙女が盛り土の上で隣に立つ青年の方へ振り向き、歌うように言葉を放つ。

「冠を受けるにふさわしいのは、未来を美しいものに創造することができる意識の持ち主」

この言葉を言い終えると、娘は片手で隣に立っている青年の肩に触れた。彼は彼女の前で片膝をついた。そして娘は彼の頭に、香り高い草を使って自らの手で編んだ美しい冠を載せた。それから冠が載る彼の髪を右手で三回撫《な》で、左手で彼の頭を自分の方へ少し寄せた。その後彼女が合図すると青年は立ち上がった。娘は盛り土から駆け下りると、しとやかに頭を少し下げた。

その瞬間、青年の父親が、みんなの前で高いところに立ち冠を戴く青年の方へ歩きだした。父親に家族全員がつき添っていた。父親が盛り土の手前まで近づくと、敬意を表して立ち止まり、しばし間を置いて、息子に眼差しを向け、話しかけた。

「意識で愛の空間を創造することができるおまえは何者なのか？」

そして青年が返答した。

「僕はあなたの息子であり、創造主の息子」

「冠、偉大な使命のしるしがおまえに載せられた。冠を戴くおまえは、自分の空間において力を持った。何をするつもりだ？」

「美しい未来を創造する」

「私の息子であり冠を戴く創造主の息子よ、力とインスピレーションをどこから得る？」

「愛の中で！」

「愛のエネルギーは、大宇宙でさすらうものだ。おまえは、大宇宙の愛が反射しているのを、どのように地上で見つけるのか？」

「ある娘がいる、父さん。そして僕にとって、彼女は地上にある大宇宙の愛のエネルギーの反射だ」

そう言うと、青年は彼女の方へ下りていって手をとり、盛り土に連れて上がった。

手をとり合った二人は、二つの家族が一つへと溶け合い、幼い子どもたちも老人たちもみんなが抱き合い、冗談を言い笑い合う様子を愛《め》でていた。青年が片手を上げて次の言葉を告げると、再びすべてが静まった。

「僕の想いを受け取ってくださったみなさん、ありがとう。僕の魂は新しい空間の創造について語った。愛のエネルギーを知るみなさん、ありがとう。魂の夢として想い描かれたものが、大地から芽を出さんことを！」

この言葉を合図に、人々は歓びと共に動きだした。誇りと歓び、そして偉大な胸の高鳴りと共に、人々は種や苗木を植えた。青年が構想を語りながらその人に示した場所に、各々が自分の一本の苗を植えていった。植える場所の指示を受けなかった人たちは、あらかじめしるしをつけられていた区画に沿って歩き、ホロヴォード（＊スラヴの古代民族舞踊のひとつ。参加者は手をつなぎ、主に輪を様々な形に変化させ、歌いながら歩く、または踊る。）で歌いながら、自分が持ってきた種を蒔《ま》いた。

数分後にはもう、見たこともないような美しい園、夢で創造された空間の礎《いしずえ》が敷かれていた。

そして人々はみんな、再び区画を仕切る線の外へ出た。彼と彼女、愛し合う二人が立つ盛り土を、二つの家族だけが囲んでいた。

地面に雨のしずくが落ちた。それは普通の、つかの間の雨だった。あたたかい雨は、創造主の瞳から落ちた歓びと優しさの涙だった。創造主の子どもたちが創造した美しい空間を洗っていた。親にとって、我が子が驚くほど美しい創造をすること以上に、嬉しいことなどあると思う？

そして戴冠した青年は再び片手を上げると、静寂の中で言った。

「創造主により人間へ贈られた生き物たちが、僕たちと共にあり、僕たちと仲良く暮らしますように」

青年と娘が盛り土から下り、以前二人が構想を練っていたときにしばしば滞在していた小屋へと向かった。

そしてその言葉のあと、周囲に立っていた人々の輪の中から、老犬と仔犬を連れた男性が新郎新婦の方へと近づいた。その犬は、彼らが訪問した際に若い二人のことを歓んで出迎え、彼らが気にいった犬だった。

男性はお辞儀をして、花嫁に仔犬を渡した。彼が老犬に指示をだすと、老犬は冠を戴いた青年の足元に伏せた。この老犬は、人間がほかの動物たちに教える手助けをするように訓練されているの。

青年は、老犬に入口に座るように命じ、娘は小屋の中に仔犬を入れた。すると、ほかの人々が手に仔猫や仔羊を抱えたり、仔馬や仔熊を手綱で引いて、次々と小屋にやって来た。

人々は木の枝を編み、小屋に素早く囲いを付けた。つい最近まで二人が眠っていた住居は、若い動物たちでいっぱいになった。そしてここにも偉大な意味があるの。幼いときから共にいることで、彼らはずっと仲良く暮らすようになる。互いに世話をし、助け合うようになる。これは神秘的なことではなく、創造主の自然の法則。今日でも、これをこの目で見ることはできる。仔犬と仔猫が一緒に育てられると、大きくなっても仲良しでいるでしょう。

ヴェド期は、人々があらゆる動植物の使命を識《し》っていた点でも、他の時代と比べて特徴的だったの。そして、すべての動物たちが人間に仕えていた。

動物たちへの餌やりが人間を煩《わずら》わせることはなかった。むしろ動物たちが人間を食べさせていたの。ヴェド期の家畜と人間は菜食で、肉を食べることはまったくなかったし、そのような食べ物を思い付くことすらできなかった。周囲に育つ植物たちの多種多様さが、人間と人間のそばで暮らす動物たちの味覚を十分に楽しませていたの。

そして今は、二つの村の人々が、彼らの動物の中でもよりよいものたちを、新郎新婦のために贈ったところ。

贈り物を受け、再び新郎新婦は盛り土へと上った。

「みなさん、ありがとう」戴冠した新郎が、集まった人々に感謝を伝えた。「みなさん、この空間を共に創造してくれて、ありがとう。この空間を僕の一族が永遠に大切にします」

「創造者を産んでくれた母親たち、ありがとう」花嫁である娘が言った。

そして、青年の方を向くと付け加えた。

「太陽、月、散りばめられた星々、そして美しい地球の創造主の歓びのために、あなたが思い付くことができるものをすべて創造しましょう」

「麗しい女神よ、きみと、そして人々と共に」青年は花嫁に答え、そして付け加えて言った。

「きみだけが、僕の夢にインスピレーションを与えることができる」

新郎新婦が再び盛り土から下りると、それぞれを生家の家族たちが囲み、お祝いの言葉をかけた。

敷地の周りでホロヴォードで踊っていた人々は、歓びあふれる歌を歌い始めた。

もう日が暮れていた。新郎新婦はそれぞれの親族と共に、各々の家へと戻っていった。若い二人はこのまま二夜と一昼を会わずに過ごす。

それぞれの家に帰ると、創造のためにたくさんの力を使った創造者である青年は、深い眠りにつく。そして花嫁である美しい乙女も、自分のベッドで眠り込む。

愛の中で創造が行われた場所に残った人々は、ホロヴォードで踊り歌を歌った。そして、歳をとった夫婦たちもそれぞれ二人きりになって、彼らにもかつてあったこのような一日がどのように過ぎていったか、心地よい記憶をよみがえらせていた。

そして二つの村の最も腕のいい大工たちは、歌を歌いホロヴォードで踊りながら、丸太同士をしっかりと組み立て、苔や香りよい草の束をそのあいだに挟み、一昼夜かけて小さな家を建てておく。そして村の女性たちは、式から一日が過ぎると、新居に一番いい果物を持っていく。二人の母親は、ベッドを亜麻のシーツでくるむ。こうして、二日目の夜には人々は一人残らずその場所をあとにした。

新郎である青年は、最初の夜をぐっすり眠り、太陽が昇ると目を覚まして、両親の家を至福と歓喜で明るく照らす。彼が最初に思ったことは冠だった。彼は冠を手に取ると、聖人のようにみんなに微笑みながら、自分の頭に載せた。

兄弟姉妹につき添われ、泉から流れる水で身体を洗うために小川へ行った。家に向かって園の中を歩いていると、ラドミールは自分の母親に会った。

微笑みを胸に秘め、母親は息子の姿に見とれていた。

みなぎる力を押さえきれない青年は、実の母を見て感嘆し、両手で母親を抱え持ち上げると、歓喜で有頂天になり、子どものように回り始めた。そして感極まって叫ぶ。

「僕らを取り巻く生命はなんて素晴らしいんだろう、母さん、母さん！」

「あら！」

母親が叫び、笑い声を上げる。祖父も口髭《ひげ》に笑みを隠しながら、微笑んでいた。歓喜する二人のもとに、彫刻を施した美しい柄杓《ひしゃく》を持った祖母が近づいて言った。

「私たちの若き神よ、やめなさいな。歓喜のエネルギーは大事に使うんですよ。エネルギーがおまえを焼いてしまわないように、安らぎの草の煎じ薬を飲みなさい。もう一夜明ければエネルギーを使う時がくるのだから」

そして青年は煎じ薬を飲み、祖父と人生の意味や大宇宙についての談義を始めたけれど、じきに煎じ薬が彼を眠りへと誘《いざな》った。そして刺繍《ししゅう》されたシーツの上で、祖母に若き神と呼ばれた青年は深い眠りに落ちた。

これはどういうことだと思う？　どうして孫は祖母に神と呼ばれたの？　祖母は孫に見とれて歓喜し、誇張して言ったということ？　そんなことは微塵《みじん》もない！　なぜって、孫が神の名にふさわしい行為を遂行したのだから。

神は地球を、そこに育つもの、生きるものすべてを創造した。そして青年は、先祖たちからの叡智をすべて自分にとり込み、多くの創造物の使命を認識することができた。それは創造主にとっての偉大な歓び。青年は多くの創造物の使命を定め、それらを使って、自身に、愛する女性に、彼らの子どもたちの世代に、そして何世紀にもわたって最も美しい愛なる共同の創造を愛《め》でる人々に、生きる歓びをもたらすことができる、この上なく美しい生きたオアシスを創造したのだから。

地球において、人間のどのような行為が、神にとってより心地よいものとなり得るの？　地球での人間の一度の生において、どんな行いがよりよく、意義あることなのかしら？

ヴェド文化において、結婚という祭典はオカルトの儀式ではない。神なる存在に似たものになろうと希求する、偉大な、現実的な意味がそこにはある。

恋に落ちた青年は、人々の前で自身の希求と叡智を示しながら、いわば試験を受けていたの。彼は自身の行いによって、根源からの全世代の叡智が自分の内にあることを示した。そしてそこに自分独自のものも盛り込んだ。すべての人たちが、彼の創造をその真価に従って評価し、大きな歓びをもって樹木や草を指示された場所に植えていた。そして春が訪れるたびに、美しい共同の創造がいっそう美しく花を咲かせることになる。

さらに、それを鑑賞することによって、近所の誰にも妬みが生じることはなかった。それは全員が、自らの努力をこの共同の創造にそそぎ込んだから。そしてその美しい創造の中に、自らの手で植えた芽があるからなの。このような一族の土地が増えれば、地球は花咲く神の園の衣装をまとうことになる。そして、人間には永遠の生が与えられていて、生きている者に美しいものへの希求があるとき、美しい生が繰り返されることをヴェド文化の一人ひとりが知っていた！

一族の土地！　ヴェド文化の一族の土地！　まさにこれがあとになってオカルト文化の本の中で楽園と名付けられたもの。偉大な叡智を失ってしまったため、どこか遠くの空のかなたでしか見ることができないと考えられているもの。その理由は、現代の最先端科学と呼ばれるものに重要性を付与したから。でもそれは、実際、意識の貧弱さを正当化するためのものに過ぎない。

行動が伴わないならば、このような議論は無意味なの。でも論争を解決するための行動はシン

プル。例えば、今日の地球に生きている、みんなの尊敬を集める科学の権威たち全員が、オアシスをひとつでも、自分の家族のためにつくってみるといいわ。その際には、ヴェド文化の恋に落ちたすべての青年がこなした課題を遂行しながら行うこと。

幸せな家族が暮らす一族の土地では、そこに暮らす全員の食料需要が、絶えず満たされていなければならない。

一族の土地では、病気の危険をはらむことさえ許さないこと。絵画を瞬間瞬間変化させながら、人間の視覚を愉しませなければならないし、聴覚は多様な音色で、そして嗅覚は花々の芳香で歓ばせるものでなければならない。

そして精神のために、エーテルのある食べ物を与えること。また、一族の土地は、生まれた赤ん坊をあやし、永遠に愛を保つところでなければならない。その際に家族の誰も労力を費やすべきではない。意識は自由のままであるべき。意識は創造のために、すべての人々に与えられているの。

科学の世界は幻想のものを誇りに思っている。

「ご覧ください。皆さんの繁栄のために、ロケットは宇宙を目指して飛んでいます」

それは本当に繁栄のためなの？

「ご覧ください。皆さんを守るために爆弾がさく裂します」

それは本当に守るためなの？

「ご覧ください。皆さんの命を学識ある医者が救います」

でもこうなってしまう前に、あなたの命は日々の生活において毎分蝕《むしば》まれていた。医者の行いは、苦しみが長く続くように奴隷の命を救っているに過ぎない。

科学の世界では、美しい一族の土地に似たものさえつくることができないの。その理由のひとつに、大宇宙の法則の存在がある。愛によってインスピレーションを受けた創造者は、それが一人であれ、愛のない科学すべてよりも強いの。

戴冠した青年はすでに二夜目の眠りについていた。彼の深い眠りを邪魔するものは何もなかった。愛する女性のイメージだけが、星たちの閃光で輝いていた。夢の中で、彼は共に創造した空間と、その強大さ、そして宇宙の多様性とひとつになっていた。

ラドミールは夜明け前に目を覚ますと、誰も起こすことなく、冠を載せ、母親が刺繍してくれたルバシカ（＊ロシアの伝統的な立襟シャツ。）を持ち、泉から流れてくる小川へと向かって走った。

月が夜明け前の道を照らし、星々の光の輪がまだ上空で瞬いていた。小川で身体を洗いルバシカを着ると、彼は早足で愛しの創造の場所へと向かった。空が明るくなっていた。

そしていよいよ、彼はその場所にひとりで立つ。数日前に二つの村を挙げての歓喜の祭典が執り行われ、自身の夢で創造をした場所に。

このような瞬間、人間にどれほどの気持ちのはかり知れない底力が湧くことか、同じような経験を一度もしていない人には、伝えきれない。

人間に生じた気持ちは神なるものだったと言える。そしてそれが夜明けの光の震えるような期待と共に大きくなり、その光の中には……、ほら、彼女が！　彼女、彼の麗しのリュボミーラが！　夜明けの光に照らされ、彼に会いに、そして自身の共同の創造物に会いに、彼女は走ってきた。

肉体をまとった夢が、ラドミールに向かって急いでいた。もちろん完璧さに限界はないけれど、二人の時間は突然止まった。その至高の歓びの中で、二人は新居に入っていった。色々な食べ物がテーブルを飾り、刺繍入りのベッドカバーからは、ドライフラワーの誘《いざな》うような香りが漂っていた。

「今、何を考えているの？」彼女は熱いささやきで彼に訊いた。

「彼のこと。僕たちの未来の子どものこと」そしてラドミールは、リュボミーラを一目見て身震いした。「ああ、きみはなんと美しいのだ!」彼はこらえきれず、慎重に、慎重に彼女の肩に、そして頬に触れた。

熱い愛の息づかいが二人を包み、未知の高みへと運んだ。

互いへの愛が高まった中で、二人が自身と神に似たものを、共同の創造のために一つに合わさりながら創造するとき、彼女と彼に何が起こるのかを、詳細に描写できた人は何百万年のあいだに一人もいない。

でも、二人に言葉で説明のできない不思議な奇跡が起きるとき、それが二人を結合させながらも、後に各自は自分自身に戻るということを、ヴェド文化の神なる人々は明確に知っていた。そして、まさにこの説明のつかない瞬間と同時に、生まれ来る赤ん坊の魂が、**二人と共に、三人目を具現化しながら、**裸足で星たちの上を渡り、地球を目指しているビジョンを見て、大宇宙は身震いをする。

ヴェド期の愛し合う二人を結びつける戴冠の儀式を、オカルトとして扱うことはできないわ。この儀式は理にかなっていて、彼らの生き方に合致している。すべての夫婦において、互いへの愛がどんどん大きくなっていたことが、この文化のレベルの高さを物語っている。

今日ではほとんどすべての夫婦において、互いへの愛は次第に冷めていく。愛のエネルギーが彼らを置き去りにするの。そしてこのことは、人間社会では当たり前のこととして受け入れられている。でもそのような状況は、人間にとっては不自然なの。それはまさに、今日の人々の生き方が不自然であることを物語っている。

ヴェド期の愛し合う人たちは、愛が閃くとき、それは神なる共同の創造への呼びかけであることを、思考ではなくハートと魂で理解していた。

愛し合う二人が最初に何に向かって突き進んだか、よく見てみて。彼らは二人で、インスピレーションの高まりの中、自分たちの愛の空間のための構想を、意識の中でつくった。彼らは創造した空間で子どもを受胎していた。主たる三つの愛をひとつにし、そして永遠に結合させた。なぜなら、不思議にも人が生涯で最も愛するのは、自分の祖国と我が子、そしてそれらを共に創造した女性なのだから。人は、一つではなく、三つの愛が揃ってはじめて、永遠に生きることができるの。ヴェド期の家庭における息子または娘の誕生も偉大な祭であり、生の意義を含んだ儀式。それ以外にも、その当時多くの祭があった。そして不倫はなかった。何百万もの幸せな家族が地球を彩り飾っていた。歴史学者たちが列をなして権力者にへつらい、昔の原始的な人間たちは愚かだったと言うようになったのは、その後のこと。人間が獣たちを殺し、我を忘れて肉を食べ毛皮を着ていたという、ぞっとするようなひどい嘘を必要とするのは、自分のぞっとするようなひどい行いを正当化しようとする者。

ヴェド文化の子どもの育て方

人類は未だに、子どもたちの育成のための完璧なシステムを模索している。賢明な教師たちを探し、我が子を預けて教育してもらおうと懸命になっている。そしてウラジーミル、あなたも息子と話をする準備をしていた五年間、子どもの育て方のためのよりよいシステムを探し続けた。すべてを説明することができ、実の息子と触れ合うための方法を教えてくれるようなシステムを。そして定評のある教師や色々な学者たちに絶えず助言を求めてきた。でもどの助言も、どんなシステムもあなたを満足させるものではなく、完璧には見えなかった。あなたの内でより頻繁に疑問が湧き上がった。

〝子どもの完璧な育成システムがひとつでもあるのなら、間違いなく大勢の人々がそれを取り入れているはずだ。そして地球のどこかで幸せに暮らしている民族がいるだろう。しかし、どこの国にも、似たような様々な問題が存在しているだけだ。幸せな家族を探すなど、まるで干し草の山から針を探すようなものだ。つまり、子どもの育て方において、奇跡的な効果を発揮するシステムなんてない。探すものがないのなら、探すだけ無駄だ〟

どうか、私を許して。ほかに方法が見つからなくて、私はあのときずっとあなたの意識を追っていたの。あなたを通して、いったい何が人々を歴然たるものから遠ざけているのかを理解しようとしていたの。

そしてあるとき、私はあなたの意識を感じた。

〝自信のなさ、間違いを犯すことへの怖れが、学校や大学に子どもを入れようとさせるのだ。あとで、自分ではなく先生たちを非難すればいいからだ〟

またあるとき、あなたが青ざめて動けなくなったのが見えた。それはあなたの内でこのような考えが生まれたときのこと。〝子どもたちを育てるのは、その親たちの生き方と社会の在り方だ〟。その考えは正しく、正確だった。でもあなたはその考えにおののき、ずっとそれを忘れようと懸命だった。けれど、この明白な事実を忘れることは、なかなかできなかった。

その後、あなたは自分の考えに同意しまいと試みていた。このように筋道立てて。

〝どうすれば学者や芸術家、詩人になれるというのか？　専門の学校で勉強しないで、どうやって数学や天文学、歴史を学ぶことができるのだろうか？〟

でも、あなたが考えていたのは科目の知識についてだった。子どもの育て方において、それらは重要ではないの。

それよりも、すべての叡智を一粒の種に凝縮させることのできる気持ちの文化は、計り知れないほど重要。私の言ったことを何よりもはっきりと証明できるのがあなたにほかならないのだから、あなたはすべてを理解することができたはず。なぜならあなたは、特別な学校など行かずとも、本を書くことができたのだから。

たったの三日間、私たちは草地で過ごした。そして今やあなたはいろんな国で有名な作家。ステージに上がり、ホールを埋め尽くす人々の前に出ることができる。その中には高名な学者や詩人、ヒーラーたちがいる。そしてあなたは彼らの前でだって三時間でも話をすることができる。人々はそれを、大注目で聴く。そして、あなたはこんな質問をよく投げかけられる。「どうやって、膨大な情報を際限なく記憶していられるのですか？　紙も見ずに、どうやったら本の選んだページを間違えずに暗唱できるのですか？」。このような質問にあなたは曖昧に答えてきた。でも自分の内では、何か私の魔法があなたに作用していたのだと結論づけた。実際は、もっとずっと単純なことがあなたに起きていたの。

あなたが最初の三日間を私とタイガで過ごしていたとき、その三日間ずっと、ヴェドの学校があなたに作用していた。執拗《しつよう》に押しつけることもなく、差し出がましくもないこの学校には、論文も公理もなく、すべての情報を、気持ちを使って伝えることができる。

あなたは怒ったり、感嘆して笑ったり、怖がったりしていた。すると気持ちがそれぞれ生じるたびに、情報があなたに入っていった。その量はとても膨大なもの。そしてそれは、その日々にあなたに生じた気持ちを思い出すことで、開かれる。

なぜなら気持ちは、膨大な量の情報が凝縮されたもの。気持ちがより鮮明で強いほど、宇宙の叡智が多く含まれている。

例えば思い出して、タイガでの最初の夜にあなたが目を覚ましたとき、あなたは隣にメス熊がいるのを目にした。そして、瞬時に恐怖におののいた。「瞬時に恐怖におののいた」という言葉に注目して、よく考えてみて。そもそも恐怖とはいったい何？　この言葉を情報へと翻訳してみましょう。するとどうなるかしら？　あなたは思った、〝俺の隣に巨大な森の獣がいる。こいつの体重は俺のを遥かに超える。こいつの足の力は、俺の腕力よりも強い。森の獣は攻撃的かもしれないし、襲ってきて俺の身体を八つ裂きにするかもしれない。俺は丸腰だ。すぐにここから飛んで逃げなければ〟。

この膨大な情報を、論理的思考を重視して翻訳する場合は一瞬では足りず、もっと長い時間を必要とする。でも、ひとつの気持ちに凝縮された情報、この場合恐怖は、一瞬のうちに状況に反応することを可能にする。鮮明な気持ちを味わう瞬間に、人間の内ではたくさんの情報がものすごい速さで駆け巡る。その情報を描写すると学術論文が書けてしまうけれど、気持ちを介入させずしてそれを理解するには何年もかかってしまう。

気持ちの適切な組合わせと順序は、人がすでに持っている知識量を何倍にも増大させることができるの。

例えば、メス熊を前にしたあなたの恐怖だって一瞬のうちに過ぎ去った。でもどうして過ぎ去ったの？　だって不自然でしょう。あなたはまだタイガにいて、そのまま丸腰でいた。それにメス熊は遠くへ行ったわけではないし、他の獣たちだってたくさんいる可能性があった。

でもあなたの内で、恐怖が一瞬で安全だという感覚、気持ちに切り替わった。この守られているという安心感を、あなたは自分の船や町で、武装した守衛に取り囲まれているときよりも高いレベルで感じていた。

この守られているという安心感、気持ちも、あなたの内に瞬時に湧き上がった。それはメス熊が私の言葉やジェスチャーに反応しながら、歓んで指示を遂行しているのを見たとたんに起こった。安心感が、情報を新しい方法で受け入れることを可能にしたの。あなたに起こったことをすべて詳細に描写すると、少なくとも分厚い本一冊分の論文ができてしまうかもしれない。あなたも自分の本に、動物たちの人間への接し方について多くのページを割いたでしょう。でもこのテーマには際限がない。一方で、気持ちには一瞬のうちに収まってしまうの。

でも、もっと重要なことがあなたに起こった。たった数秒のあいだに、相反する二つの気持ちが完璧なバランスをとり始めていた。あなたにとって私は、そばにいて完全に守ってくれるという安心感を与えてくれる相手であると同時に、理解しがたい、少し脅威を与える相手でもあった。

気持ちのバランスはとても重要。それは人の内面にある平静さの土台となるもの。そして同時に、常に脈動するように、気持ちは次々と新しい情報の流れを生み出している。

ヴェド文明の文化とその一つひとつの家族の生き方、そして人間社会全体の在り方は、育ちゆく世代が、人間の完成度を集中的に高め、広大な大宇宙の様々な世界の中での創造へと飛躍できるよう育成するための、偉大な学校だった。

ヴェド期の子どもたちは、現代の学校で育成されているような方法ではなく、陽気に執り行われる祭や儀式への参加を通して育てられていたの。それは家族単位のお祝いであったり、村を挙げて、または近隣のいくつかの村が合同で行うものだったりした。

より正確に言うなら、ヴェド期の祭の多くは、子どもたちにとっても大人たちにとっても真剣な試験であり、情報交換の手段でもあった。

家族の生き方とそういった祭への準備が、まさに膨大な情報を得る機会を提供するものだった。

子どもに叡智を受け継ぐ際、彼らの意志に反して、強制的に座らせ、教師の話を聞かせるようなことはなかった。育成のプロセスは、親にも子どもにも常に起きているものであり、陽気でしつこさのないものであり、歓んで受け入れられ、夢中になれるものだったの。

でも、その中には今日の人からすると一風変わったものもあった。人に教えるという、ことの重大さを知らなければ、今日の学者たちはヴェド期の親たちの行為を迷信的またはオカルトだと呼ぶでしょう。

例えば、ほんの小さな、まだ無力で立ち上がることもできない私たちの息子を、力強い鷲《わし》が掴んだのを目にしたとき、あなたも同じようにそう思って憤慨したでしょう。鷲は鋭い爪足で赤ん坊を持ち上げて、草地の上を高く飛び、それから低く旋回していた。

ヴェド期の家族はこれに似たことを子どもたちに行っていたの。必ずしもこの目的のために鷲を呼び寄せたわけではなかった。高い山が家の近くにある場合は、山の頂上の高いところから赤ん坊に大地を見せていた。ときには父親が、赤ん坊を抱いて高い木に登ることもあったし、その目的のためにわざわざ櫓《やぐら》を建てることもあった。それでもやはり、鷲が赤ん坊を連れて大地の上を旋回する方が効果は大きかった。その瞬間、グラデーションのようにわずかな差異を持つ様々な気持ちを体験する赤ん坊に、膨大な量の叡智が勢いよく入ってきていた。だから、彼が大きくなったときに、彼が望み必要性が生じれば、気持ちを通してこの叡智を彼の内に開くことができるの。

例えば思い出して。私は、好青年ラドミールが花嫁リュボミーラと一緒にこの上なく完璧な一族の土地の構想を創造した様子を見せたでしょう。そして、現代科学の中で最も解決への可能性を持っているとされる科学者たちが一致団結して取り組んだとしても、同じようなものを創造することはできない、あなたにそう話したでしょう。

じゃあ、あの青年はいったいどうやって一人でそんな奇跡をやってのけたの？　すべての植物について、風の意味、惑星の使命やその他たくさんの叡智をどこから得たのか？　だって彼は普通の学校では学ばなかったのよ。科学も勉強していない。いったいどこで彼は五十三万種の植物の使命を学ぶことができたの？　彼はその中から九千種しか起用しなかったけれど、同時にそれら一つひとつの他への相互関係を正確に定義していた。

もちろん、ラドミールは子どもの頃から、父親や近所の一族の土地を見ていた。でも何も書き留めてはいなかったし、記憶しようと努力することもしなかった。何がなんのために育っているのか、親に問うこともなければ、親も彼に長々と講義したこともなかった。それでも恋に落ちた若きラドミールは、親よりももっとよい自分の一族の土地を創造した。

お願い、ウラジーミル、驚かないで！　そして理解してほしい。ラドミールは、これまで実際に園も合理的な畑もつくったことがなかったにもかかわらず、一族の土地を同じようにつくり上げることができた。事実、ラドミールは自分のあらゆる気持ちによって、愛する女性と未来の我が子のために美しい絵画を描いた。そして、愛とインスピレーションへの熱意を助けたのは、一族の土地の上での鷲との飛行だったの。

赤ん坊のラドミールが一族の土地の全景を一望したとき、彼の潜在意識は、まるでフィルムに焼き付けるようにそれを撮影していた。彼はまだ思考でその光景を美しいと知覚することはできなかった。でも気持ちで！　気持ちで、空間のすべての多種多様な情報を、永遠に焼き付けた。そして理屈や理性ではなく、気持ちで見たものを美しいと感じとっていた。

それが起きたもうひとつの理由には、空高くから見えた美しい景色の中に、微笑んで立っている彼の母親がいたから。赤ん坊にとって、母親の微笑みよりも美しいものがあるかしら？　そして母親が彼に手を振っていた。母親が！　生命を与える、あたたかい母乳を胸にたたえた母親が。赤ん坊にとってこれ以上に素晴らしいものはない。そして眼下に見えたすべてのものが、小さなラドミールにとってママと切り離すことのできない一体のものであるように思えた。森羅万象の叡智の一部が、一瞬のうちに歓喜の閃きとなって、彼の内に現れていたの。

若者たちは、現代科学で言う動物学、農学、天文学において偉大な教養を見せていた。また、人々は彼らの芸術への審美眼《しんびがん》も高く評価していた。

もちろん、ヴェド期にも専門の教師たちはいた。

冬には、様々な科学分野において知識豊かな年輩の人たちが村を訪れていた。各村には集会場があり、彼らはそこでそれぞれの専門分野について詳しく語っていた。そして、話を聞いた子どもの一人が、不意に天文学に強い興味を示したとしたら、教師はその子の両親の家に出向き、歓迎された。科学者はその子が望むだけの日数と時間、星について対話をした。その対話を通して、どちらがより多くの叡智を得ていたかは、わからない。なぜなら、年輩の学者は大いなる尊敬をもって子どもに質問を投げかけていたのだから。お説教などなく、子どもと議論を交わすことができた。ヴェド期には、対話や結論、発見を書き留めることに意味はなかった。今日の日々のせわしなさやたくさんの心配事から自由だった人々の記憶は、今日発明されている最良のコンピュータよりもずっと多くの情報を吸収することができたの。

さらに、新しい発見が合理的なものであれば、即座に導入され、実際に人々の役に立っていた。親や家族みんなが、科学的な内容の対話の全部を聞いていてもよかったし、機転を利かせて自分たちから会話に入ることもあった。いずれにしても、最も重要な主役はやはり子どもだった。惑星について間違えていると大人が思うような結論に至ったとき、若い天文学者にこう言うこともあった、「許しておくれ、私にはおまえの言うことがわからない」。

するると、子どもはもう少し説明を試みる。そして子どもの方が正しかったということもよくあった。

春が訪れる前に、村中の住民が集会場に集まっていた。この数日間に発表が行われており、村人全員が自分たちの子どもの成果に耳を傾けていた。六歳の男の子がまるで哲学者のように人生の意味を語り、みんなをひどく驚かせることもあった。あっと驚くような素晴らしい工作を披露する子もいたし、歌で集まった人々の耳を愉しませる子どもや、ユニークな踊りで愉しませる子どももいた。こういった行いを、試験や祭典と名付けることはできるけれど、名前は重要ではないわ。それよりも重要なのは、全員が創造されたものから歓びを受け取ったということ。これらの日々に次々と訪れる一連のポジティブな気持ちや発見は、歓びをもって生き方の中に吸収されていった。子どもの育成において主要な役割を担ったのは誰か、という質問にはどう答えればいいと思う？　それは文化、そしてヴェド期の家族の生き方だと、自信を持って言うことができる。

その文化から、今日の子どもたちのために何を取り入れることができるの？　そして、子どもの育て方に関する現存のシステムのうちで、どれが最良だと言えるのかを、自分で判断してみて。それらはすべて不完全なの。なぜって、人間の歴史を歪め、子どもたちに嘘をつくように強要し、そして彼らの意識を間違った道に導いているのだから。だからこそ、親たち自身が苦しみ、子どもたちも苦しめてしまう。

何よりもまず、誰もが自身についての真実を知らなければならないの。今は真実のないまま嘘の公理の中で、人々の人生が催眠術にかかり眠った状態のようになっている。

子ども向けの教科書に載っている三つの絵の順番も変えなければならない。地球に暮らす人々の歴史を正直に子どもたちに語り、その真実性を自分で検証したあとで、歪められていない本質を知った子どもたちと一緒に、新しい道を選ぶ必要がある。

子どもの本に描かれた、地球とそこに生きている人々の発展の歴史についての三つの絵は、安全だとは限らない。見て、そういった絵が幼い頃から子どもたちに何を吹き込んでいるのか。

ほら、最初の絵には、原始的な人間が描かれている。どういうものか、見て。毛皮を着てこん棒を持った人間が、獣のように歯をむき出しにし、無知な眼差しで、殺した獣たちの骨の中で立っている。

二つ目。装飾品のついた兜《かぶと》が光り、鎧《よろい》を着て剣を持った人が、軍隊を率いて数々の都市を征服している。そして、奴隷のような群集が彼の前にひれ伏している。

そして三つ目。気高く、立派な雰囲気を漂わせた人間が、健康的な容姿で、スーツを着ている。たくさんの機械や装置に囲まれている。現代の人間は美しくて、幸福そうにしている。

三つの絵はすべて偽りのもので、それらの順序は間違っている。これらのすべての嘘が執拗に、厳しく、そして必然的に、子どもたちに吹き込まれていくの。誰に、そしてなんのためにそんな嘘が必要なのか、あとで話すわ。でもあなたには、まず自分の論理でこれらの絵がどの程度正確なものかを検証してみてほしい。

自分で判断してみて。あなたは今日も、木々、草や低木を原初の状態のままで見ることができる。それらは何百万年も経ったもの。でも、今日でもそれらを見て、その完璧さに感嘆する。

このことすべてが何を意味するの？　神の創造物たちは、はじめのときから完璧な状態で創造された。それならどういうこと？　人間を、自分の愛する創造物を、創造主が醜い姿に創造したというの？　そんなことはない！　地球の素晴らしい創造物たちの中で、人間は最初から、この上なく完璧な創造主の創造物だったの。

だから最初の絵には歴史の真実を表現するべき。そこには、自覚ある、子どものような純粋な眼差しを持った、この上なく幸せな家族が描かれるべき。両親の表情には愛が映り、人々の身体は周囲を取り巻くものと調和している。この絵を見る人は、彼らの美しさと、恵みを感じさせる精神力に驚かされる。花々が辺り一面に咲き誇る果樹園があり、獣たちはみんな、どの瞬間にも彼らに歓んで仕える用意がある。

そして二つ目の絵には、子どもたちのために完全な史実を描かなければならない。そこには、醜い鎧を着た二つの軍隊が互いに向け突進している。司令官は高い壇の上に立っている。神官たちが彼らに訓告していて、茫然自失《ぼうぜんじしつ》と恐怖が司令官の顔に表れている。一方で他の、もはやその訓告に屈服した人々は、残酷で狂信的な表情をしている。今にも狂気の殺し合いが始まろうとしていて、人々は同じ種を殺し始めようとしている。

三つ目の絵には、今日の人々の様子を表すべき。病人のような血の気のない人々の一団が、たくさんの人工的な物が取り囲む部屋にいる。丸々と太った人もいれば、猫背の人もいて、表情は物思いに沈み、暗い。このような表情は、都市に往来する大多数の人々に見られる。そして窓の外の通りでは車が爆発し、空からは灰が降っている。

三つの誠実な歴史の絵を子どもに見せ、子どもにたずねなければならない。

「どんな生き方を選びたい？」

これは抽象的な絵でしかない。もちろん、誠実な、嘘偽りのない、洗練された語りも必要不可欠。子どもは、偽りや歪曲《わいきょく》のないすべての人間の歴史を知らなければならないし、育成が始まるのは、そのあとでしかない。そして子どもに「現状をどうやったら変えられると思う？」とたずねることをしなければいけない。

子どもは、すぐには答えを見つけ出さないでしょうけれど、いずれは見つけ出す！　他の意識、創造の意識が作動する。ああ、子どもたちの育て方！　理解して、ウラジーミル。たったひとつの誠実な質問と我が子の答を聞きたいという想いが、永遠に親と子を結びつけ、そして彼らを幸せにする。幸せへの共同の進行には終わりはない。でも、その始まりのことを、すでに幸せと呼ぶことだってできるわ。

今日、すべての人々が、自分たちの本当の歴史を知らなければならないの。

儀式

後にヴェド期の儀式や行事の意味を中傷し歪めようと、オカルトの神官たちによって大きな労力が費やされた。例えば、ヴェドの人々は水の元素をむやみに崇めているという噂を流していた。さらには、毎年生贄《いけにえ》として捧げるために、まだ愛を知らない村一番のよい娘たちを、湖や川に投じたり、いかだに結びつけ、押し流し、死の運命を負わせたりしていたと。

実際、ヴェドの人々には、水の元素、つまり湖や川と結びついた様々な多くの行事があった。でもそれらの行事の意味は、噂とはまったく異なるものだったの。それらは死ではなく、生を手助けするものだった。あるひとつの行事についてだけ話しをするわ。それに似たものは今日にまで受け継がれているけれど、ただ似ているだけ。その偉大な合理性と詩的な意味合いは、今日では不明瞭なものやオカルトにすり替えられている。

様々な国で、今日も水にまつわる祭がある。花輪やきれいな提灯《ちょうちん》、そしてろうそくのついた小さないかだを川に浮かべ、岸辺から水に幸運を願いながら押し流す。でも、この祭がいつから始まり、その最初の意味がどれほど合理的で詩的なものだったかを見てみて。

人数は重要ではないけれど、ヴェド期において、一人か二人の若い娘が、自分の生まれた村で愛する人を見つけられないことがあった。そしていくつかの村が一緒に行う大きな祭でも、将来結ばれる人を選ぶことができないことがあった。それは、選択肢が限られていたという理由では決してなかった。祭では、まるで神のような自覚的な眼差しを持った凛々しい青年たちが、彼女たちの前で輝いていた。でも乙女のハートと魂はほかの人を待っていた。彼女たちに愛は訪れなかった。若い娘は誰かほかの人のことを夢みていたの。でも誰のことを？　彼女自身にもわからなかった。今日に至るまで、愛のエネルギーの選択の謎と自由を説明できる者はいない。

だから若い娘たちは、ある決まった日に川へ行き、入江から小さないかだを流していた。花輪でいかだの縁を飾って、真ん中には、モルス（＊ベリーや果物を煮てつくる飲み物。）やワインなどの入った小さな水差しを置き、その周りにはいくつかの果物を置いた。飲み物は、彼女が自分でつくったものでなければならず、果物は、彼女の生家の果樹園に自らの手で植えた果樹から採ったものでなければならなかった。また、いかだには亜麻の繊維で編んだバンドも置いた。それはほかの物のこともあったけれど、必ず自分の手でつくり上げたものだった。最後に小さな灯明がいかだに置かれた。岸辺に燃えるたき火の周りで娘たちはホロヴォードで踊り、まだ見ぬ愛する人への歌を歌っていた。それからたき火で燃えている枝を取り、灯芯に火を灯した。入江からいかだを押し出すと、いかだは川の流れに身をまかせ、流れがいかだを抱いて見知らぬ遠くの地へと大切に運んでいった。

そして、希望に輝く乙女たちの眼差しが自分のいかだを見送っていた。灯明の小さな光だけが遠くに見え、小さくなっていった。でも娘たちのハートには希望の炎が灯っていた。誰へともなく、歓びと優しい気持ちが大きくなっていった。

娘たちは自分の家へと走り、一人になり、胸を弾ませて出会いの準備をした。夜明けか黄昏《たそがれ》かは重要ではないけれど、待ち焦がれた人、彼は来る。でもいったいどうして？　いったい何が彼をそこへ連れて来るの？　神秘が出会いを助けるの、それとも何か合理的なことによって？　またば、ヴェド人たちが自分の気持ちで触れた叡智が助けたのかもしれない。自分で判断してみて。

ほら、川の流れに運ばれる乙女のいかだは、すべての村、遠くの村でも知られている決まった日に流されていたの。

いかだは一日中流れていることもあれば、二日、三日流れていることもあった。そのあいだずっと、昼も、月夜も、愛を知らない青年たちは希望を胸に、ひとり川岸で待っていた。

そして彼らは遠くに、川の流れに運ばれるいくつかの小さな光を見た。そしてすぐに水に入り、愛の炎を迎えに泳いでいった。この上なく透き通った川の水は、青年の燃える身体を冷まし、慈《いつく》しんだ。小さな炎がだんだん近づき、複数のいかだの輪郭が見えてくる。そのどれもが美しい。彼はそのうちのひとつを選んだ。なぜそのいかだが他よりもよいと思い選んだのか、わからないまま。

川の真ん中から岸へと、彼は手で押したり頬でいかだの縁に触れながら、そのいかだを引っ張った。川は、その流れで青年と遊んでいるかのようだった。でも青年の身体にはますます力がみなぎり、川の遊び心にも気が付かず、青年の意識はすでに川岸にあった。

青年は慎重にいかだを地面に置き、息を吹きかけて灯明を消した。歓喜しながら飲み物を飲むと、急いで家に帰り、旅路の支度をした。いかだに載っていた物すべてを持って行き、道中に果実を食べ、その味に歓喜した。そしてじきにいかだが放たれた村にたどり着き、道中に彼を愉しませた果実の木と果樹園を間違えることなく見つけた。

「えっ⁉」と人々は驚くでしょう。「やっぱり神秘なしには起こり得ない、いったいどうやって青年たちは間違うことなく愛する女性たちを見つけたんだ？」と。

愛が、愛にしかわからない道に彼らを誘導していたとも言える。でも簡単に説明することもできるの。灯明も助けになっていたの。灯芯が油に浮いている小さな管には、目盛りが刻まれていた。その目盛りを見れば、どのくらいの時間灯明に火が灯っていたのか誰でも判断できた。川の流れの速度もみんなが知っていること。これは本当に簡単な、なぞなぞ。だから簡単に解くことができた。そして、味わった果実の木を、たどり着いた村で見つけ出すことは、ヴェド期の青年にとって難しいことではまったくなかった。

果実は、注意深くない人には、みんな同じように見える。でも同一の植物の果実であっても、たとえ隣り合って育っているものであっても、その形や色、香りや味が違う。

正確な説明がつかないこともひとつだけある。どうやって、何によって、彼女と彼ははじめて出会い、必ず、突然互いに恋に落ちたのか？　そしてなぜ、彼らの愛は尋常でないほど熱く燃え上がったのか。

「すべてがとても簡単なことだ」と今日の哲学者は言うでしょう。「彼らの気持ちは自身の夢によって、出会う前から燃え上がっていたのだ」と。

でも同じ質問に、白髪を飾ったヴェドの老人は、ただ老練巧みにこう答えたでしょう。

「わしらの川はいつでもいたずらっ子だったのさ」

もちろんヴェドの老人が望めば、私が今話したような儀式の各場面の詳細を分析し、正確にそれらの意義を特定して、偉大な論文を書き上げることもできたでしょう。でも彼らは誰も、そんなことに意識の無駄使いをしないわ。ウラジーミル、肝心なことは、彼らは……**彼らは人生を分析していたのではなく、創造していたの！**

肉体を生かすもの

ヴェド期の人々は、まったくの病知らずだった。百五十歳や二百歳の年齢であっても精力的で活力にあふれ、楽天的で、完全な健康体だった。今日あふれている医者やヒーラーはいなかった。肉体の病気があり得なかったのは、自然の法則に則った愛の空間において、自分自身で整備した一族の土地での生き方そのものが、彼らの食事を全面的に調整していたからなの。人間の身体は、必要な食べ物のすべてを、惑星の配列とその食品が食されるのに最も適した時に、必要な分量だけ摂ることができるようになっていた。

注意して考えてみて、ウラジーミル。自然界において、春から夏そして秋にかけての期間に、様々な植物が一定の順序で実を熟させ、実りをもたらしているのは、偶然ではないわ。

例えば最初に、タンポポなんかの草が出てくる。草にも口当たりのよい、美味しいものがある。特に冬の食べ物と混ぜて食べると美味しい。

早生のスグリ、野イチゴ、それに日当たりがいいところが早く実り日陰は遅く実るラズベリー、それからチェリー、その後サクランボやたくさんの果実や草やベリーが、正確に時期を選んで、ほかにはない形や色、香りで人間の注目を自分に向けようと一生懸命。

栄養についての科学はその頃存在しなかった。何を、どのくらい、どんなときに、そして何時《なんじ》に食べなければならないのか、こんなことを考えることさえしなかった。それでも人間は、身体に必要なものをすべて、グラム単位の正確さで食べていたの。

それぞれのベリーや草、果実には、一年のうちに人間の身体のために最も有益となり得る日、分単位の時間がある。それはまさに、植物が育ちながら宇宙の惑星たちとつながり、プロセスを完了するタイミング。地面の下、周囲を取り巻く植物たち、そして眼差しを届けてくれた人の特徴を考慮しながら、何がその人にとってより必要なのかを把握し、特定する。そして奉仕する準備ができたまさにその日に、その人がその完璧な実を自身の食糧として認め口にすることは、その植物に偉大な歓びを与える。

妊婦は、愛する人と共に創造した空間である自分の園で、九カ月すべての日々を過ごすべきだと私は話したでしょ。これは謎めいたオカルトなんかではなく、そこには神なる暮らしの偉大な合理性がある。考えてもみて、自然界には、妊娠を痛みなく中断させることができるものさえある、例えばニンニク、オレガノ、オシダ、ウマノスズクサなどの数多くの植物が。また胎児が母胎内で調和を保って成長するのを助ける力を持つ植物もある。どのようなものを、どれくらい摂取することが必要なのかは、絶対に誰も教えることはできない。それを知っているのはたった一人、母の胎内にいる子だけ。そしてその子は自身のことだけでなく、母親の世話もしている。ほら、だから赤ちゃんを産んだ女性が若返ったかのようにきれいになることがよくあるでしょう。

それが起こるためには、妊婦は必ず自分の園にいるべき。そこでは草の一本一本が彼女を知っていて、果実の一つひとつが彼女のためだけに成長している。彼女もそれらの味と香りを熟知している。彼女の自然な欲求が、どんな食べ物をどれだけ摂取するのが最善なのかを、最も正確に把握する。

ほかの土地または果樹園では、そのような正確さは不可能。たとえその果樹園が何倍も豊かで、多種多様な植生があったとしても。ほかの果樹園で理想的な食事が不可能な理由はもうひとつ、果実やベリー、草を摂る際に、まず妊婦がそれらを味見をしなければいけないから。

ほら、例えばリンゴ。彼女はリンゴが食べたくなって、実をもぎ、少しかじったとする。かけらを飲み込んだとたん、彼女はそれが自分の身体にとって必要ないものだと感じた。こうして、自身にも自分の赤ちゃんにも害を与えてしまうことになる。でも、どうしてこのようなことになるのか。それは、外見的には同じ味がしそうな果実でも、含まれる物質が異なるからなの。自分の果樹園であれば、何度もその果実を味わっているので、間違うことはなかった。他人の果樹園では、間違いは避けられない。

では、どのような叡智や法則が、当時の人が、それほど正確に食事を摂ることの助けとなっていたと思う？　法則や論文などは存在しなかった！　なぜなら、人は神なるものにだけに頼っていたから。ほら、人間と自然は一体で、完全なるひとつだと、今日よく言われるでしょう。でも今、何をもって一体だと言えるのか、考えてみて。人工的な食べ物やシステムにとって都合のいいものだけを人は摂取し、そして食べ物を摂る時間も人工的なシステムによって決められているのに。

ヴェド期には、神から与えられた直感と気持ちが、人間が考える代わりにすべてを決めていた。そして、ほんの少しお腹がすいたときでも、愛の空間にあるものが満たしてくれていた。だって、人間の直感こそが、自身の愛の空間との調和の中で、最も完璧な自動装置や最も賢明な論文のように、何をいつ食すればよいかを分単位で特定していたのだから。

人は共に創造した自分の空間を歩いていた。人の意識は自由で、創造することも、あるいは宇宙の課題を解くこともできた。美しく魅惑的な果実たちが周囲を取り巻く中で、直感的にそれらの一つや二つ、そして三つをもいで食べていた。神により、美味しい食べ物として与えられたものに、意識を使うこともなく。

その頃、人は食べ物のことは考えなかった。今日の私たちが呼吸をするかのように食べていて、その人によって共に創造された空間が、直感と共に、どのように、いつ、何によって肉体に栄養を与えるべきかという問題を正確に解決していたの。

冬には多くの植物が果実や枝葉を付けることから解放され、休息の準備をしている。冬、それは来《きた》る春の共同の創造のためにあるもの。

そして冬であっても、保存食の準備をしていなかったにもかかわらず、人は自分の意識を食べ物のために費やすことはなかった。なぜなら家の動物たちが多大なる努力と愛をもって、人のためにそれらすべてをやっていたから。リスはたくさんのキノコやナッツを貯蔵し、蜜蜂は花粉と蜜を集めた。熊は秋が訪れるたび、いくつか穴ぐらを掘り、そこに根菜を入れていた。そして早春に目覚めると、人の住む家へ近寄り、唸ったり、前脚でそっとドアを叩いたりしていた。熊は、どの穴ぐらを掘ればいいのか示してもらうよう、人を呼んでいた。もしかしたら、熊は自分が食べ物を隠した場所を忘れていたのかも？　それとも人との交流が恋しかったのかも？　訪れた熊を出迎えるのは家族の誰でもよかったけれど、子どもが一番多かった。子どもは目覚めた働き者の顔を撫《な》で、しるしがされた場所へ行き、地面に脚をどすんと置いた。すると熊は熱心にその場所の土を引っ掻き始め、貯蔵していたものを掘り出して見つけると、喜んで飛び跳ね、前脚で表面にあるものを取り出し、自分ではすぐに食べないで、せめてそのいくつかだけでも人が家に持っていくまで待っていた。

人間自身も保存食をつくることはあったけれど、それは労働と言うよりは芸術だった。多くの家庭では、様々なベリーでワインやモルスをつくっていた。そのワインはウォッカのように深酔いさせるものではなく、とても薬効ある飲み物だった。人は動物性食品としてミルクを摂ることもあったけれど、すべての動物から採るわけではなかった。優しく、人懐っこく、自覚があるとされる動物、そして自分のつくり出すものを人にごちそうしたいという欲求が表れている動物からしか採らなかった。例えば、家族の子どもか年輩の人がヤギや牛に近づき、乳房に触れ、その動物が急に逃げようとした場合、彼らは、人と分け合うことを欲していない動物のミルクを飲むことはしなかった。それは、その動物が人間を嫌いになったという意味ではない。その時のミルクに含まれる成分が、その人にとって有益ではないと、動物たちが彼らにもわからない方法で判断していたの。

ヴェド文明の人々は、自分の土地で採れる多様な植物性の食べ物、家の動物たちが彼らに贈るものだけを食していた。このようなやり方は、迷信や法で定められていたわけではない。それは偉大な叡智による結果だった。

〝知る〟と〝識《し》る〟という言葉は、同じではない。なぜなら〝識る〟は〝知る〟よりも多くを意味していたから。〝識る〟とは、ただ知るだけではなく、自分そして肉体で、魂で、多くの事象、数々の神の創造物の使命とその仕組みを感じとることを意味するの。

摂取する食べ物は肉体を養うだけでなく、魂を自覚で満たすものでもあり、大宇宙の全世界からの情報をその人にもたらすものであるということも、ヴェディズムの人々はみんな識っていた。だからこそ、彼らは内なるエネルギーも、頭脳の切れも、意識の速さも、現代の人々を何倍も超えていたの。

人の家族の空間で暮らす動物や植物の世界も、神に反応するのと同じように人間に反応していた。動物たち、草そして木々……すべてが人間から寵愛《ちょうあい》の眼差しを注がれたり、優しく触れられたりすることを熱望していた。

そしてこの気持ちのエネルギーの力が、畑や園に雑草が過剰に育つことをさせなかった。家で育てられている花が家族の誰かに気にいられなかったときに、突然萎《しお》れることがあるのを、今日でも多くの人々が知っている。逆に、自身への愛や触れ合いを感じると、彼らは豊かに花を咲かせる。

だからヴェドの人々は、畑に鍬《すき》を入れなくてよかった。今日にも「不吉な眼」や「邪視」という表現があるでしょう。これらはその時代からきたもの。その頃の人々は、自身の直感や気持ちのエネルギーにより、多くのものを創造することができた。

ほら、想像してみて、人が自分の土地を歩いている。周りのものすべてがその人の優しい眼差しを捉えようとしている。そして彼は雑草を見て〝なぜここに?〟と思った。雑草はじきに悲しみで枯れていく。逆に人がサクランボの木に微笑みかけると、木は二倍のエネルギーで土の水分を葉脈に走らせる。また、ヴェド文明の人々は、長旅に出る際も、食べ物を背負って運ぶような大変なことはしなかった。それは旅路の途中で思う存分、食べ物を手に入れることができたから。当時は村に立ち寄ったとき、美しい土地を愛《め》でながら、そこで食べ物や飲み物をお願いすることができた。旅人に飲み物や果物、美味しい根菜を振る舞うことは、名誉だと考えられていたの。

略奪や盗みのない暮らし

ヴェド文明が存続した何千年ものあいだ、人々のあいだで略奪や盗みはもちろん、小競り合いさえも起こったことは一度もなかった。侮辱を表現する言葉は存在しなかったし、そういった行為を罰する法律もなかった。

法律で悪意ある行いを防ぐことは絶対にできない。でもヴェドの叡智や文化は、人間関係の衝突をさせなかった。

ウラジーミル、判断してみて。自分の一族の土地で暮らしているすべての家族は、もしも、自分の土地の領域内やその近くのみならず、村の端においても、誰かに不和が生じたとしたら、たとえそれが外部の人であったとしても、空間全体に影響がおよぶことを知っていた。

大宇宙の攻撃のエネルギーは、そこに生えるもの生きるものすべてに影響をおよぼし、エネルギーのバランスを変える。攻撃のエネルギーは大きくなり、大人たちや子どもたちに表れるかもしれないし、子孫が病に冒されるかもしれない。

反対に、通り過ぎる旅人が歓びの気持ちを残していくと、空間はより大きな美しさで輝きを放つ。

また、村を訪れる人が、他人の果樹園で果実を無断でもいだり拾ったりすることは物理的にできなかった。

ヴェド文化の人々の感覚はとても優れていて、果実を味わえば、優しい手で差し出されたものと、無断でもいだものとの大きな違いを、身体が素早く感じとっていた。今日、店で売られる食料の多くは、原初からの匂いも味も持ち合わせていない。そういった食料は魂が宿っておらず、人間に対して無関心。それらは誰のものでもなく、誰にも献身しない。お金でどうにでもなるもの。

現代の人がヴェド期にあった食べ物を一度でも味見し比較することができたなら、その人は現代の食べ物を食べることができなくなるでしょう。

来訪者は、他人の物をお願いもせずに取るということを考えもしなかった。どんな物も、石にだって、その内に情報があって、その土地に暮らす家族だけが、その情報を知っていたのだから。

ヴェド文明にあった一つひとつの一族の土地は、どんな悪意の出現からも守ってくれる要塞だったの。そして同時に、そこに暮らす家族にとっては、母親の子宮のようでもあった。

要塞のような高い壁を建てる人はおらず、生きた緑の垣根によって領域が囲われていた。そして、その垣根やその内側で育つすべてのものが、人の肉体や魂にとってネガティブなあらゆる種類の事象から、家族を守っていた。

昔は、自分の園や自分の土地にある林にしか親族の亡骸を埋葬しなかったことはすでに話したでしょう。

人の魂は永遠なるもの。でも物質的な肉体も、跡形もなく消えるわけではないことを、彼らは識《し》っていたの。一見魂のないものに見えても、一つひとつの物体が、その内に少なからずの宇宙の情報を持っている。

何も、神なる自然の中で、どこへも消えたりはしない。状態や肉体をただ変えるだけ。

故人たちの肉体は石板で覆われることはなく、埋葬された場所にはなんの目印も付けられていなかった。彼らの手と魂で創造したこの空間が、彼らの偉大な記念碑だったの。

そして、すでに魂のない彼らの肉体は、状態を変えながら木々や草花を育てていた。そしてその中を、生まれた子どもたちが歩いていた。ああ、周囲のすべてのものが、どれほど子どもたちを愛していたことか！　先祖たちの魂はその空間の上を舞っていた。子どもたちを愛し、守っていた。

子どもたちは、祖国の空間に愛をもって接していた。意識が生の完結という幻覚をつくり出すことはなかった。ヴェド人の生は終わりのないもの。

飛び立った魂は、宇宙のすべての次元を駆け巡り、あらゆる存在の次元空間を訪れると、再び人間の姿の中に具現化する。

そして祖国の園では、子どもが目覚め、再び微笑む。その微笑みに空間全体が反応する。太陽の光、木の葉をカサカサ鳴らす風、花や遠くの星も、歓喜してため息を漏らす。

「神なる存在の子よ、おまえによって具現化した我らはひとつだ」

そしてほら、今日も異国に暮らす老人たちにとって「死んだら母国に葬ってほしい」と思う理由を、説明するのは難しい。

そういった人たちは直感的に、彼らを地球の楽園に帰すことができるのは、彼らの母国だけなのだと感じているの。異国は魂を拒む。

人々は自分の肉体をふるさとに葬りたいと希求している。そのように何千年も魂が望んでいるの。でも、どの国であろうと、本当に墓地を自分のふるさとだと呼べるのかしら?

墓地が生まれたのはつい最近のこと。人間の魂に地獄の苦しみを与え、侮辱し、奴隷にし、ひざまずかせるため。

墓地は……まるで人々が、要らないものを出してしまおうと向かうゴミ捨て場のよう。墓地の上で故人たちの魂は苦しむ。そして生きている人たちも、墓地を怖れている。

ヴェド時代の一族の土地を想像してみて。そこには何世代もの先祖たちの体が埋葬されている。そこに生える草の一本一本が、そこに暮らす人たちを愛撫しようと、人間の肉体にとって有益なものになろうと希求している。

悪意を持って訪れる者に対しては、突然、草や果樹園の果実たちが一斉に有毒なものになる。だから、無断で果実を取ろうという考えは誰にも生まれなかったの。力づくで一族の土地を強奪することはできないし、どれだけお金を持っていても買うことはできない。そもそも、侵略者が打ちのめされるようなものを、奪おうとすると思う？

その時代は、一人ひとりが自分の美しいオアシスを創造することを目指していた。惑星は年々美しくなっていった。

今日、高いところから現代の都市を見渡すと、何が見える？　人工的な石の山が大地を覆っている。横にも縦にも建物は大きくなり、その数は増え続けている。あちらこちらで石の景色がより広い面積を覆い続けている。そしてそこにはきれいな水がなく、空気は汚れている。石の山の中に幸せな家族はいったいどれだけいるの？

現代の家族をヴェド文化の家族と比べると、幸せな家族はひとつもない。さらに言うと、人工的な石の山に暮らす人々の家族は、生きているのではなく、眠っている。

でも、催眠にかかった夢の中であっても、生きたひとつの細胞が一粒の種となって、体中をさまよっている。生きた細胞は一瞬止まったり、動き回ったりしながら、眠っている何千もの他の細胞たちを起こそうとしている。その生きた細胞の名は〝夢〟。夢が彼らを揺り起こす！　そうすれば人々の家族が、再び美しいオアシスを地球上に創造するようになる。

昔そうであったように、再びなる。そして高いところから地上を見下したとき、眼差しは数多くの生きた絵画に魅了される。その一つひとつの美しい絵画は、その場所で目覚めたヴェド人の手が大地に触れたことを意味する。そして再び自分の祖国で、神を識《し》り、生きる意味と使命を理解した人々が、幸せな家族として暮らす。

ヴェドの人々は、空の星々はなんのためにあるのかを知っていた。その中にはたくさんの偉大な詩人や芸術家がいた。村同士で敵対することはなかったし、盗みや強奪を行う理由もなかった。そして官僚制度は存在しなかった。現在のヨーロッパ諸国、インド、エジプト、そして中国の領域でヴェドルシアの文化が繁栄していて、あらゆる領域には境界すらなかった。大国小国を問わず、統治者も存在しなかった。一連の偉大なる祭が自然に統治していたの。

ヴェド期の人々は、現代人とは比較にならないほど高いレベルで、世界秩序の叡智を持っていた。彼らの内なるエネルギーは、ある植物の成長を促進したり、他の植物の成長を遅くすることを可能にしていた。家の動物たちが人間の指示に懸命に従っていたのは、すでに存分にある食べ物をもらうためではなかった。動物たちは、人間が放つ恵みのエネルギーをご褒美にもらいたかったの。

今でも、人間、動物、植物を問わず、人間からの称賛は快いもの。

でも昔は、人のエネルギーは計り知れないほど強力なもので、まるで太陽を求めるかのように、すべての生き物がそれを希求していた。

イメージ期、試し

ヴェド期がすでに終盤を迎えた頃、偉大な発見があった。それは、地球人類の文明の歴史において随一の発見だったの。

人々は、集合意識の力を実際に知ることとなった。

ここで人間の意識を定義しなければいけない。人間の意識、それは匹敵するものが宇宙空間に存在しないほどのエネルギーのこと。意識は美しい世界も、惑星を破滅させる武器も創造できる。

そして例外なく、今日私たちが目にするすべての物質は、意識により創造されたもの。

自然、動物の世界、人間自身、すべてが神の意識により、偉大なインスピレーションの中で創造された。

今日私たちが目にすることのできるたくさんの人工的な物、車や機械は、人間の意識が創造したもの。それらは人の手によってつくり出されたとあなたは思うかもしれない。そう、今日では手を使わざるを得ない。それでもやはり一番はじめは、細部の一つひとつを意識が創造している。現在、人間の意識は昔の人間のそれよりもずっと完成されていると考えられている。でも、そんなことはまったくない。

ヴェド文明では、一人ひとりの意識が速さと情報の充実度において、現代人の意識を何百倍も超えていた。私たちが、治療や食事に植物を取り入れる知識を過去から得ていることが、その証拠になる。自然界の仕組みは、人工的なものよりずっと完全で複雑なのだから。

人間は、多くの獣たちを自分たちに仕えるように呼び寄せたり、すべての植物の使命を特定しただけではなかった。人間は集合意識の力を理解したとき、天気を操れることも知った。そして、地下から泉を湧かせることも。意識を軽率に使えば、空を飛ぶ鳥を落としてしまうこともあり得る。また遠い星の生命に影響を与えることだってできる。例えば、星々に園を育んだり、破壊することも可能。これはつくり話ではなく、現実のこと。そしてこれらすべてが人間に与えられている。

今日、人間が科学技術の道に立ち、星々へと飛ぶロケットをつくり出そうとしていることは誰もが知っている。

相当な資金や労力を費やし、地球に多くの害をもたらして月へ飛んだ。それなのに、月にはなんの変化も起こせてはいない。こんな方法には、救いも将来性もなく、地球のすべての人間にとっても他の惑星にとっても危険なもの。一方、各段に進歩したほかの方法もある。それは、意識だけで月に花を育て、人間の生存に必要な大気を創造し、果樹園をつくること。そうすれば肉体をもって愛する女性と共にそこに行くことができる。でもその前に、意識で地球全体を花咲く楽園に変容させなければならない。これは集合意識で行わなければ成し得ないこと。

集合意識は強力で、それが意図したことを妨げることができるエネルギーは、この大宇宙のどこにも存在しない。今日ある物質や技術は、集合意識が反映されたもの。すべての機械装置や現代的な武器を発明したのは、集合意識なの。

でも思い出して、ヴェド期に生きた一人ひとりの意識の力とエネルギーは計り知れないほど大きかったと私は話したでしょう。何トンもある巨石を、たった九人の人が集まって動かすこともできたの。ひとつの場所に集まることに時間を費やすことなく、集合意識をより楽に、そしてより多くの人のためになるように、人々は様々な神のイメージをつくっていた。それらを使って自然を操作するようになったの。

太陽の神がイメージとして現れた。そして火の神や雨の神、愛の神や、実りの神も。人々は、営みに必要なものすべてを、人間の意識が凝縮されたイメージを通して創造していた。集合意識はたくさんの有益なことを成した。例えば、水やりのために雨が必要なときは、雨の神のイメージに意識を送った。本当に雨が必要な場合、多くの人々が雨のイメージへとエネルギーを送った。イメージに十分な量のエネルギーが満ちたとき、雲が集まって雨が降り、作物に水を与えた。

神なる自然により、人類には無限の可能性が与えられている。人類が際限のない権力の誘惑に打ちかち、大宇宙のすべてのエネルギーの釣り合いをとって自身の内に留められていれば、他の銀河にも人間の意識の結実である園が生まれていた。そして人間はいくつもの異なる世界を、自ら幸せにすることができていたの。イメージ期と呼ばれていたこの時代は繁栄していた。その時代において人間は創造をし、そして自身を神として感じていた。だってそうでしょう、神の息子が、ほかの何者であるというの?

イメージ期と呼ばれる時代に、人間は神のようになり、そしてイメージを創造することを始めた。この時代は九千年間続く。神は、人間の行為に干渉することはない。一方、大宇宙の多種多様なエネルギーは、人間を誘惑しながら興奮し始める。

大宇宙のすべてのエネルギーの粒子が人間にはある。それらは数多く、互いに相反するものたち。でも宇宙のエネルギーのすべての粒子は、人間の内で釣り合いをとり、調和の中でひとつに結合していなければならない。

たったひとつでも優勢になると、他のものが即、弱くなり、調和が崩れる。すると……すると、地球は変貌し、不調和なものになる。

イメージは、人々を美しいものへと導くこともできるけれど、内部で一体性が崩れれば、破滅へ至らせることもできる。

でも、イメージとはいったい何?

イメージとは、人間の意識により思い描かれたエネルギーの実体のこと。一人の人間が生み出すことも、数人で生み出すこともできる。

俳優たちによる演劇が、集団的イメージの共同創造の顕著な例。一人が紙の上でイメージを描写し、別の人間が描写されたイメージを舞台の上で表現する。

思い描かれたイメージを表現する俳優には何が起こっているのか？　俳優は一定の時間、自身の気持ち、希求、願望を、思い描かれたイメージのものに置き換える。その際に歩き方や表情、そして好みの服装を変えることもある。こうして思い描かれたイメージは一時的に肉体を得る。

イメージをつくり出す能力は、人間だけに賦与《ふよ》されたもの。

人間により創造されたイメージは、一人であれ複数人同時にであれ、人間に意識で想像されているあいだだけ空間に生きることができる。

人数が多いほど、気持ちがイメージに力を与え、それによりイメージは強くなっていく。

人間の集合意識によって創造されたイメージは、破壊的または創造的な、強大な力を持つことができる。また逆に、そのイメージは人間に作用する力も持っていて、大小の人間のグループの性格や行動様式を形成することができる。

この時代の人々は、自分たちの持つ偉大な可能性を発見し、それを活用しながら、夢中でこの星の営みを創造していた。

でも、イメージ期のまだ始まりの頃、神が創造のときに人間に与えた大宇宙のエネルギーのバランスを自身の内に保てなかったものが、たった六人だけいた。もしかすると、彼らは全人類を試すために必要だったのかもしれない。はじめに六人の中の一人の内で、尊大さと利己のエネルギーが上位を獲得した。そのあとで二人目、三人目、そして最後の六人目にまで同じことが起こった。

はじめは彼らが会うことはなく、それぞれが自分の生活を送っていた。しかし、似た者同士は引き寄せられた。そして彼らは、どうすれば地球のすべての人々の支配者になれるかに意識を集中させた。彼ら六人は、人々の前で自分たちを神官と呼んだ。

時代から時代へと人間に転生しながら、彼らは今日も生きている。

今日、たった六人の神官たちが地球のすべての民を操っているの。彼らの王朝は一万年続いている。彼らは世代から世代へとオカルトの知識を伝え、イメージの科学――形象学の知識の一部をも持っている。そして、他の人々からヴェドの叡智を慎重に隠している。

六人の中に最高神官と呼ばれる長がいて、彼は自身を人間社会の主統治者だと考えている。

最高神官は、あなたが本に引用した私のわずかな言葉、そしてそれに対する多くの人々の反応だけで、実際に私が何者なのかに感づき始めた。彼は念のため、持っている力のほんの一部を使って私を滅ぼそうとした。けれど滅ぼすことができず、驚いた。私が何者であるのか疑心暗鬼なまま、もっと大きな力を使ってみた。

今、私は「ヴェドルシア人」という言葉を発し、それによってすべてを明らかにした。最高神官は、その言葉を聞くことさえ恐れている。この言葉の背景にあるものを知っている彼が、今どれほど震えだしたか想像してみて。これから自分の兵士たち、バイオロボットを総動員し、闇のオカルト科学の全力をかたむけて、私を滅ぼそうとしてくる。そして神官自身は、始終滅ぼす計画を立て続けることでしょう。そうさせておけばいいわ。その代わり、忙し過ぎてほかの人たちにかまう暇がなくなるのだから。

ほらウラジーミル、マスメディアに悪意をもって書かれた記事のことをあなたは話していたでしょう。これから、それがいっそう激しくなるのを見ることになる。そしていっそう手の込んだものになり、挑発と誹謗中傷を見ることになる。闇の勢力が何千年ものあいだ使ってきた、私たちの文化を破壊するための手法のすべてを見ることになる。でも、あなたがはじめに見ることになるのは、氷山の一角に過ぎない。すべての人にオカルトの攻撃が見えるわけではないわ。でも、あなたはそれらもわかり、感じとり、見ることができる。お願い、怖れないで。怖れのない人の前では、恐ろしいものは無力なのだから。見たものはすぐに忘れて。どれほど絶大な力を持つ怪物であっても、忘れることができれば、完全に存在しなくなる。

この普通でない事実について、あなたに疑念があるのが見える。慌てて疑念に屈しないで。せわしさから出て、自分で考えてみて。

たとえ小さな集団であっても、集団が何かを築こうと決定したら必ずその中にはリーダーがいるでしょう。その人を統治者と呼ぶことにしましょう。

小さな企業には、正式な統治者が一人いる。大企業には何人かの統治者がいて、彼らの上に統治者の長が一人いる。呼び名は様々で重要ではないけれど、領土、地方、地域、州、郷、共和国には、たくさんの統治者がいる。統治者は各国にいて、数多くの部下がいる。でも本当に国家の統治者たちだけしかいないと思う？　一般的に人々はそうだと思っている。でもどう？　地球に生きる人間の社会全体を誰も統治していないと、そして地球の玉座に這い上がろうと欲する人がいないと思う？

欲する人はいた、そして今もいる。近年の歴史から、世界を支配するために、武力によって権力の掌握《しょうあく》を目論んだ為政者の名前を、あなたはたくさん知っている。でも、いつの時代も、それを成し得た人物は誰一人としていない。全権力の掌握に近づいたかと思えば、必ず彼らの身に何かが起こっていた。最終的には、世界を支配しようとした者と彼らの軍隊は滅ぼされている。

その上、世界中を力ずくで侵害し、以前は繁栄し強国とみなされていた国は、突然に勢いを失い、平凡な国家になっていった。この一万年のあいだ、このようなことが必ず起こっていた。でもどうして？　それは、ずっと前から、世界には秘密の統治者がいるから。彼は国家やその統治者たち、そして一人ひとりの人間を使って遊んでいる。

彼は自身を全地球の最高神官と呼び、五人の参謀たちを神官と呼んでいる。

ウラジーミル、もうひとつの事実に注目してみて。何千年ものあいだ、地球のあらゆる場所で人々のあいだに起きている戦争がやむことがない、という事実について考えてみて。各国で略奪や病気、様々な大変動が日に日に強さを増している。でも、ある疑問を投げかけることが、厳重に、この上なく厳重に禁じられている――**人類の文明は本当に進歩の道をたどっているのか、それとも人間社会は日に日に退化しているのか？**

この疑問への答はシンプル。まずは、神官たちがその権力をどのように手に入れていったのか、今日までどのようにしてそれを保持してきているのかに注目してみて。

最初に彼らが秘密の目的へと通じる成果を得たのは、エジプト国家の創造だった。今日の歴史学では、どこよりもエジプト国家のことが知られているわ。でも歴史から事実を取り出し、解釈や神秘性を取り除けば、多くの秘密に触れることができる。

第一の事実。歴史上では、最高統治者はファラオと呼ばれていた。そしてファラオたちの戦いの功績や敗北について、多くのことが書き残されている。彼らの壮大な霊廟《れいびょう》は今でも学者たちを驚愕《きょうがく》させ、想像を掻き立てて謎の解明へと学者たちを惹きつけている。そうしてピラミッドの壮大さに惹きつけられているうちに、私たちを主要な秘密から遠ざけているの。

ファラオは人々の統治者としてだけでなく、神として崇拝されていた。人々はその年の豊作や、雨が降り有害な風が吹かないようにといったお願いをファラオのもとに持ってきた。歴史は、ファラオたちのたくさんの行いの事実を語ることはできるけれど、それ以上のことは語らない。だから史実の多くを知った上で、自分に次のことを問いかけてみて。彼らの中に実際に巨大国家の統治者であり、人々の上に立つ神であり得た人がいたのか？　そして、事実と照らし合わせれば、ファラオは神官たちの手中にあるただのバイオロボットに過ぎなかったということが見えてくる。

ほら、これらは歴史的事実としても知られている。

ファラオの時代には、荘厳な神殿があり、そして神官たちと最高神官が一人いた。彼らの管理のもとで、常に何人かのファラオの候補者たちが学んでいた。神官たちは植え付けたいことすべてを、幼い少年たちに吹き込んでいた。教え込んでいたことの中に、ファラオは神によって選ばれている、というものがあった。その際に、最高神官自身が秘密の神殿で神のことばを聞いたのだと話した。その後、神官たちが候補者の誰をファラオにするかを決めていた。

そしてその日がきた。荘厳な玉座に、ファラオのシンボルを手にし、特別な衣装に身を包んだ新しいファラオが鎮座した。人々の前では、彼は全権を有する皇帝であり、神であった。でも、神官たちだけは、玉座に座っているのが、彼らのバイオロボットだということを知っていた。そして、彼の性格を子どもの頃から知り尽くし、彼がこれからどのように統治し、どのような贈り物を神官に捧げるかを正確に知っていた。

何人かのファラオが最高神官の配下から逃れようとしたことはあった。でも、いつも、どのファラオも自由にはなれなかったの。なぜなら、神官の力は、ファラオの衣装のように誰の目にも見えるものではなく、言葉による命令やあからさまな会話も必要としないから。そしてそれが統治者たちの上に一瞬も緩むことなくのしかかっているから。そうやって神官の力は、刷り込んだ偽りの世界秩序として、大多数の国民たちの中に蓄積する。刷り込まれたイメージから逃れ、ゆったりと思索に耽ることがファラオ自身にできたのなら、もしかすると彼は人間になれたのかもしれない。でもすべては最初から計算されていて、ファラオには日々のせわしさの枷《かせ》から自由になることができなかった。

日々のせわしさ！　急使、書記官、各地域の総督たちが、広大な国の隅々から多量の情報を運んでくる。素早く決断を下さなければならない。それに戦争もあるから、頭がいっぱいになる。そしてファラオは馬車で駆けて国民を罰したり褒美《ほうび》を与えたりしていて十分に寝られないことも多々あった。その一方で神官は、ゆったりと思索に耽ることができ、そこに彼の優位性があった。

神官は、独裁的に世界のすべてを支配するための計画を練る。そして神によって創造された世界とは異なる自分の世界をいかにして具現化するかという、より大きなことまで思索している。

愚かなファラオ少年や国民の群集は、どうでもよかった。神官にとって、彼らはおもちゃに過ぎない。

神官たちは秘かにイメージの学問――形象学を学んでいた。一方、大衆は自然の法則をどんどん忘れていったの。

ウラジーミル、まさに神官たちが、神なる生き物である自然の創造物と人間の相互作用のエネルギーを、自分たちが考え出した神殿へと移行させ、そのエネルギーを人々に戻すことなく吸収していたの。

ヴェド文化では当たり前だったことが、突然秘密にされてしまった。人々は催眠術にかかったように眠りに落ち始め、半分寝ているかのように、考えることもなく命令に従うようになっていった。そして人々は、神の自然の世界を破壊し、神官たちに都合のいい人工的な世界を築いていったの。神官たちは、自分たちの学問を厳重な秘密として保持した。怖れから、巻物にすべてを記述することさえもしなかった。彼らは互いのやり取りのための独自の言語をつくり出した。この事実も歴史から知ることができるわ。彼らが話す際に、近くにいる人が不意に秘密を聞いてしまうことすら起きないよう、別の言語を必要としたの。そうやって、今日に至るまで、神官のあいだで世代から世代へと、その単純な秘密が伝えられている。

六千年前に、六人のうちの一人である最高神官が、全世界の権力を握ると決めた。

彼は思索した。

〝司令官たちに他の軍より強い兵器を使う術を教えたとしても、軍事的手段やファラオの軍隊を行使することでは、権力を掌握することはできない。意識のない間抜けな奴らの軍隊に何ができよう？　金を略奪することはできるが、すでに有り余るほどある。奴隷たちをたくさん連れてくることもできるが、奴らからはよくないエネルギーが出ている。奴隷たちからは食べ物を得るべきではない。味も悪く有毒だ。それよりも、人々の魂を支配下に置くべきだ。彼らのときめく愛のエネルギーを、すべて私へ向けさせなければ。これには軍隊ではなく、科学的な思考が必要だ。形象学こそが、目に見えない我が軍隊。私が深く知れば知るほど、この軍隊は私に忠実になる。大衆たちがオカルトや非現実に深くはまり込み、形象学の叡智が浅くなればなるほど、それだけより強力に私に支配されるようになるのだ〟

こうして、最高神官は計画を立てた。六千年の歴史の出来事の中に、今でもその計画の反映を見ることができるわ。

近年の出来事はあなたを含めみんなが知っている。それらの解釈が異なるだけ。でも自分で解釈してみて。そうしたら真実を見つけることができる。見てみて。

ほら、六人の神官の話し合いにおいて計画が述べられ、その続きは多くの人々に知られている。聖書や旧約聖書がそれについて伝えている。最高神官に託されて、神官モーセはエジプトからユダヤの民を連れ出す。神によってユダヤの民のために準備された約束の地で、彼らに素晴らしい生活が待っていると約束されていた。

神の前で、ユダヤの民が選ばれた民だと宣言される。この魅力的な知らせに知性は舞い上がり、そして一部の民がモーセについて行く。彼は四十年にわたり、砂漠の端から端まで人々を引き連れて歩いた。神官の助手たちは、常に説教を読み聞かせ、絶えず神によって選ばれし者であることを話し、町の人々との戦いや強奪を強いる。それらすべてを彼、すなわち神の名のもとの命令として。

誰かが精神病の催眠、狂気の状態から以前の正気な暮らしに戻るよう要求すると、その人を罪人であると宣言し、期限を与えて矯正させようとする。矯正されなければ、殺してしまう。このように、神官たちは、自分ではなく、神の名のもとに行ったこととして、自らを覆い隠している。

これは、つくり話でも夢物語でもない。誰でも聖書や旧約聖書に答えを見つけ、確信を得ることができるわ。かけられた数千年の催眠からほんの少しだけ目覚め、どうして、そして何によってユダヤの民は暗示をかけられ、神官たちの軍隊と化してしまったのかを、この偉大な歴史の本を読むことで、誰もが史実の信憑《しんぴょう》性を確信できる。後に、イエスが自分たちの民の暗示を解除しようとした。彼は懸命に学び、神官たちの目論見を阻止しようと試みたの。はじめ彼は賢人から賢人へと渡り歩きながら、わずかずつでも形象学を学ぶことを目指した。そして多くのことを知り、自分の民族であるユダヤの民を救済しようと決意した。その後、この恐ろしい実情に対抗できる独自の宗教をつくり出したの。


彼の宗教は、地球上のすべての民のためのものではなかった。それは、ユダヤの民のためだけに意図されたものだった。彼自身が何度もそう言っている。彼の言葉は弟子たちによって書き残され、今日でも読むことができる。ほら、例えば『マタイの福音書』の第十五章22から28節。

「すると、そこへ、その地方出のカナンの女が出てきて、『主よ、ダビデの子よ、私を憐《あわ》れんでください。娘が悪霊に取り憑かれて苦しんでいます』と言って叫び続けた。しかし、イエスはひと言もお答えにならなかった。そこで弟子たちが御許《みもと》に来て願った、『この女を追い払ってください。叫びながらついてきていますから』。するとイエスは答えた、『私は、イスラエルの家の破滅した羊[*1]**以外**の者には、遣わされていない』」

「私は、イスラエルの家の破滅した羊以外の者には、遣わされていない」とは何を意味するの？　なぜイエスの教えはユダヤ人のためだけにあるの？　どうして彼は、ユダヤの民のことを破滅した民と考えるの？

あなたに断言する、ウラジーミル。シナイの砂漠での四十年におよぶプログラミングによって、大多数のユダヤの民が催眠に墜ちたことが、イエスにはわかっていたの。この大勢の人々とモーセは、最高神官の手中の武器になっていた。彼らは、最高神官が己の自尊心を満たす悦楽のために、地球上のすべての人々の支配権を握るように強いた、彼の兵士。

そして彼らは何千年ものあいだ、地球のいたるところで戦うことになる。剣や銃弾のような原始的なものではなく、狡猾さや異なった生き方をつくり出すことが彼らの武器となり、それによってすべての民がオカルトに、つまり神官の利己主義に服従することになった。

自分たちが労することのない方法で、彼らは闘う。

〝しかし、どんな戦いにも対立関係の二者があるはずだ〟あなたはこう思った。〝もしそうなら、犠牲者はどこにいる？　戦いでは必ず両者に犠牲者が出るはずだ〟

様々な歴史文献に出来事と日付が記述されているから、それらの証拠を見つけ出すことができるはずよ。

そういったおぞましいことが起こった日付を探しやすくするために、少しだけ例を挙げましょう。あなたが望めば、歴史的根拠を自分で探すことができる。

ウラジーミル、今日、イスラエルでどれだけ子どもや老人が、テロによって犠牲になっているか、あなたを含めみんなが知っているわ。つい最近、「大祖国戦争」（＊第二次世界大戦中、ソ連がナチス・ドイツおよびその同盟国と戦った一九四一年六月二十二日から一九四五年五月九日までの戦い。）と名付けられた戦争があったことは聞いているでしょう。その戦争では、ユダヤ人が標的にされていた。老人や子ども、母親やお腹に命を宿した若い女性、まだ愛を知らない青少年たちが、炉で焼かれ、ガスで殺され、集団墓地に生き埋めにされた記録まで残っている。

犠牲になったのは百人や千人どころではなかった。短期間に何百万もの人々が虐殺された。歴史学者たちは、これをヒトラーに責任があると考えている。でも他の時期に起きたことは誰の責任なのか。一一一三年のキエフ・ルーシ（＊ロシアの祖となった東スラヴ人の国家。）では、ユダヤ人に対する大衆の憤《いきどお》りが突然爆発した。キエフでも、ルーシの他の場所でも、ユダヤ人の家が略奪され、放火されたりし、ユダヤ人、そしてその子どもたちまでもが容赦なく殺された。残虐な怒りに取り憑かれたルーシの民は、各地の統治者たちをも一掃しようとしていた。そこで統治者たちは話し合いの場に集まり、新たに法律をつくることを決定した。

「現在ロシアの全土にいるユダヤ人を追放し、今後の再入国を禁ずる。秘かに国土に踏み入る者がいれば財産を奪い、殺害する」

一二九〇年には、突然、イングランドで民衆によるユダヤ人の殺害が始まった。統治者たちはユダヤの民を国内から追放せざるを得なくなった。

一四九二年にはスペインでユダヤ人虐殺が始まった。スペインに住んでいたすべてのユダヤ人に殺害の危険が迫り、彼らは国外に逃れることを余儀なくされた。

ユダヤ人がシナイの砂漠を出たときから、様々な国の民が彼らを憎むようになった。多くの民族に蓄積された憎しみが、そこかしこでユダヤ人大量虐殺や殺害へと具現化していったの。

私が挙げたおぞましい大量虐殺の日付は、記録がある歴史から知ることができるものだけ。これら以外にも、ユダヤの民には衝突が数多く存在する。もちろん個別の出来事は、有名な史実と比べれば規模は小さい。でも数多くの小さな衝突をまとめると、それはこれまでにないほどの規模となり、最もおぞましいものの中でも、この上なく凄惨なものとなる。

このような大虐殺が、一つの千年紀だけに留まることなく起こっているのだとしたら、ユダヤの民に罪があるという結論を出す人がいるかもしれない。でも、どこに罪があるというの？　古代も現代も、歴史学者たちは、ユダヤの民が権力に対し陰謀をはたらかせていると言う。老若問わずみんなを騙《だま》すことを目指していると。お金持ちでない人からはあるだけ奪い取り、お金持ちからは完全に破産させることを念頭に騙し取っていると。そして、ユダヤ人に富豪や政府にさえ影響力を持つ人が多いという事実が、このことの裏付とされている。

でも、あるひとつの疑問を自分に問いかけてみて。ユダヤ人に騙されたその人が、どれほど公正な人だったのか？　富を蓄えた人は、誠実な方法でそれを手に入れたのか？　権力を担っている人が簡単に騙されるようなことがあるならば、本当に賢かったと言えるのか？

まさにユダヤ人たちは、大多数の権力者たちがお金に依存しているという事実を、明確に示しただけ。このテーマを延々と論じることはできるけれど、答えは簡単。オカルトの世界では、みんなが偽って生きているということ。ならば、他の人よりも成功している人だけを非難することに意味はある？

ユダヤの民に関しては、現代の民は誰でも彼らの立場になり得る。今までにない最強の暗示をプログラミングされてしまったら、誰でもそうなり得る。四十年ものあいだ砂漠をさまよい、神によって創造されたものを目にすることなく、オカルトだけに耳を傾けていたら。

イエスはこの暗示を解除し、自分の民を救おうとしていた。民のために、これまでのものとは異なった新しい宗教を思い付いた。例えば、「目には目を。歯には歯を」と言われたものに相反して、「誰かがあなたの右の頬を打つなら、左の頬をも向けなさい」と言った。また「神の選民」に反して「汝は神の奴隷である」と言ったの。

イエスは自分の民に、ヴェド期のこと、人間が自分の一族の土地で、創造主である父とその創造物に触れながら、いかに幸せに暮らすことができるかという真実を話すこともできた。でもユダヤの民はすでに暗示をかけられていた。彼らはオカルト的な行いしか信じず、現実でない世界が彼らの意識を圧倒していた。だからイエスはオカルトの方法を用いることを決意し、そしてオカルトの宗教をつくり出したの。

最高神官はイエスの意図を見破ることができた。最高神官が一年以上意識を酷使して、やっと見つけた対抗策は、まさに天才的なものに見えた。

〝イエスの教えとは闘う意味はない。ユダヤ人の兵士たちの頭脳を使って、イエスの教えを、地球上の、すべてのあらゆる民族に浸透させることが不可欠だ。ただし同時に、イスラエルには古い宗教を残しておかなければならない〟

こうして、最高神官が意図した通りになった。

そして、本質の異なる二つの哲学が同時に存在するようになったの。一つは、モーセが教えた通りユダヤ人は選ばれた民であり、みんながユダヤ人に従わなければならない、と言っている。そしてもう一つはイエスによって語られ、神の前ではみんなが平等であり、人の下に人をつくってはならない、敵であったとしても隣人を愛さなければならない、と言っている。

愛と従順さをみんなに呼びかけるキリスト教を世界中に波及させることができ、それと同時に、ひとつがほかのすべての上に立つと謳《うた》うユダヤ教を保つことができれば、世界は征服できると神官はわかっていた。ユダヤ人の前に世界が頭《こうべ》を垂れる。でも、ユダヤ人は兵隊に過ぎないから、世界は神官に頭を垂れることになるのだと。

こうして神官の宣教師たちが世界に出ていった。彼らは新しい教えを布教したいと心から思っていた。

イエスの教え？　それらはもう完全に彼の教えだとは言えない。もはや、神官によって組み込まれたものがかなり多かった。結果どうなったか。ローマが崩壊した。巨大な帝国は、外部の敵たちによって破壊されたのではなかった。キリスト教を容認したローマは、内部から崩壊していったの。しかし皇帝たちは、キリスト教が彼らの権力を強化したのだと考えていた。その教えのひとつが彼らの心をとてもくすぐったから。それは、権力はいかなるものであっても神から与えられたものであり、統治者である皇帝は、神の恩寵《おんちょう》によって聖膏《せいこう》（＊皇帝即位の際に塗る特別な香油。）を授けられた者だという教え。

四世紀、キリスト教は公式にも実質的にもローマを制覇した。最高神官は大喜びし、声に出すことも、接触することもなく、ビザンチンの皇帝に命令を出した。そしてキリスト教を国教としたローマが、アレクサンドリア図書館＊2を完全に燃やした。全部で七十万三十三冊の本が燃やされたの。本や古代の巻物が様々な町でたき火の中に投げ込まれた。多神教時代の本は焼かれ、その中にはヴェドの人々の叡智が書かれた希少な本もあった。それらの本には火が点けられることなく、取り上げられ、隠され、ごく限られた叙《じょ》された仲間うちでのみ研究され、その後破棄された。目下《もっか》人々が根源の叡智から遠ざかっている中、最高神官には彼の道に障害となるものはなくなったように思えた。彼は大胆にも、目に見えない命令をもうひとつ出した。そしてその結果、第二コンスタンチノープル公会議において、転生の教えが禁じられた。なんのため、と思うでしょう。それは、地上の営みの本質について、人々に考えさせないため。人々に、幸せな営みは地上にはないと思わせるため。こうして地球の多くの民がそう信じるようになったの。

神官は大喜びだった。彼には、この先どのようになっていくかがわかっていた。〝いずれにしても、人間は地球外の営みを見たことがないのだ。どうすれば居心地よい天国へ行くことができ、どうすれば恐るべき地獄に墜ちないのかを、誰もわからないでいるのだ。まさにここに、我が計画に都合のいいオカルトの暗示を吹き込んでやろう〟。

このようにして、神官たちは今日に至るまで、自分たちに都合のいい暗示を世界中にばら撒いている。でも、最も強い多神教文化の砦《とりで》だとされるローマが滅亡したと思ったときでさえ、彼らは世界を完全に支配できたわけではなかったの。地球には、これまでの方法では支配することができなかった、たったひとつの小さな島が残っていた。それは最後のヴェド国家、ルーシ。ローマ帝国の前、そしてイエスの教えが現れる以前から、最高神官が滅ぼそうとしていた島。

＊1　「破滅した羊」は、現在流通している聖書とは、掲載位置、内容、解釈が異なっているが、著者の意図を尊重し原文の通りに翻訳した。

＊2　**アレクサンドリア図書館**：最もよく知られている古代ギリシャ・ローマ時代の図書館であり、当時存在していたすべての作品が収蔵されていた。シーザー皇帝時代には、約七十万冊が保管されていた。三九一年の多神教とキリスト教のあいだの激しい衝突において、図書館のあったセラピス神殿が破壊されている。

（『古代ギリシア・ローマ辞典』　プログレス社　一九八九年）

ヴェド・ルーシとの見えない闘い

ヴェド・ルーシとの闘いは、イエスが地球に現れるずっと前、ローマ帝国の衰退よりもずっと前から始まっていた。何千年にもおよぶ闘いは、鉄の剣を使うことなく行われていた。オカルティズムが、物質的でない次元において攻撃を仕掛けていたの。

ルーシに、オカルト宗教の宣教師たちがやって来た。教会の本から何十人もの名前を知ることもできるけれど、実際は何万人もいた。宣教師たちは、彼らの思い込みの中において潔白だった。彼らは狂信者、つまり、自分の意識では宇宙の百万分の一すらも理解することができなかった人たち。彼らは、神官の兵士で、神官の命令を不平も言わず敬虔《けいけん》な気持ちで遂行し、いかに生きるべきか意気高らかに人々に説《と》こうとしていた。かつて偉大なローマの国家で話されていたこととまったく同じ話を、懸命にしていた。

彼らは、動植物や自然に注意を払わせないようにするために、儀式の導入を試み、神殿を建てることを勧めた。そうすれば一人ひとりが天国に行けるのだと言って。あなたに、わざわざ彼らの説教を聞いてもらうこともないわ。それは今日でも読むことができるのだから。彼らが何千年かかってもヴェド・ルーシに何もできなかった理由を話すわ。

当時のルーシでは、二人に一人が詩人やとんちの利く人だったの。バルド（＊吟唱詩人〔ぎんしょうしじん〕。）もいて、その頃はバヤンと呼ばれていた。そしてこんなことが起こった。まず、神官の兵隊は、何十年もかけてルーシにどのように神に頭《こうべ》を垂れるべきかのプロパガンダを展開した。すると、ある地域で彼らの話に耳を傾け、聞いたことについて思いを巡らす人が出てきた。バヤンはそれを見て笑い、寓話をつくって歌った。そして寓話は素早くルーシ中に広まり、次の十年間、ルーシは神官の説教の数々を優しく嘲笑《あざわら》っていた。激怒した神官は、新しい攻撃を仕掛けたけれど、またルーシでは寓話が生まれ、再び嘲笑っていた。その当時あった数多くの寓話のうち、三つを話すわね。

どの神殿に神はおわすか――アナスタシアによる第一の寓話

地球の数多くある村のひとつで、人々は幸せに暮らしていた。その村に暮らすのは九十九家族。

各家庭には絶妙な彫刻が施された美しい家があった。家の周りの果樹園は、毎年実りをもたらし、野菜やベリーが、人間の手を必要とすることなく育っていた。人々は歓びと共に春を迎え、夏を心ゆくまで愉しんだ。みんなで一緒に愉しく行う一連の祭が、歌を、ホロヴォードを生んでいた。冬になると、人々は歓喜の日々から休息し、空を観察しながら、星や月を今よりもきれいな模様にできないかと思いを巡らせていた。三年に一度、七月に、彼らは村の外の草地に集まっていた。三年に一度、神が普通の声で、彼らの質問に答えていた。目には見えないけれど、一人ひとりが神を感じていた。そして一人ひとりの村人たちと共に、どうすれば未来の日々によりよい暮らしをつくることができるかを話し合っていた。人々と神との対話は、深遠なものもあれば、ときには単純なものも、ひょうきんなものもあった。

ほら、例えば、中年の男性は立ち上がると神に向けてこう言った。

「神よ、いったいなんだってみんなが集まった夏祭当日の夜明けに、雨を降らせてみんなをずぶ濡れにしたんだい？　滝のようなザーザー降りで、昼頃になってやっと太陽が照りだした。どうしたんだ、神よ、あんた昼まで寝てたのかい？」

「寝てはいない」神が答えた。「祭が見事に成功するためにどのように振る舞うのがよいか、夜明けから考えていたのだ。すると何人かが、祭に行くのに清水で身体を洗うのを怠けていたのを見たのだ。どうする？　不潔な者たちがその身なりで祭を台無しにしてしまうではないか。それで私は、まずみんなの身体を洗い、それから雲を吹き散らし、水で洗われた人々の身体を太陽の光で撫《な》でることにしたのだ」

「そうか、そういうことならいいが……」

　男性は納得して、こっそりと食べ物のかけらを口髭《ひげ》から払い落とすと、自分の息子の口の周りに付いていたコケモモの汁の色をこすり落とそうとした。

「神よ、教えてくれ」、思索好きな老いた哲学者の男性が神に問うた。「我われの頭上、空にはたくさんの星がある。星たちの珍妙な模様は何を表しているのか？　地球の暮らしに飽きたとき、私が心から気にいった星を見つけたら、家族を連れてそこに住み着くことができるものか？」

「闇にゆらめく天体の模様は、大宇宙全体の営みを伝えているのだ。魂が穏やかで、集中できれば、天の本を読み尽くすことができる。天の本は、何もせずにぼんやりしていたり、単なる好奇心では開かれず、純粋で意義深い意図にだけ開かれる。星に住み着くことはでき、そして一人ひとりが自分のために天の星を選ぶこともできる。その際にひとつだけ条件がある。自分の選んだ星に、地球のものよりもよいものを創造できるようになることだ」

　草の上から少女が跳び上がると、亜麻色のおさげを肩の後ろへ払い、しし鼻の顔を上に向け、大胆不敵にも両手を腰に当てながら、突然神に申し出た。

「あたしは不満を言いたいの、神よ。二年間、この不満を言いたくて首を長くして待っていたんだから。やっと言えるわ。なんだかめちゃくちゃなこと、おかしなことが地球に起きているわ。人々はみんな、普通に生きていて、恋に落ちて、結婚して、そして愉しんでいるのに、あたしが何か悪いことでもしたって言うの？　春になると、とたんにほっぺにそばかすが出てくるの。どう洗っても消えないし、隠せやしないわ。神よ、あなた何よ。道楽でこんなことを思い付いたんでしょう？　次の春、あたしにこれ以上、そばかすがひとつもできないよう要求するわ」

「我が娘よ！　春におまえの美しいお顔にできるのはそばかすではなく、『春のしるし』なのだよ。しかし、おまえが望むように呼ぶことにしよう。そばかすが不都合なのであれば、次の春にはなくそう」と神が少女に答えた。

　しかしそこへ、体つきのいい青年が草地のもう一方の端から立ち上がると、うつむきながら小さな声で神に向けて言った。

「春にはやらなければならないことがたくさんあるんだ。神よ、あなたはすべてのことに参加しようとする。なんだってそばかすなんかに気を配るんだ。それに、そばかすはあんなにも美しいじゃないか。そばかすのある若い乙女よりも美しいものなんて、僕には想像できないな」

「はて、いったいどうしたものか？」神は考え込んで言った。「乙女が願い、私は彼女に約束をしてしまった……」

「もう、何が『どうしたものか？』なのよ」再び乙女が会話に割って入った。「『そばかすなんかでなく、ほかの重要な仕事をしなきゃならない』ってみんなが言っているじゃない。……でも『春のしるし』のことなら、あと二つ増えてもいいのよ。左と右が同じになるように、ほらここ、右のほっぺにね」

神は微笑んだ。人々が微笑んだことからそれが見てとれた。村にもうじき新しい、美しい家族が、愛の中で生まれることをみんなが知った。

こうして人々は、神と共にこの素晴らしい村で暮らしていた。そこへある日、百人の賢者がやって来た。明るい村人たちは、いつも客人を様々なご馳走でもてなしていた。極上の果実を味わった賢者たちは、その類まれな味に感嘆した。その後、彼らの一人が言った。

「人々よ、あなた方の暮らしは軽快で、素晴らしい。どの家も豊かで、居心地がよい。しかし神と会話をする作法がなっていない。神たるものへの称賛や跪拝《きはい》がない」

「でも、どうして？」警戒した村人たちは反論を試みた。

「私らは、みんなと話すのと同じように神と話をしている。三年に一度話をしているんだ。そして神は、毎朝太陽として昇る。果樹園では蜜蜂として、春から嬉々として働いている。冬には雪で大地を覆う。神の行いは私らには明確で、その時々の行いを私らは歓んでいる」

「あなた方は間違っている」賢人たちが言った。「我われは、あなた方に神との話の仕方を教えに来たのだ。地球のいたるところに、宮殿や神殿が建てられている。人々はそこで毎日神と話をすることができるのだ。我われが、あなた方にも教えてしんぜよう」

三年間、村人たちは賢者たちの話に耳を傾けた。神のための神殿をどのように建てるのがよいのか、毎日その神殿で何をすればよいのか、百人それぞれが自説を唱えていた。賢人の一人ひとりに自分なりの説があったため、村人たちは百人の誰の説を選ぶべきか、わからずにいた。それに、他の賢人たちの気分を損ねないようにするにはどうすればいいのか？　そこで、全員の説を聞いて、すべての賢人に神殿を建てようと決めた。各家庭が一棟ずつ建てることにした。でも、賢人は百人いるのに、その村には九十九の家庭しかない。村人全員による決定を聞いた賢人たちは心配になった。つまり、賢人のうちの誰か一人は神殿を持てないし、寄進を受けることができない。すると賢人たちは互いに神の拝み方のどの説が最も効果的なのか言い争いを始め、そこに村人たちを巻き込んだ。議論は過熱していき、村人たちは長年の暮らしではじめて、この年に神と話をする時間を忘れてしまった。以前のように決められた日に草地に集まることをしなかった。

また三年が過ぎた。村の周囲には九十九の豪奢《ごうしゃ》な神殿が建っていたけれど、彼らの百姓家はもはや新しい輝きを放っていなかった。野菜の一部は収穫されずに残っており、果樹園の果物も虫が食うようになった。

「こういったことはすべて」、神殿で賢人たちは話して聞かせる、「あなた方が心から信仰していないからだ。もっと寄進しなさい。もっと熱心に、頻繁に神を崇拝するように」

すると、一人の賢人、神殿を建てることが叶わなかった賢人が、こっそりと人から人へ話して回った。

「あなた方は間違ったやり方をしたのだ。建てた神殿の構造が正しくない。それに跪拝する方法も間違っているし、お祈りの言葉も正しくない。私だけが、どうすれば神と毎日話ができるかを教えることができるのだ」

彼が誰か一人を説得すると、すぐに新しい神殿がそびえ建ち、その一方でそれまであった神殿の一棟が朽ちていった。そして寄進をもらえなくなった次の一人の賢人が、こっそりと人々に他の賢人たちの悪口を言い始めた。

こうして何年も過ぎ去っていった。あるとき、人々は、神の声を聞いていた以前の草地での集いを思い出した。以前のように、神が彼らの声を聞き、答をくれることを願いながら、再び草地に集まり問いかけた。

「なぜにこうなってしまったのか、わしらに答えておくれ。なぜにわしらの果樹園には虫食いの果物がなるのか？　それに、どうして畑の野菜は毎年育たなくなってしまったのか？　皆が喧嘩し、殴り合い、言い争いまでしているというのに、なぜに皆のために最良の信仰を選ぶことができないのか？　教えておくれ、おまえさんのために建てたどの神殿におわすのか？」

長い時間、神はその質問に答えなかった。空間に声が響いたとき、その声は愉しげではなく疲れていた。神は集まった人々に答えた。

「私の息子たち、娘たちよ。おまえたちの園に囲まれた家が、今日荒れはてているのは、私一人では間に合わないからだ。おまえたちと共に行うことによってのみ、私は美しいものを創造することができる。最初から私の夢によって、そうなるようになっていた。だがおまえたちは、自分の家である園のすべてに眼差しを注がなくなった。私は一人では創造することができない。共同の創造でなければならないのだ。

もうひとつ、みんなに言いたいことがある。愛すること、そして選択の自由はおまえたちの内にある。私はおまえたちの希求に夢でついていく心づもりでいる。だが答えてくれ、かわいい息子と娘たちよ、私はどの神殿に住むべきなのか？　私の前ではおまえたちはみんな等しい。だから、誰をも傷つけることなく住まうことのできる神殿はどれなのか？　どの神殿に住み着くべきかを解決させてくれたら、私はみんなの共同の意志に従おう」

神はみんなにそう答えると黙った。

かつては美しかった村の人々は、今もなお言い争いを続けている。彼らの家には荒廃と腐敗がある。周囲の神殿はその高さをどんどん増し、言い争いはどんどん激しくなる。

「しかし、アナスタシア、きみはなんだか非現実的でおとぎ話のような寓話を聞かせるね。その村の人たちは、なんともとても愚かな人たちだ。彼らには、神が一人ひとりと一緒に園を世話したいと願っていることが本当にわからなかったのか？　それにきみの話では、この愚かな人たちは未だに言い争っているんだろう。この村はどこに、どの国にあるんだ？　教えてくれよ？」

「ええ、いいわ」

「じゃあ話してくれ」

「ウラジーミル、あなたも、そしてあらゆる国の人々もその村に暮らしている」

「なんだって？　……ああ、でも確かに俺たちだ！　もちろん、俺たちだ。ずっと変わらず、どの信仰が優れているかを言い争っている。そして、果樹園は虫食いの果実を付けている！」

楽園で最もよい場所――二つ目の寓話

四人の兄弟が、何年も前に死んだ父親の墓参りをしていた。そして、父親が天の楽園にいるのか地獄にいるのかを知りたくなった。父親の魂が目の前に現れ、異世界でどのように暮らしているのかを話してくれるようにと、四人全員が同時に望んだ。すると兄弟たちの前に、まばゆいばかりの光に包まれた父親が現れた。兄弟たちは驚き、奇跡の光景に歓喜した。そして我に返ったあと、問いかけた。

「教えてくれ、僕らの父よ、あなたの魂は天の楽園にあるのか？」

「そうだ、息子たちよ」父親は彼らに答えた。「素晴らしい楽園で、私の魂は愉しんでいる」

「教えてくれ、父よ」兄弟たちはさらに質問を続けた。「肉体の死後、僕らの魂はどこに行くことになるのか？」

父親は、兄弟それぞれに問うた。

「教えてくれ、息子たちよ。自分の地上での行いを、自分自身でどのように評価しているのか？」

兄弟たちは順番に答えた。長男が言った。

「父よ、僕は偉大な軍司令官になった。祖国の地を敵軍から守り、敵軍は祖国に一歩も踏み入ることはなかった。貧しき者や弱き者を一度たりとも虐《しいた》げず、自分の兵士たちを守ることに努め、常に神を敬ってきた。ゆえに、楽園に行けることを望んでいる」

次男が父親に答えた。

「僕は名の知れた宣教師になった。人々に善《ぜん》を説き、神を敬うことを教えた。宣教師たちの中では高い地位にたどり着き、称号を得た。ゆえに、天の楽園に行けることを望んでいる」

三男が父親に答えた。

「僕は名の知れた学者になった。人々の生活を楽にする装置を数多く考え出した。人々のために建造物を数多く建てた。建設を始める際の神への賛美は、いつも行っている。神の名を唱え敬っている。ゆえに、楽園へ行けることを望んでいる」

末息子が答えた。

「父よ、僕は果樹園を耕し、園で懸命に働いている。美しい園で育った野菜や果物を兄弟たちに送ってやり、神が望まない悪いことをせぬように努めている。ゆえに、楽園へ行けることを望んでいる」

父親は息子たちに答えた。

「息子たちよ、おまえたちの魂は、肉体の死後、楽園にあるだろう」

父親の姿は消えた。年月が経ち、兄弟たちは死に、彼らの魂は楽園で会ったが、その中に末の弟の魂だけがいなかった。それで三人の兄弟は父親を呼んだ。父親がまばゆい光の中に現れると、彼に問うた。

「教えてくれ、父よ、墓であなたと話をしてから、地球の計算では百年も経っているのに、楽園にいる僕らの中に、どうして末の弟の魂がいないのか」

「心配するな、息子たちよ。末の弟も楽園にいるのだ。今そばにいないのは、彼はこの瞬間に神と話をしているからだ」父親は息子らに答えた。

さらに百年が過ぎ、兄弟たちは再び楽園に集まった。しかしやはり末の弟の姿はなかった。兄弟たちは再び父親を呼び、問うた。

「さらに百年が過ぎた。しかし末の弟は会いに来なかったし、誰も彼を楽園で見かけていない。教えてくれ、父よ。末の弟はどこにいるのか？」

父親は三人の息子たちに答えた。

「末の弟は神と話をしている。だからここにいないのだ」

すると三人の兄弟たちは父親に、末の弟がどこで、どうやって神と話をしているのかを見せるよう頼んだ。

「見るがよい」父親は兄弟たちに答えた。そして兄弟たちの目に地球が映った。そこには末の弟が生前に耕していた、この上なく美しい奇跡のような園があった。美しい地上の奇跡のような園で、末の弟は若返り、自分の子に何かを説明している。美人の妻がそばで嬉々としてせわしくしている。兄弟たちは驚き、父親に問うた。

「末の弟は、僕らがいる楽園ではなく、まだ地上の自分の園にいる。神の前で彼はどんな罪を負ったのか？　末の弟の肉体はなぜ死なないのか？　地上の計算では幾度となく百年が過ぎたのに、なぜ弟は若いのか？　これはつまり、神は大宇宙の法則を変えたということか？」

父親は三人の息子らに答えた。

「神は、はじめのときから、偉大な調和と愛のインスピレーションの中で共に創造した大宇宙の創造物の法則を、変えてはいない。弟の肉体は幾度となく死んでいる。しかし、魂にとって最もよい場所とは、自らの手と魂で創造した楽園なのだ。我が子を愛する母親と父親が、共に創造した子が最もかわいいと思うのと同じように。神の法則に従って、末の弟の魂は楽園に行くはずである。しかし、その園が地球にあるのならば、魂はすぐに、彼がかわいがってきた地上の園で新たな体に具現化するのだ」

「父よ、教えてくれ」、兄弟たちは続けた。「あなたは、末の弟は神と話をしていると言った。しかし園にいる彼のそばに、神は見えない」

三人の息子らに父は答えた。

「我が息子たちよ。末の弟は、神の創造物、木々や草の世話をしている。まさにそれらが創造主の物質化した意識なのだ。愛と意識をもってそれらに触れる、まさにそれによって末の弟は神と話をしているのだ」

「教えてくれ、父よ。僕らはいつの日か地球に肉体の姿を得て帰るのか？」

息子らは問いかけ、答えを聞いた。

「おまえたちの魂は、我が息子たちよ、今は楽園にある。魂が地球の姿を得ることができるのは、地球で誰かが、おまえたちのために楽園に似た園を創造したときだけだ」

兄弟たちは叫んだ。

「他人の魂のために、愛をもって園がつくられることはない。僕らはまず肉体を得て、自分で地球の楽園を耕そうではないか」

しかし、父親は息子らに答えた。

「我が息子たちよ、おまえたちにもすでにそのような可能性が与えられていたのだ」

父親は答えると、静かに遠くへと離れ始めた。しかし三人の息子たちは再び叫び、父親に問うた。

「実の父よ、楽園であなたがいる場所を見せてくれ。どうして僕らから離れていくのだ？」

父親は止まり、三人の息子らに答えた。

「見るのだ！　ほら、末の弟の園に、彼のそばで広く枝を張ったリンゴの木が花を咲かせている。リンゴの木の下に小さなゆりかごがあり、そこに生まれたばかりの赤ん坊がいる。美しい小さな体がもう手を動かした。赤ん坊の体が目を覚まし始め、私の魂はあの体の中で生きている。そもそもこの美しい園を耕し始めたのは、私なのだから……」

最も豊かな花婿――三つ目の寓話

この寓話をほんの少し変えて、現代に合わせて話すわね。

とある村に、隣り合う二つの家があった。家族ぐるみで仲がよく、自分たちの土地で歓びを感じながら働いていた。春には二つの土地の果樹園に花が咲き、それぞれに小さな森が育っていた。両家族に息子が生まれた。二つの仲の良い家族の息子たちが成人したとき、祝いの食卓を囲んで、息子たちにすべてを委ねるという固い決意が結ばれた。

「何をいつ植えるのか、これからはせがれたちに任せよう。そして友よ、わしらは、今後せがれたちがすることを、表情やほのめかしですら否定すべきではない」と、一人目の主《あるじ》が言った。

「同意した」二人目の主が言った。「せがれたちが望むなら、家も自分なりに建て替えさせよう。自分たちで衣服を選び、必要な家畜も家財道具も自分たちで決めさせよう」

「いいだろう」一人目の主が言った。「我らのせがれたちを自立させよう。そして自分たちにふさわしい花嫁を選ばせればいい。友よ、せがれたちのために一緒に花嫁探しをしようではないか」

隣人であり友人である二人はこのように固く決意した。彼らの提案を妻たちも支持し、二つの家族は成人した息子たちの切り盛りで暮らすようになった。しかし、その頃から二つの家族の暮らしはそれぞれ異なっていった。

一人の息子は活動的で、誰にでも気配りを怠らない。そんな彼は、村一番の青年と呼ばれるようになった。もう一人の息子は思慮深かったが、周りの人々にはのろまに見え、彼は村で二番目の青年と呼ばれるようになった。

一番目の息子は、父親が植えた若い森の木々を切り倒し、市場に持っていき売ってしまった。彼は馬の代わりに自動車と小さなトラクターを買った。このように彼は商いの才があるとされていた。彼が翌年にニンニクの価格が急騰すると判断すると、その通りになった。自分の土地に植付けしてあったものをすべて抜き、一面にニンニクを植えた。父親と母親は一度約束したのだからと、すべてにおいて息子を手伝おうとした。家族はニンニクを売って大きな儲けを得た。そして大工を雇い、新しい資材を使った巨大な家を建て始めた。実業家である息子はそれでは満足せず、広大な畑には春に何を植えれば儲けが出るのか、朝から晩まで考えていた。そして冬の終わりに、春には畑一面に玉ねぎを植えれば儲けになると試算した。そして再び収穫物を高値で売って儲けを得て、贅沢な自動車を買った。

ある日、畑の道で隣人の息子二人が出会った。一人は自動車に乗り、もう一人は元気なメス馬につながれた荷馬車に乗っていた。成功している実業家は車を停めた。二人のあいだでこんな会話があった。

「見ろよ、お隣さん。俺は立派な車に乗っている。一方で君は変わらず荷馬車移動だ。俺は大きな家を建てている。一方で君は親父さんの建てた古びた家に住んでいる。俺たちの両親はいつも仲良くやっていた。俺も隣人として君に手を差し伸べようではないか。君が望むなら、畑に何を植えたらいいのか教えてやろう」

「手を差し伸べようと思ってくれて、ありがとう」二番目の隣人は荷馬車から答えた。「だが僕は、自分の意識が自由であることを大切にしているんだ」

「いや俺だって、君の意識の自由を邪魔するつもりはない。心から助けたいと思っているだけさ」

「誠実さにも感謝するよ、優しい隣人よ。でも、生きていない物は、意識の自由を奪ってしまうんだ。例えば君が乗っている自動車のように」

「どうして自動車が意識の自由を奪うことになる？　荷馬車を容易に追い越すこともできるし、君が街にたどり着くまでに、俺は仕事を終わらせることもできる。すべて自動車のおかげさ」

「そうだね、もちろん自動車は荷馬車を追い越すことができる。でもそのあいだ中、運転席に座って絶え間なくハンドルを握っていなきゃならないし、常に装置を切り換えたり、ずっと計器や道を見たりしていなきゃならない。馬は自動車よりも走るのが遅いけれど、乗っているときは何もしなくてもいいし、動きに意識を注がなくてもいい。居眠りしてしまっても、馬が自分で家まで連れて帰ってくれる。君はガソリンの問題があるって話していたけれど、馬は自分で草むらの餌を見つける。それに、教えておくれ。君は今その車で、急いでどこへ向かっているんだい？」

「自動車の部品を余分に買っておきたいんだ。どこがもうじき故障するかわかっているからね」

「ということは、君は未来のすべての故障さえも正確に予測できるほど、機械に詳しいんだね？」

「ああ、詳しいさ！　三年間特別なコースで機械を学んだんだ。君もそのコースに誘ったのを覚えているかい？」

「ほら、君は三年間、自分の意識をその機械に与えてしまったんだ。壊れて、古くなってしまう機械に」

「君の馬だって、同じように歳をとるし、死んでしまうじゃないか」

「そうだね、もちろん歳をとる。でもその前に仔馬を生む。仔馬は成長し、僕はその馬で出かける。生命を宿すものは永遠に人間に仕えるけれど、死んだ物は人間の寿命を短くする」

「君の見解は村中の笑い草だよ。みんなが俺のことを豊かな成功者だとみなしているけれど、君のことは、父親のすねをかじる奴だと言っているよ。君は親父さんの土地の木々や低木の種類さえも、ちっとも変えていないじゃないか」

「でも僕はその植物たちが好きになってきたんだ。すべての使命と互いの作用を理解しようと努力した。そして弱ってきたら眼差《まなざ》しをやり、手を触れて元気づけた。今では人の手を必要とせずにすべてが調和し、春に自ら花を咲かせている。夏と秋には、実りを捧げることを植物たちはただ望んでいる」

「友よ、確かに君はおかしな奴だ」実業家はため息をついて言った。「のんびり歩いて自分の一族の土地に、園に、花々に見とれている。それによって、君が言うには、自分の意識に自由を提供しているっていうことかい」

「そうなんだ」

「でも、なぜ自由な意識が必要なんだい？　意識を自由にして何がいいんだ？」

「偉大な創造物のすべてを知るためだ。さらに幸せになるため。そして君を助けるためさ」

「俺を?!　ああそりゃけっこうだ！　俺は村一番の乙女だって妻にすることができる。どんな娘も俺の嫁に来るさ。みんな金持ちになりたいんだよ。広い家に住んで、車を乗り回したりしてさ」

「金持ちであることは、幸せであることを意味しないよ」

「じゃあ貧乏は？」

「貧乏なのもよくない」

「貧乏でもなく金持ちでもない。じゃあ、どうなれっていうんだ？」

「誰しもが満たされる分だけ必要だ。自己充足もできるといいだろう。そして自分の周りで起きていることに意識的でいること。幸せは突然に人々に訪れるものではないのだから」

実業家はにやりと笑って素早く走り去った。

そして一年後、隣人である二人の父親が話し合いに集まり、息子たちにそろそろ花嫁の世話をしようと決めた。そこで父親たちは、息子たちに村の娘の誰を嫁にしたいかと問いかけた。実業家である息子は、自分の父親に答えて言った。

「父さん、俺の好みは村長の娘だ。彼女を妻にしたい」

「息子よ、おまえはどうやらでかしたやつのようだ。村長の娘は、この辺りでは一番美しい。近くの村々や遠方からこの村に遊びに来た者たちはみんな、一目で彼女に魅了されてしまう。しかし、あの娘は気が強いぞ。それに、両親でさえ、この乙女の類まれな知性を理解できないでいる。彼女は変わり者とも考えられる一方で、彼女に助言を受けたり、病気を癒してもらうために、様々な村から訪ねてくる女性たちが絶えない。この若い乙女のもとに子どもを連れてくる女性たちが絶えないのだ」

「父さん、それがなんだっていうんだい。俺も馬鹿じゃない。この村にはうちよりも広い家も、俺のよりいい車もない。それに俺は、彼女が長いこと物思いに耽りながら俺のことを見ていたのを、二回も見たんだ」

二番目の父親が問いかけた。

「息子よ、村の娘たちのうち、誰が好みなのか？」

青年が答えた。

「父さん、僕は村長の娘を愛しているんだ」

「では息子よ。彼女はおまえにどう接しているんだい。彼女の恋に落ちた眼差しを見たのかい？」

「いいや、父さん。偶然出会うたび、乙女は目を伏せていた」

そして二人の父親は、一人の花嫁を共に自分の息子に世話することを決めた。父親たちは村長の家にやってきて、かしこまって座った。村長は娘を呼んで言った。

「ごらん、我が娘よ、仲人たちがお出ましになったぞ。おまえを妻にと願っている若者が一度に二人だ。私たちで話し合って決めたんだが、おまえがその二人から選びなさい。今ここで選べるか、それとも夜明けまで考えるか？」

「夜明けなら、幾度となく夢みながら過ごしたわ、お父さん」若い乙女は静かに言った。「今、お答えできます」

「では言いなさい、我らはみんな興味深く待っておるのだ」

美しい乙女は、訪れた仲人たちに次のように答えた。

「お二方、私を目に留めていただき、ありがとうございます。ご子息のお二人にも、私の人生とご自身の人生とを結びつけようと願ってくださったことに、感謝いたします。素晴らしいご子息たちをお育てになりました。ともすればお二人のご子息のうち、どちらに私の運命を委ねるのかを選ぶのは、難しいものになっていたでしょう。でも、私は子どもを生みたいですし、子どもたちを幸せにしたいのです。子どもたちが豊かで、自由と愛の中で暮らすことができるよう、私は誰よりも豊かな人を好きになりました」

実業家の父親は得意げに立ち上がった。二番目の父親はうなだれて座っていた。けれど、乙女は二番目の父親の方へ歩み寄ると、彼の前で膝をつき、そして目を伏せたまま言った。

「私はあなたのご子息と生きていきたいです」

村長もその場から立ち上がった。彼は娘に、村で一番裕福だと思われる家に嫁いでほしかったため、厳しい声で言った。

「娘よ、おまえは正しい言葉を言った。理にかなった言葉がわしを喜ばせた。なのに、おまえは村で一番豊かではない人に近づき、ひざまずいた。最も裕福なのはこちらの方だぞ。ほら、彼だ」

そして村長は実業家の父親を指さすと、加えて言った。

「この家の息子は広い家を建てた。この家には車、トラクター、富があるんだ」

乙女は父親の方へ歩いて行きながら、彼の厳しさと戸惑いを含んだ言葉に答えた。

「もちろん、お父さんは正しいわ。でも私は子どもたちのことを話しているの。子どもたちにとって、お父さんが今挙げた物がどうよいと言うの？　トラクターは子どもたちが成長しているあいだに壊れてしまう。車は錆びつき、家は古くなるわ」

「そうだとしよう、おまえが正しいと考えよう。しかし金持ちなんだから、子どもたちは、トラクターも車も、衣服も、新品を手に入れることができるじゃないか」

「じゃあ〝たくさん〟ってどのくらいかしら？　それを知りたいわ」

実業家の父親は堂々と重々しい様子で、口髭《ひげ》とあご鬚《ひげ》を撫《な》でながら、得意げに答えた。

「すでにうちのせがれには、必要であれば、我が家の財産に等しい農園を三つも一度に購入できるほどの金がありますぞ。お隣さんのような馬ならば、二頭どころか、群れを丸ごと手に入れることもできますぞ」

従順な様子で目を伏せたまま、乙女は答えた。

「私はあなたとご子息の幸せをお祈りいたします。でも、すべての枝が愛をもって育ててくれた人に向かって伸びている先祖の園を買えるお金は、地球のどこにも存在しません。そして仔馬の時分から子どもと遊んで育った馬からの献身は、お金では買うことができません。あなたの土地はお金を生みますが、私が愛する人の一族の土地は、豊かさと愛を生むものなのです」

神官は戦略を変えた

幾千年の闘いにおいて、神官は何度も戦略を変えたけれど、いずれも功を奏《そう》さなかったの。ルーシの人々はオカルトでの試みを相変わらず笑いものにしていた。民は宣教師たちを不具者だと呼んでいた。その頃の不具とは、身体的な欠陥ではなくオカルティズムのことを指していた。ルーシの人々は、不具の宣教師たちを哀れみ、食べさせたり家に泊めてやったりしていたけれど、彼らの話をまともに受け入れることはしなかった。

百年が四百回過ぎたとき、神官はヴェドの国に打ちかつことはできないと悟った。そこで彼は、ヴェディズムの類まれな力がどこにあるのかを正確に割り出した。

ヴェディズムは、神なる文化に堅固な礎《いしずえ》を置いていた。一人ひとりの生き方も神なるものだった。そして各家庭が、自分の一族の土地に愛の空間を共に創造し、自然の全体性、つまり神が創造したものすべてを感じとっていた。

事実ヴェディズムにおいて、人々は自然を通して神と対話をしていたの。神に頭《こうべ》を垂れるのではなく、神を理解することを希求し、息子や娘が優しい両親を愛するように、神を愛していた。

次に、神官は神なるものとの対話を遮る計画を立てた。そのためには、人々を彼らの一族の土地から、神なる園、神との共同の創造物から引き離すことが絶対に不可欠だった。そして、ヴェド人たちが暮らすすべての領域を複数の国家に細分し、彼らの文化を壊滅する必要があった。

そこで、以前とは違う宣教師たちがルーシに向かった。彼らの行動は今までとは異なるものだった。今度の宣教師たちは、利己心、つまりプライドという名の傲慢に少しでも似た気持ちのエネルギーが優位になっている人を探しだしたの。そういう人を見つけると、その人のプライドをより高めるように努めていた。そして、彼らは次のように行動した。

想像してみて。上品な身なりをした老人たちの一団が、幸せに暮らす家族の家を訪れる。でも彼らはこれまでとは違って、どのように生きるべきかを教えたり、説教したりはしない。逆に、突然家の主《あるじ》の前で頭を垂れ、珍しい贈り物を献上して言う。

「我われは遠い国の高い山に登った。地球上にそれよりも高い山はない。雲よりも高い頂上に立ったとき、天からあなたのことを語る声がしたのだ。声は、あなたが地球上で最も賢明な人だと言った。あなたはただ一人選ばれた人。あなたに跪拝《きはい》し、贈り物を献上し、あなたの賢明な言葉を聴くのが、我われにとっての栄誉である」

そして、その人が罠にかかったのを見ると、狡猾に話を続ける。

「あなたはすべての人を幸福にしなければならない。あの山で声が我われにそう言ったのだ。あなたは貴重な時間をほかのことに費やしてはならない。あなたは人々を統治しなければならず、彼らのためにすべてを決めることは、あなたにだけ託されたことなのだ。この天の帽子（＊金と宝石と毛皮から成るロシア専制政治の象徴とされた王冠〈モノマフの帽子〉のようなもの。）を授けよう」

こうして、その人には宝石で飾られた帽子が偉大な宝物として贈られた。自身の偉大さ、そして選ばれた人間であることを信じた人の頭に、帽子が据えられた。すると即座に来訪者たちは大きな尊敬を表してひれ伏した。さらに、偉大な者に跪拝する栄誉を授けられたことを天に称え始めた。その後、宣教師たちは彼のために神殿に似た特別な家を建立《こんりゅう》した。このようにしてヴェド・ルーシにはじめて公《こう》たちが現れたの。

珍しいものを一目見ようと、近所の人々は神殿の玉座に座した人を訪れた。宣教師たちが、隣人にお辞儀をしたり、気まぐれな思い付きを叶えて喜ばせたり、様々な質問を投げかけたりしているのを、近所の人たちは見ていた。

近所の人たちは、はじめは海の向こうのお遊びだと受け取っていたの。ある人は好奇心から、またある人は憐れみから、外国人たちや隣人に調子を合わせていた。でも、人々は少しずつそのお遊びに引き込まれ、隷属するようになり、いつの間にか共同の創造から意識が離れていった。

公たちの公国をつくるために、神官の使者たちはかなりの尽力を余儀なくされた。はじめは百年以上、彼らの試みは甲斐なく終わっていた。けれど、ついに時が満ち、ヴェド・ルーシは公たちの公国に分割されたの。

そのあとは自然に機能していった。公たちはより偉くなるために、隣人たちを巻き込みながら、互いに争いを始めた。

あとになって歴史学者たちが、分割されたルーシ諸国すべてを、強大な国家に統合することができた公たちがいたことを書いた。

でもウラジーミル、考えてもみて、それが本当なのか？　それに歴史学者の言う統合とはどういうものなの？　だって、実際すべては単純。統治者となったある一人の公が、他の公たちを殺害したり征服して、統合を成し遂げていただけ。でも本当の意味で人々を統合させることができるのは、文化、生き方だけなの。

国境を定めるということは、必ず分離されるものがあることを示している。人々の生き方の文化にもとづくものでなく、人為的な偉大さを持つ者が複数現れ、その人が持つ軍事力にもとづいて国家が形成されたとき、即座に多くの問題が生じる。どのようにして境界を保持するか、いかに境界を拡大できるか、という問題が。こうして、大きな軍隊の必要性が生じたの。

そして、一人では大きな国家を統治することができないから、総督や書記官が派生し、増えていった。今に至るまでその数は日々増え続けている。公、総督、書記官、商人、そして彼らを世話する使用人たちは、神の創造物から引き離された人々のカテゴリー。今や彼らの使命は、人工的な世界を共に創造することにある。彼らは本当の現実を見抜く能力を失っていて、まさに彼らがオカルティズムの土壌になっているの。

わずか千年前のルーシは多神教だった。少しではあるけれど、多神教はまだ神のヴェド文化の意味を残していた。たくさんの公、彼らが治めている小さな領地、そしてその後、大きな領地が出現したときから、統治者たちには軍隊よりも強い力が必要となった。その力とは、従順に服従するタイプの人間をつくる力。

神官の急使たちは、ここでも公である統治者たちを助けにやってきて、適した宗教を提示した。公たちは、新しい宗教の本質を気にいった。そこに新しいものなんてほとんどなかったのだけれど。すべてが五千年前のエジプトにあったまま。

公は、ファラオと同じように、神の腹心だと考えられていた。新しい宗教のオカルトの聖職者が彼の助言者たち。そしてこれもエジプトと同じ。それ以外のすべての人々は、単なる奴隷に過ぎない。けれど、まだヴェド文化の祭を記憶している人々の自由な頭に、奴隷であるという概念を植え付けるのは簡単ではなかった。そこで神官は、再び公たちに助け舟を出した。そして彼の兵士たちは、どこかの多神教徒たちのあいだでは、人間を神への生贄《いけにえ》にすることが増えている、という嘘の噂を流して回ったの。

動物だけではなく、美しい娘や青年、幼い子どもたちをも、多神教徒たちが神々への生贄に捧げているかのように伝えられた。この嘘の噂も今日まで残っている。この噂は、徐々に多神教の人々の怒りを募らせた。反対に、生贄を厳しく禁じる新しい宗教が、ルーシの民に薦められていた。そしてその宗教は、平等と同胞愛について語っているものだった。もちろん、公たちはその教義の対象外。そうやって少しずつ、新しい宗教が多神教のルーシに根付いていったの。その後、一人の公がその宗教を唯一の真なる宗教であるという命を出し、ルーシをキリスト教の国と名付け、その他の宗教を禁じた。

たった千年前までは、私たちの先祖の母親たちと父親たちは、多神教徒だった。私たち一人ひとりが、本当に神を歓ばせるために動物や人間が捧げられていたのかを、今、自分に問いかけてみるといい。そうすれば、起こったことの真の本質が、たとえ九分間でも、自分自身の論理で説明できる人の前に現れるはず。

ウラジーミル、あなたも、真実を発見するために自分の論理を使えば、本当のことを自分で見ることができる。私が少しだけお手伝いするわね。

まず、論理的な質問を自分に問いかけてみて。もし非難されているように、多神教の人々が人間を神の生贄に捧げていたのなら、いったいどうしてその噂が彼らの理性を揺さぶり、憤慨させたのかしら？　噂が本当なら、憤慨せずに批判を歓迎し、新しい宗教を受け入れる代わりに、噂で伝えられてた内容をそのまま熱心に繰り返そうとする方が論理的よ。でも人々は憤慨した、なぜか？　それはもちろん、多神教の人々が抱くどんな意図にも、動物を、ましてや人間を生贄にすることなど受け入れていなかったから。

ほらこれが、多神教のルーシの人々による生贄の行為を伝える文献を、今まで誰一人として提示できていない理由。キリスト教年代史の作者だけが生贄のことを言っている。でも、彼らは多神教のルーシで暮らしたことがない。多神教のルーシの言葉さえ知らない。それにあの多神教のルーシの巻物や年代記はいったいどこにいったの？　一部は隠され、一部はローマと同じように炎に焼かれた。そういった文献の中で、彼らに対して反抗的なことが書かれていたのか、そして何について伝えていたのかは、読まなくとも今日の一人ひとりが推測できる。その文献が残されていれば、多神教への非難の嘘を暴いたことでしょう。そしてヴェディズムの叡智を伝えることができたでしょう。多神教のルーシの人々はみんな、生贄を捧げることを知らなかっただけではなく、肉もまったく食べなかった。そんなことは考えすらしなかった。多神教の人々は動物と仲良く暮らしていたの。彼らの日々の食事は多彩だったにもかかわらず、そのすべてが植物性のものだけだった。古代ロシアの料理で、肉が出てくるレシピをひとつでも挙げられる人がいる？　いない！

　それにおとぎ話にも出てくるように、ルーシでは人々が蕪《かぶ》を大切にし、蜂蜜《はちみつ》ビール（＊アルコール度数の少ない、蜂蜜を発酵させた飲み物、または蜂蜜を加えた温かい飲み物。）を飲んでいたの。ほら、肉を食べる人でもいいから、今日の人々に花粉や薬草の入った温かい蜂蜜の飲み物を飲ませてみるといい。それを飲むと、肉だけでなく、何も食べたくなくなる。たとえ無理に食べさせても、多くの人が肉を食べると吐き戻してしまう。

　それに、ウラジーミル、考えてもみて。消化しやすくてカロリーの高い多量の食べ物が周囲にあるのなら、肉を食べる必要なんてなかったでしょう。

　蜜蜂《みつばち》たちは冬に蜜と花粉だけで栄養を摂っている。そして冬のあいだずっと、巣の中で糞をすることがない。

蜜蜂の体は食べたもの全部を吸収する。そして人々は、蜂蜜を入れて煮立てたスビテンという飲み物を、客人が来るとすぐに振る舞っていた。甘いもののあとに肉を食べようとする人がいるかしら？　肉食は、遊牧民たちによって世界に持ち込まれたもの。砂漠や荒野では十分な食糧を見つけることができなかった。だから遊牧民たちは家畜を殺していた。彼らは、遊牧生活の辛さを共にし、家財道具を運び、ミルクで養ってくれ、衣服のための毛を与えてくれた動物たちの肉を食べていた。

こうして私たちの祖先の文化は破壊され、ルーシは宗教にどっぷりと浸かっていた。それが本来の、キリスト自身の教えだけのものであれば、今日の生き方は異なるものだったかもしれない。でも神官は、キリストの宗教に罠を組み込んだ。ひとつの宗教に様々な異なる解釈が与えられるようになり、キリスト教世界がたくさんの宗派に分割され、互いに衝突するようになった。最高神官は、ルーシに対してかなりの労力を費やした。地球のほかの場所では、この行いを見て、宣教師たちを領域に入れさせなかった国がある。日本、中国、そしてインドはキリスト教化しなかった。でも、最高神官はほかの方法で彼らを服従させた。オカルティズムの千年紀は、千年前に到来した。世界中の人々がそれを生き、そして今もまだ、その中に生きている……。

オカルティズム

オカルティズムは千年しか続いていない。

オカルティズムの時代になると、人類は非現実の世界にどっぷり浸かりだした。

人類は、その膨大な量のエネルギーを、真実の暮らしの枠外につくり出されたイメージや抽象的な世界に明け渡しつつある。その結果、現実の世界にある多様なものすべては、活力を与える人間のぬくもりをだんだん受けられなくなっている。今は、過去の蓄積と神による当初の貯えのおかげで、存在し続けることができているの。

人類は主要な使命をはたさなくなった。人類は大宇宙にとって危険なものになり、その結果、地球規模で天変地異が起こっている。

今日に至っても、全人類がオカルトの世界に生きている。でも、それは二千年に終わったの。

もちろん、その年の年号は実際には〝西暦〟二千年ではないのだけれど。暦《こよみ》は最近になって変更されたものだということは知っているでしょう。この二千年の終わりは、地球文明の百万年周期の区切りの年だった。

そしていつものように、惑星規模の大変動が起こるはずだった。言い換えると、大宇宙の開拓のための準備における再挑戦が、人類によって達成できる自らの成熟度によって、始められていなければならなかった。でも、大変動はオカルト時代のどの年にも起こらなかったの。

眠っていないたった三人のヴェド人が、今日の人々からオカルトの催眠の魔力の一部を解くことができたの。あなたの本を読んだ人たちのハートが震え、彼らが土地への愛を思い出した事実に目を向けてみて。彼らはまだ夢の中にいるけれど、神なるヴェド文化の力が、彼らに戻りつつある。そして、神にも希望が戻ってきている。まだ完全に目覚めたわけではないけれど、彼らは愛で大災害を防いだ。これで、私たちの惑星にもう天変地異が起こることはない。

もうすぐ、人々はオカルトの催眠から目覚め、現実に戻り始める。

きっとあなたは、今日の人類が催眠に陥っていることや、非現実の世界に生きていることに驚いているんじゃないかしら。〝そんなことがあり得るだろうか？　ほら、俺はここにいるし、大小の都市には無数の人々が生きている。それに道路には車が走っているじゃないか〟そう考えているでしょう。

私の言うことに慌てふためかないで、ウラジーミル。今日の人々が、いつ、何日もしくは何時に、現実の世界に生きているのか、自分で考慮し、判断してみて。例えば、世界には異なった宗教がいくつ存在するか思い出してみて。あらゆる宗教が、様々な解釈で人間の本質や世界の秩序を説いている。そして、それぞれに異なった一連の儀式がある。例えば、すべての宗教のうち、ひとつだけが本物だとしましょう。でもそれは同時に、他の宗教が非現実的な世界を構築していることを意味する。それでも、それらを信じている人々がいる。それはつまり、彼らが非現実の世界の法に従いながら生きているということになる。

地球のいたるところで、より多くのお金を持とうとする人々の数はどんどん増えている。でもお金とは何？　お金は取り決めでしかないのに。お金ですべてが買えると思われている。でも、それは幻想。真の愛のエネルギーも、母親の気持ちも、祖国も、意識的に育てた人のための果実の味も、お金で買える人はいない。

お金は取り決めだから、取り決めによる愛しか買うことができない。そしてお金で得た魂のない物に囲まれていたら、魂を孤独に差し出してしまうことになる。

オカルトの千年紀に、神によって創造された空間の中で、人類は迷子になっている。そして人間の魂は、まるで闇の中で途方に暮れているかのよう。

よく考えてみて、ウラジーミル。たったこの百年間で、あなたが住んでいる国でも社会がどれほど急激に方向を変えたことか。

皇帝がいて、世俗的な習慣があり、尊敬される人たちが色々なバッジやメダル、リボン付きの様々な色の勲章を称えあった。制服には刺繍で飾られた勲章が縫いつけられていた。国のあちこちには修道院や聖堂も建てられた。そして突然、こういったものすべてが醜いものだと見なされた。制服、それにリボンと共に縫いつけられたあらゆる勲章は、ピエロの衣装のようなものであると考えられるようになった。聖堂は反啓蒙主義であると。聖堂に仕えていた人たちは、ペテン師であると。

そして人々は意気軒昂に聖堂を破壊し、猛烈な怒りの中でオカルトの信奉者たちを殺害し、後に、それはソビエトの政権だけに罪があったとみんなに宣布されることになる。確かに、国民にそうすべきだと呼びかけたのは、ソビエト政権だった。でも国民は反抗することもなく、指導者の偶像の呼びかけに応えたの。

だって、クバーニ（*ロシア南部、クバーニ川流域から、現在のクラスノダール地方、アディゲ共和国、スターヴロポリ地方、ロストフ州、カラチャイ・チェルケス共和国に当たる地域。）で四十二人のキリスト教の聖職者たちが残忍に殺害されたことは、現存する文献から知っているでしょう。彼らはただ殺されたのではなく、残虐な仕打ちを受けた。彼らの遺体はゴミ捨て場に投げ捨てられていた。これは指導者がやったことではない。大衆自らがそのような行為を望んだの。指導者たちは、単にそれらの行為を黙認しただけ。結果的に、国内のいたるところで何千人もの聖職者が殺された。逃げることができなかった人は、信仰を放棄した。その時代の人で、命と信仰の両方を保つことができた人は、ほんのわずか。

その後、国の大多数の人々が誠実な無神論者になった。着る物も変わり、バッジやリボンもその形や色が変わった。ソビエト時代について、かなりの数の研究者や歴史学者が本を書いた。けれど……後に人類は、レーニンとスターリンについて、後世の人々の口からはたったひとつのことしか耳にしなくなる。

「オカルティズムの荒廃が、はじめて人類にはっきりと示された。いかなる国の民も、オカルトであるどんな宗教をも、夢の中でさえ受け入れることはない。それは、オカルティズムが人為的なやり方や、強制によってのみ保たれるものだからだ」

でも神への信仰が一掃されたわけではなかった。蔑視されたのは、信仰の中に入り込んでいたオカルティズムだけ。

最近の千年間で、あれほど急激に国民の哲学を塗り替えることに成功したのはロシアだけだった。国民の宗教への信仰心を大きく引き下げ、共産主義を信じるよう転換させたの。もっとも、それも同じく信仰ではあったのだけれど。

あなたも目撃者だけれど、つい最近、あなたが住んでいる国の民は再び、急激に目指すところを変えている。かつてその国に住む人みんなで感激しながら邁進《まいしん》した道が間違っていたと認めたから。そして、再び優先順位が変わっている。

新しい道は民によって選ばれた道だと思う？　そんなことはまったくない！　民には道がまったくもってはっきり見えていない。オカルティズム、非現実の世界では、どんな国の民も自身の道を自分で選んではいない。いつでも誰かが道を示している。誰が？　それは、今日も世界を支配している最高神官。

彼はどうやって今日の世界の人々を支配しているのか？　そしてどうして誰も彼を引きずり下ろすことができないのか？　彼はどこにいるのか？　ほら、見てみて。

今日も世界を支配している神官

今、老人が見えるでしょう。外見が普通であることに驚かないで。衣服や振る舞いは大半の人々と変わらないし、普通の物に囲まれて生活している。彼の家もそれほど大きなものではないし、使用人は二人だけ。彼には家族もある、妻と二人の息子。でも家族でさえ、彼が実際は何者なのかを知らない。それでも、ひとつだけ他の人々と違うところがあるわ。注意深く観察すると、彼は一日中ひとりで過ごしていることがわかる。そして表情からは、深く思索していることが見てとれる。食事をしているときや妻と話をしているとき、会話だって頻繁にあるわけではないけれど、彼の目はほんの少しだけ曇ったフィルムに覆われているかのよう。そして、テレビを見ているときでさえ軽く瞼を閉じている。驚くことも、笑うこともない。実際は、テレビをほとんど見ていないの。彼はテレビを見ているふりをしていながら、集中して思索に耽っている。壮大な計画を練っていて、国々の行動を丸ごと支配している。彼が、神官王朝時代からの最高神官。歴代の神官たちからオカルトの知識を継承し、また同じく自分の息子のうちの一人に伝えることのできる人。彼はたった一年ほどで、すべてを後継者に口伝することができる。密かに、その子自身にさえ気づかれないように準備してきた後継者に。なぜなら、神官はずっと前から、自分の息子に特定の能力を育ててきたから。

世界のすべてのお金は最高神官のもの。あなたのポケットに入っているお金でさえも、世界のすべての貨幣が彼のために働いている。驚かないで。どうやって、何によってそうなるのか、そしてなぜ、最高神官が城に住むことを好まず、大勢の護衛に囲まれることもせず、贅沢ではない平凡な暮らしを好むのかを、見せるわ。

最高神官に護衛がいないのは、より高い権力があることが人々の目に映れば映るほど、より膨大な警備が必要になってしまうということを熟知しているからこそ。そして、人間によるどんな警備があったとしても、たとえ何十万の護衛がいたとしても、地球にいる支配者が自分を守りきることは絶対にできない。護衛自身が支配者を裏切ったり、殺したりしたこともこれまでに何度かあったし、さらに護衛に対する心配事も無数に増える。支配者は、護衛たちの一定の条件に従わなければならないし、護衛たちには自分の意向、例えばこれからの行動予定について伝えておかなければならない。

護衛と一緒にいることは、常に監視されることであり、そのため思索を凝らすことが難しくなる。

より確実で簡単なのは、自分の正体を隠すこと。それによって権力の敵対者や競争相手、または狂信者たちからの陰謀を排除することができる。

今あなたはこう思っている、〝しかし、助手や意のままに動く総監や各地の総督もおらず、法律をつくったり、それらを実行しなかった者たちを罰することもせずに、どうやって膨大な数の人々を支配することができるのだろうか？〟と。

すべてはとても簡単なこと。大半の人々は、もうずいぶん前からオカルティズムにどっぷり浸っているの。

そして、最高神官はオカルティズムのやり方を熟知している。彼には助手や総監、法の書記官や死刑執行人もいて、刑務所もあり、軍隊も司令官も持っている。でも、彼の意志を実行している彼らの誰一人として、自分が密かに誰かに命令されているだなんて疑ってもおらず、どんな方法で命令が下されているのか知ることすらない。

それに、目に見えない、接触のない支配のシステムは単純なもの。

それぞれの国の大小の町に、突然どこからともなく声が聞こえだす人が現れ始める。そして出どころのわからない声は、何かの行為を遂行するように命令し、その人はその命令に従う。声がはっきり聞こえることもあれば、自分に何が起こっているのか、その人自身にもはっきりわからないこともある。何か普通ではない欲望が湧き上がり、そして命令通りの行動をとる。

同じような現象は、現代科学でも知られているわ。そして精神科医もほかの分野の権威たちも、ずっと前からその現象の本質を研究しているけれど、成果はない。

現代科学では、こういった現象を精神病と結論づけている。医師は、どこからともなく命令する声が聞こえると訴える人を、すぐに入院させようとする。そこはどのような病院か？　それは精神病院と呼ばれているところよ。多くの国々でそれは刑務所のよう。こういった病院は、現在のアメリカ、ヨーロッパ、そしてロシアにもたくさんある。そこでは、精神を鎮静させるための様々な錠剤や注射で治療が行われる。そして、こういった薬で長いこと眠らされた人は活力のない状態になり、その人の感覚の大部分が鈍くなる。そして神官の声がはっきりと聞こえなくなる人もいる。その他の人たちは、刑務所のような病院から抜け出すために、医師たちの前で声が聞こえなくなったふりをする。

でも、声が聞こえる人の全員が医師を訪ねるわけではない。今度は、声に従う人が、核ミサイルの制御係、または軍隊の司令官や殺人バクテリアのタンクの警備員だと想像してみて。そして声が彼に命令を下すと……。

科学では、普通でないこの現象の本質を解明することができなかった。その現象は今日明らかに存在しているけれど、残念ながら科学者たちはそれを公表することを恐れている。そんなことよりも、信号を受け取る受信機があるとすれば、どこかに発信機もあるはずだという単純なことを、もっと前から考え始めるべきだったの。

最高神官も、彼の参謀たちも、命令の声を発信する方法を知っている。さらに多くの宗教が、それぞれ、どんなタイプの人を形成する能力を持っているかも知っている。そもそも神官たちがオカルティズムや宗教の創始者なのだから。人々を操るために、神官たちにはオカルティズムが必要なの。非現実の世界の狂信者はバイオロボットのようで、命令の声を聞きやすく、どんな命令でも従順に遂行する傾向にある。

最高神官と参謀たちは、様々な信仰の人々を、どうすれば互いにけしかけたり、戦わせたりすることができるかを知っている。

戦争の原因は様々だけれど、どの戦争においても、必ず神官たちの主要な武器となるのは、信仰の違いだった。

技術的手段、情報を人為的に拡散するすべてのものは、全部同様に人々を介することで、神官たちの支配下にある。だから神官たちは、そのためにテレビ番組のディレクターになったり、物書きの手を動かしたりする必要はないの。すべてのマスコミがお金を求めて動くという構造を全体的につくり出せば十分なのだから。例えば、あらゆる商品のテレビコマーシャルは、どんどん手の込んだ、執拗で攻撃的なものになってきている。心理学者なら誰だって、それは人々に向けられた侵略的な暗示にほかならないと言うはず。それは人々のためになるというよりは、害となることが多い。また、コマーシャルが運んでくる資金なしにはテレビ番組の放映は不可能だと、はばかることなく、人々を信じ込ませようとする。そして、商品の価格には宣伝費用が含まれているから、テレビ広告で暗示をかけられ商品を買う人が、それを支払うことになる。これほど悲しい状況がほかにある?

このようにして、お金は神官の巨大で強力な操縦桿《そうじゅうかん》となっている。

あなたのポケットに入っているお金も、最高神官のために仕えていると言ったでしょう。すべてがこのように起きているの。

複雑に絡み合った銀行の仕組みには、単純な法則がひとつある。銀行から借りたお金は、銀行の資本を増大させる。例えばロシアという国が国際銀行から融資を受ける。すると、高い利息が付いて、借りたときよりもずっと大きな額を返さなければならない。では、この差額はどこから支払うことになるの? あなたの税金で払うことになる。そして、働いていないお年寄りが、たった四分の一斤のパンを買っただけでも、その価格には税金がかかっている。そしてその税金の一部だとしても、国際銀行に返済される。そうやって資本が増えていく。でも誰の資本が? それは最高神官の資本。彼は資本には手を付けることなく、お金の流れを戦争やオカルトの行い、そして死をもたらす薬の製造に向けることができる。

一方、彼の目的は単純なもの! 彼は人々を永遠に服従させようと懸命になっている。彼の内でプライドという名の傲慢さが優勢になり、それが神によって創造されたものとは異なる自分の世界を創造した。そして今、神官たちの望みの一部は叶っている。人々のせわしさが、その助けになっている。そしてそれは、神官たちが人々にせわしい雑事をつくり出しているからなの。

注意してみて。与えられる〝情報〟がますます少なくなっていることに、せわしさの中にいる人々は気づかないでいる。全人類が、今突き進んでいる道は正しいのだろうか？　という疑問を抱くことが、日に日に厳しく禁じられつつある。

多くの人が日々のせわしさから自由であれば、年々人々のあいだに広がる病気や終わらない戦争、日に日に巨大化する災害のある私たちが進んでいる道は、疑わしいと判断できるはずよ。でも、常にせわしいの！　それが深く考えることを許さない。一方で、神官は常に深く思索し、計画を立て、無数の人々の手でそれを具現化している……。

私は長いこと、興奮したアナスタシアの話を中断することも、訊き返すことも、確認するための質問もせずに聞いていた。今回のタイガでの滞在は、いつもより長いものだった。私は大量の情報の渦に沈み、彼女の話を本にまとめるのは難しいだろうと、タイガを出るときになってはじめて気が付いた。さらに、彼女の話は、普通のことからあまりにもかけ離れ、宗教や権力にも話がおよんだ。各宗教団体には、あらゆる狂信者が非常に多くいる。彼らは、彼らの信仰を侵害する者に対しては、いかなる相手であろうとも食ってかかる用意があるのだ！　なぜ私がそんな問題に頭を突っ込まなければいけないのだろうか？

考えなければ

自宅で、次の本の原稿を出版社に渡す準備をしながら、私は最後の瞬間まで決心できずにいた。彼女の話をすべて原稿に含めるべきだろうか？

アナスタシアが、一族の土地を整備することで到達することができる、ロシアの美しい未来について話したとき、私は彼女が言ったことのすべてを理解できた。彼女のアイディアはすぐに読者たちに受け入れられ、人々は行動し始めた。

一方、『私たちは何者なのか』（＊『アナスタシア ロシアの響きわたる杉』シリーズ第5巻。）の中で、彼女が同じように興奮して質問に答えながら、イエス・キリストのことを自分の兄だと呼び、私はそのことを本に書いたのだが、一部の読者、主にキリスト教徒の読者たちが不満を漏らすようになった。

また、既刊書の中で、聖職者のせめてひとりでも彼女を理解できる人がいるかという私の質問に、彼女がローマ教皇ヨハネ二世が手伝ってくれると答えたときは、カトリックの読者たちが疑念を抱き始めた。

このような数々の発言のせいで、私の迷いはなかなか晴れなかった。アナスタシアの普通でない行動や言葉、振る舞いを本に書くべきだろうか？　それらがもたらすのは有益な作用だろうか、それとも有害なものだろうか？　各家庭の健康と幸せや、生き方を変え社会をよくするための明瞭で現実的なアイディアが、一部の読者たちによって疑問視されないだろうか？

その上私は、自分でも彼女が言ったことに疑いを持っていたのだ。なぜなら、普通「イエス・キリストの妹」とか「教皇ヨハネ二世が手伝う」などと言えるだろうか。

聖書をくまなく読んでも、イエス・キリストに兄弟や姉妹がいたなんてことはどこにも書かれていない。

しかし突然、ある出来事が起きた。スーパーセンセーショナルと言える出来事だ。そしてそれがきっかけになって、アナスタシアの普通でない発言が、またも私に人間の真の可能性の偉大さについて深く考えさせた。それはこのような出来事だった。

バチカンがイエス・キリストの二人の姉妹についての情報を公表したというニュースが、突然入ったのだ。実の姉妹なのか、従姉妹なのかはわからなかったが……。私は自分のマンションで一人家事をしていたときに、この短いニュースを聞いた。

ラジオとテレビが同時についていたので、どこから聞こえたのかは断言できないが、確かテレビのニュースだったと思う。

その後、仕事机に向かうたび、私はなぜだかアナスタシアの普通でない発言を書き留めていた紙を手に取っていた。以前、新刊書には書かないと決めていた発言だ。今や私は、自分の決断が正しかったのかと考え込んだ。その紙には、このようなことが書かれていた。

「アメリカ大統領ジョージ・ブッシュは、いつもと違った行動によって、自分でもそれを理解せぬままに、自国を恐ろしい大災害から救い、未曽有の破壊的作用をはらむ戦争から世界を守る」

アナスタシアのこの発言は、アメリカ合衆国で起こった九月十一日の破壊的テロと軍事作戦、実質的にアメリカ合衆国が直接参戦したアフガニスタンでの戦争のあととなっては、現実に起こっている出来事と完全に矛盾しているように思えた。しかし、紙面やテレビが報道する情報を分析したあと、私は九月十一日の出来事が、人々に深刻な秘密の一部を明らかにするきっかけになるはずだ、という考えに強い確信を持つようになった。それは、世界各国でのより大規模な、世界的なテロを防ぐ。そしてその秘密を明かすことによってのみ、世界的なテロが予防されるのだ。私は何度も何度もアナスタシアの普通でない発言を読み返した。こういうことになる。

二〇〇一年九月十一日、アメリカ合衆国で大規模な同時多発テロが起きた。何者かに操られた旅客機が、乗客を乗せてニューヨークの空港を飛び立った直後に、予定されていた航路を変更した。飛行機は次々と貿易センターの超高層ビルや戦略的に重要な他の施設へと突っ込んでいった。

世界中のあらゆる人々が、この一連の事件を耳にした。恐ろしい悲惨な光景をテレビで何度も目にした。その出来事のあと間もなく、主犯が特定された。ウサマ・ビンラディンと彼の組織だ。その直後、アメリカの大統領と政府は、ヨーロッパの数カ国とロシアの同意と参加のもとで、アフガニスタンへの空爆を開始した。彼らが持っていた情報により、テロリストの親玉とその組織の一味が潜伏しているとされた場所だ。

ではいったいどこに秘密があるのか？　テロの結果やテロとの闘いである軍事作戦の映像は、現地取材等で一日に何度も、そして今でも流されているというのに。

秘密は、起きたテロの原因がまったく存在しない、または覆い隠されていることにある。そして、テロの実行者たちとその組織の首謀者たちの行動に、まったく論理性がないことにある。まるで、この問題をメディアで取り上げることが禁じられているかのように、十分に意義があるはずのこの事件の解明を、報道機関が試みようとすらしない事実の中にも秘密が隠されている。毎日私たちは起こった事実だけを見せられ、聞かされる。常に繰り返し流されることによって、とてつもないことが、ただの見慣れた交通事故の報道のようになるのだ。

マスコミの報道によって、次のような図が出来上がった。一般的に受け入れられている見解によると、非常に裕福なテロリストであるウサマ・ビンラディンがテロを画策したとされている。そして彼は、工作員を使って大勢の犠牲者を出し、世界中の人々に未曽有の影響をおよぼすこととなった、注目を浴びる一連のテロを遂行した。

テロの首謀者はいったいどんな成果を得たのか？　国際社会の一部が首脳レベルで彼に対抗し

団結した。彼を探し出し殺害するために、最先端の技術と最強の軍隊編成を配備した。

一般に知られている説によると、主犯テロリストがアフガニスタンの山岳地帯の洞窟に潜伏しているとのことだった。山岳地帯は空爆され、また彼を支援しているとされるタリバンの兵士たちも同様に空爆を受けていた。

アメリカを筆頭に、先進諸国は一緒になって、すべてのテロ組織のキャンプを、もっと言えば、それがどの国にあろうが関係なく一掃しようとした。

テロの画策者たる人間が、このような顛末《てんまつ》を予見できないなどということがあろうか？　たわごとだ！　もちろん、まさにこのようになることを彼はわかっていたはずなのだ。長いあいだ特殊部隊に見つからないよう潜伏し、慎重な分析と予測を要するテロを準備し実行する能力がある男にとっては、事の顛末を予測することは難しくなかっただろう。

だとすればこういうことになる。彼は一方でずる賢い戦略家や戦術家、綿密な分析官でありながら、他方では完全なる馬鹿だということだ。自身のテロにより、自分にも自分の組織にも、また彼とつながりのない組織も含めた、すべてのテロ組織に破滅を招いたということになる。

これは非論理的な状況であり、従って国際社会によるテロとの闘いは、非効率で、概して危険なものになり得る。つまり、論理的に考察すれば、真のテロ首謀者は、まだその疑いもかけられていないままだということになる。

どうあろうと、ひとつはっきりしていることがある。マスコミの情報で伝えられる事実からは、まさにこのような、非論理的な事件の図が出来上がるのだ。

もちろん多くの人々と同じように、私もはじめはこのことに注意を払っていなかった。しかし……アメリカ合衆国での出来事は、記憶の中のアナスタシアのいくつかの発言を私に思い起こさせた。それらは、またも、その異常さと奇妙さのせいで公表したくなかったものだ。しかし今や、アメリカでの出来事のあと、すぐにというわけではなかったが、まさにその発言が多くのことを説明していた。例えば、ひとつはこのようなことだ。

「大小の国家の統治者たちは、エジプトのファラオの時代からずっと、地球上で最も不自由な人。彼らは自分の時間の大部分を人為的な情報フィールドの中で過ごし、民衆が求める儀式化された慣習的な行いに従って振る舞うことを余儀なくされている。彼らのもとにはひっきりなしに、単調でありふれた膨大な量の情報が入ってくる。けれども時間的要素が、その情報を分析することすらさせない。国家の統治者が人為的な情報フィールドの中から自然の情報フィールドへ移動することは、たとえそれが三日間であっても、どのレベルの神官たちにとっても危険なこと。そして、統治者のその他の世俗的競争相手たちにとっても危険なこと。その危険性は、統治者が自分自身で多くのプロセスを分析し始め、オカルトの影響下にある権力から自由になることで、国民をも自由にしてしまうことにある。

自然の情報フィールドとは、自然そのもの、その景色や匂い、音のこと。オカルトの影響から、人間を完全に隔絶することができるのは、自分の一族の土地。その土地に生きる植物や動物たちすべてが愛をもって人間にかかわる場所」

今、アナスタシアから贈られたシベリア杉の仕事机に就きながら、この発言を思い出した。それは以前のように奇妙なものには聞こえなかった。

実際、我われの大統領に起きていることだけでも考えてみてほしい。常に外国の要人や官僚と会談している。彼らはみんなお茶を飲みに来るのではなく、迅速な解決策が必要なあらゆる問題を抱えてやって来るのだ。一方記者たちは？　いつもと違う出来事が国内で起きるや否や、即座に「大統領の反応は？」と書き立てる。もしくはもっと痛烈に、「なぜ、大統領は現場に出向かなかったのか？」と。大統領が災害や事故現場に出向くと、支持を得る。しかし、これはよいことなのだろうか？

では、彼はいったい、いつゆっくり考え、入ってきた情報を分析することができるのだろうか？「大統領を出せ！」、少しでも何かが起こると国民は要求する。それが当然のようになっている。そういうしきたりなのだ。しかしもし、しきたりが異なっていたらどうだろう？　大統領は火消しのように現場に出向くべきではない、また官僚たちの訪問を受け会談に時間を費やすべきではない、というように。

彼には、自分の庭に座り、そこから国内で起きていることを熟考し、入ってくる情報を分析する機会を与えるべきだ。決断を下すべき頻度を少なくする。そうすれば、もしかすると国民もよりよい暮らしができるようになるかもしれない。私が最初そうだったように、きっと多くの人が

〝何を馬鹿げたことを?!〟と思うだろう。馬鹿げたことだろうか？　では、人に考える時間を与えないことは、正常なことだと言うのか？　各国の首脳の考える時間が可能な限り少ないことが、とても好都合である人間がいるのだ。大統領に落ち着いて考えるようにさせたら、私たちの国に何が起こるだろう？　彼を引っ張りまわさなければどうなるだろう？　人為的な情報フィールドからつかの間であったとしても出る可能性を与えたらどうなるだろうか？

そして突然だ！　この考えが浮かんだとき、突然体中に電流が流れたようになり、仕事机があたたかくなった。信じがたい推測だが……。興奮のあまり、私はどういうわけか電話の受話器を掴み、彼女には電話がないから番号を押さずに大声で叫んだ。

「アナスタシア！」

受話器からはいつもの発信音が聞こえなかった。次の瞬間、私ははっきりと、聞き慣れた、この世の誰とも異なる声、清らかで落ち着いたアナスタシアの声を聞いた。

「こんにちは、ウラジーミル。もうそんなに興奮しないように気を付けてね。過剰な興奮が不自然な行動を呼び起すことはわかっているでしょう。電話で話すのはやめましょう。お願い、落ち着いて。椅子から立ち上がって、新鮮な空気を吸いに、家の近くの森に行って」

発信音が聞こえるようになり、私は受話器を置いた。

〝こんなことが起こり得るのか？〟と、私は思った。〝こんなにも興奮してしまった。でも本当に、あれはアナスタシアが話していたのだろうか、それとも興奮による幻聴だったのか？　確かに、新鮮な空気を吸って落ち着かなきゃならないな〟

しばらくして、私は服を着替え、家のそばにある森に行った。奥へ入ると……小道から少し外れた松の木の下で微笑んでいるアナスタシアを見た。私は彼女のいつもとは違う登場の仕方に注意を払うこともなく、即座に話し始めた。

アメリカを救ったのは誰

「アナスタシア、わかったんだ……。分析して、きみの発言をアメリカで起きた出来事と対比してみた。そしたらはっきりしてきたんだ……。聞いてくれ、そしてもし間違っていたら直してくれ。九月十一日にアメリカで起こった一連のテロは、完全ではなかった。テロ組織の首謀者たちは、何かもっと大きなことを準備していた。そうだろう？　そうだよな？　もちろんそうに決まってる。ただ、その詳細が想像できない。大まかには……想像できるようになったと思うんだが。しかし詳細が……。きみはもっと詳しく話せるかい？」

「ええ」

「話してくれ」

「首謀者のトップは、六つのテロリストグループが連続してテロを実行するよう計画していたの。

六つのグループそれぞれが単独で、定められた時間に実行するはずだった。彼らは互いのことを何も知らなかった。そしてグループのリーダーたちは、誰がトップで、最終的な目的が何なのかも知らなかった。また各グループには、死の覚悟ができている宗教的狂信者たちが含まれていた。ただ、ひとつのグループだけは、お金のために悪業をはたらくことに同意した人たちで成り立っていた。

第一のグループは、同時刻に国土上空にあって、空港から離陸または着陸しようとしているすべての民間旅客機をハイジャックするはずだった。そしてハイジャックされたすべての飛行機を、国の重要な拠点を破壊するために向かわせる予定だったの。

その六日前には、他のグループが二十軒の大型ホテルの給水設備を病原菌で汚染するはずだった。汚染源も実行犯も特定することがほとんど不可能な方法が考え出されていたの。実行犯は、ある大型ホテルの一室に宿泊するはずだった。洗面台の水の蛇口に特殊な装置を取り付けると、蛇口は開くが水は流れ出ない。逆に、気圧が給水設備内に死をもたらす粉を押し出す。その後蛇口は閉められ、犯人は、翌朝には他の都市のホテルへと移るはずだった。

給水設備に入り込んだバクテリアは、水に触れると粘性を持つため水道管の側面に貼りついて膨張する。そして、増殖し、下へ流れていく。十二日後には、バクテリアは大量になる。通常の自然な水環境では他のバクテリアによって絶滅させられてしまうから、そのバクテリアは増殖できないけれど、水道管設備ではそのような調整は働かない。水は多くの自然の特性を、人間によって奪われてしまっている。

水の需要が最も高い時間帯、人々が朝洗面をするときに、水の流れがバクテリアの一部を引き剥がし、蛇口から汚染された水が流れ出る。その水で顔を洗った人は、すぐには何も感じない。でも八日から十二日後に、その人の身体には複数の小さな潰瘍《かいよう》が現れ始める。それらの数はどんどん増え、大きくなり、膿《う》む。この病気は伝染し、治療が困難なもの。テロの首謀者たちは解毒剤を持っていた。感染者は多くの国で出るはずだったし、じきに、感染者たちがホテルに滞在していたことが明らかになるはずだった。そしてそれが知れわたるのは、すでに飛行機が墜落したあとのはずだった。

その他の犯人たちがどんな悪事を遂行するはずだったかなんて、話をするのもおぞましいもの。最終的には、すべてのテロを一緒に行うことで惨劇、パニックになるはずだったの。

もしそうなったら、多くの人々が家族を連れて国から出ていき始め、暮らすのにより危険の少ないと思われる国の銀行に預金を移そうとしたでしょう。でも、すべての国が、アメリカ合衆国からの難民の受け入れに同意するわけではない。このようにして、惨劇、恐怖が大半の国々の住民を飲み込むことになっていたの。もしも最も強いとみなされていた国が、抵抗することができなかったのならば……」

「ストップだ、アナスタシア。俺が続きを考えてみる。そしてその後、彼らは、その、主要な首謀者たちは、早速声明を出しただろう。つまり、誰かしら仲介者を通して、自分たちの要求を出しただろう、という意味だ」

「ええ」

「でも奴らは、計画していたテロのすべてを遂行することができなかった。アメリカ人を完全に脅すことはできなかったんだ。考えていたことすべてを遂行することができなかったのは、準備が完了するよりもずっと前に、開始せざるを得なかったからだ。だから、奴らの行いは論理的でなくなったんだ。テロは行われたのに、要求はない。失敗したんだ！　なぜそうなったのかを推測しよう。主要な、最も主要なテロの首謀者たちは、今日生きている神官たちの中にいる。奴らはブッシュの行動に恐れをなして、予定より早く始めざるを得なくなったんだ。そうだろう？」

「ええ、彼らは……」

「待ってくれ、アナスタシア。俺は自分で全部を理解しなきゃならない、理解できるようにならなければいけないんだ。とても重要なことなんだ。俺ができるなら、それはつまり他の人も、俺と同じように現実を見ることができるってことだ。俺たちが生きている現実を。つまり、よりよく生きるためには何をしなければいけないのかを、みんなが理解できるようになるんだ」

「ええ、ウラジーミル。もしあなたにできるのなら、他の人たちにもできる。早い人も、遅い人もいるけれど、人々は美しい現実の中に人生を築き始める。ただ、どうか落ち着いて話して。そんなにひどく興奮しないで」

「いや、もうほとんど興奮してないさ。いや、どうだろう、この話で興奮しないなんて難しい。

だってこんなことがあるか?! アメリカ大統領のブッシュが、頭のいい奴らに一泡吹かせたんだ。わかったぞ、奴らが怯えたのは、ブッシュが……アメリカ大統領ブッシュが、突然テキサス州にある自分の牧場へ行ってしまったときだ。就任してたった半年しか経っていない。そして突然一カ月近くの休暇をとって行ってしまったんだ！ さらにどこへ行ったのか？ 洒落たリゾート地じゃない、エキゾチックな城でもない、小さな家しかない自分の牧場に行ったんだ。そこには大統領のホットラインもない。普通の電話が一台あるくらいだ。さらにテレビチャンネルがたくさんあるわけでもない。衛星放送のアンテナがないからだ。批評家やジャーナリストたちがこの事実を話していたが、この背後にどのような意味が隠れていたのかは、結局誰も気が付かなかった。俺はインターネットで、ブッシュが牧場へ行った件にまつわる記事を全部読んだ。事実だけが述べられている。確かに、彼がどうしてこんなに早く休暇をとったのか、みんな驚いていたよ。どうしてそんなに長期なのか。二十六日間も牧場に滞在したんだ。そこへはジャーナリストを入れることもしなかったし、どの官僚も呼ばなかった。

そして誰も理解できなかった！ アメリカ大統領ジョージ・ブッシュが、国が始まって以来、歴代の大統領の誰一人やらなかった壮大な行為をやってのけたんだ。もしかすると、この五千年、一万年で、そんなことを思い付く統治者は一人もいなかったのかもしれない」

「ええ、誰もやらなかった」

「あらゆる神官たちが恐れおののいたことに、世界で最も重要で巨大な国の統治者が、はじめて、それも突然人為的な情報フィールドから飛び出たということに、壮大な意味があるんだ。彼は何事もなかったようにそこから出ていった。そしてそれによって、オカルト信者たちの管理下から抜け出したんだ。今わかったぞ。統治者たちは常に管理下に置かれているんだ。日々の発言や声のイントネーション、表情さえも目ざとく監視されている。あらゆる類の情報を投げつけることで、統治者たちの行動は軌道修正されているんだ。一方、ブッシュはそのフィールドから出ていってしまった。奴らは恐怖し、オカルトの方法でブッシュにつながろうと試みた。ほら、きみが言ったように、遠隔から声で命令を出すやつだ。ところがそうはいかなかった、届かなかったんだ！　きみは言っていた、覚えているかい？　森や川、その土地に生きる動植物すべては自然の世界だから、有害なオカルトの作用が人間に届くことをさせない。自然界に接触すると、自然が人間を守るんだ。彼はその環境を自分でつくり出したんだ」

「ええ、実際にその通りよ」

「もちろん、ジョージ・ブッシュは牧場に自ら植生をつくり、育てたわけではない。でも彼は自分でその場所を選び、愛をもってその場所に接した。そこにあった自然に愛をもって接したんだ。それは多くの事実からわかることだ。そして、自然は彼の愛に反応した。彼に同じもので応えたんだ。自然は、一族の土地の植物たちのように彼を守った。アナスタシア、自分で植えなくとも植物たちが反応するということはあり得るだろうか？」

「あり得るわ。誠実に、愛をもって人間自身が周囲のものに接したら、反応することがときどきある。今回の場合は、ジョージ・ブッシュにそういうことが起こったの」

「ほら、そうだろう。俺にも理解できたぞ。大統領は自分の牧場にいた。彼には情報が欠如しているとみんなが思っていた。だが実際は、人為的な世界からの情報の流れを格段に小さくしたんだ。一方で、周囲を取り巻く世界の自然な情報の流れが著しく大きくなった。大統領はそれを、カサカサと音を立てる木の葉、水の跳ねる音、鳥たちの歌声や風のそよぎを通して受け取り、そして思索に耽った。分析していた！　考えていた！　奴らはこの事実を〝消しゴムで消し〟、忘れさせようとし、言及しないようにあくせくしているんだ。そしてほかのことへと関心を向けさせようとしている。だがそうはいかない！　この事実は絶対に、千年紀の歴史に刻まれるだろう。アナスタシア、俺はわかったぞ。たくさんの賢げな演説をするのもいい、聖書に出てくるソロモン王みたいにたくさんの歌や詩をつくることもいいだろう。だが、ブッシュみたいに、もっとはっきりと行動で示した方が、世界に向けてずばり言うことになるじゃないか。

『皆さん見てください。私は裕福だ。世界で最も強い国の最高権力が私にはある。だがこういったものすべては、人間の本質にとって一番大切なものではない。人間の魂とその神なる本質はほかのものを好む。人工的につくられた世界ではなく、神により創造された自然の世界を好むのだ。私の牧場は、金《きん》や科学技術の成果品よりも、私の魂に近い。だから私は牧場へ行くのだ。皆さんも、自分の人生が目指すものについて、じっくり考えてください！』と。

きみが話した一族の土地について、最良で最強の、最も説得力のある宣伝をアメリカの大統領がしたんだよ。未来のロシアの一族の土地、そして全世界の一族の土地について。これでも人々が理解しないのなら、人類は本当に眠っているか、誰かの催眠術にかかっているってことだ。だから苦しみ、病み、麻薬をやったり、互いに殺し合ったりしながら戦っているんだ。もしも人類が、きみの言ったことやブッシュの行動のあとにその催眠から出てこないのなら、その時は大惨事が必要になる。ブッシュは大統領だ。彼は我われの技術の世界では最も多くの情報に通じた人物だ。特殊機関の情報にもアクセスできるし、分析機関が彼に情報を提供する。そして彼は同時に、自然の世界の情報も知っている。それらを比較し、分析することができる。そして彼は本当に比較し、行動によって示した。……ストップだ。またも信じられない偶然の出来事だ。いや、もしもこれが偶然なのだとすれば、偶然の連鎖だ。きみが話し……そのあとでそれが起きた……。ロシア大統領が、新千年紀のはじめに、ロシアのすべての家族に一ヘクタールの土地を無償で付与するという土地の法律を発布すると。

二〇〇一年二月二十一日、テレビのすべてのチャンネルのニュースで、ロシア大統領V・V・プーチンが議長を務める国家評議会のルポが放映された。会議では土地についての問題が検討されていた。農地を含めた土地の私的所有についてだ。会議に集まった州知事たちからは色々な意見が出た。国家評議会のメンバーである地域の指導者の大半は、ロシア国民に私的所有として土地を提供するという意見に傾いていた。

大統領の答弁や意見陳述、そして議題にこの問題を掲げたのが彼自身だということから考えると、大統領も、私的所有として相続権付きで人々に土地を割り当てることに賛成なのだろう。

会議の結果、二〇〇二年五月までに土地に関する新法案を準備し、それを国会審議へ提出するよう政府に指示が出された。

もちろん、それは一族の土地を無償で割り当てる法案ではなく、土地の売買についての法案であり、農地については言及されていない。だが、いずれにせよ前へ進んでいる動きがはっきりと感じられる。

アナスタシア、これらすべては偶然の連鎖なのかい、それともきみが、なんらかのかたちで人々に影響を与えているのかい？　そうなんだろう？　きみだって遠隔で声の指示を与えることができるんだろう？　もちろんさ。できるし、やっている。彼らとは話をしたりするのかい？」

「ウラジーミル、今日《きょう》あなたと電話で話したのを除いて、あなたが思い込んでいるようなこと、誰かと遠隔で話すようなことは一度もしていない。それに、無理やり人に作用するような力を、私は絶対に用いたりしない」

「でも、アナスタシア。俺がモスクワにいたときに、俺は一度きみの声を聞いたじゃないか。きみは近くにいなかったけれど、声はしていた」

「ウラジーミル、あのときは祖父があなたのそばにいた。

たくさんの人が、空間に存在する意識を捉えることができる。これは人間の本来の能力。昔はみんながその能力を持っていた。そして、それ自体は何も悪いことではないわ。なぜなら、無理に強要することはないから。遠くから自分の意識の光線で他の人に触れる……。それはその人をあたため、意識のプロセスを速めることができる。意識の光線は誰にでもあるの。その力の強さが異なるだけ」

「しかし、きみの光線はとても強力だ。その光線で人々に触れようとしたことがあるだろう?」

「ええ。でもその人たちの名前は言わない」

「なぜ?」

「光線が触れたことは、その人たちにとって重要ではないわ。重要なのは現実を認識する彼らの能力にあるの」

「わかったよ、言わなくていい。待てよ……これだ! 俺が考えたことがわかるかい? すごいぞ! だってきみは、遠くから光線であたためるだけでなく、焼くこともできるじゃないか。石だって塵《ちり》に変えてしまう。きみが一度やって見せたじゃないか。だったら同じように、テロをしようとしている奴らを焼いてしまえばいいんだ。神官や魔物たちをみんな焼いてしまうんだ。ほら、きみが話していただろう。俺は書いたのを覚えているぞ。『幾世紀にわたり続いてきた教義や社会通念の闇を、私は一瞬のうちに光で焼き尽くす。神と人間のあいだに立たないで……』と続く。覚えているかい?」

「ええ、覚えてるわ」

「じゃあ、いったい何をぐずぐずしてるんだ? どうして焼いてしまわない? きみが言ったんじゃないか」

「私は教義や社会通念のことを言ったの。人を光線で焼くことは絶対にしない」

「テロの主要な首謀者たちであっても?」

「彼らであっても」

「どうしてだ?」

「自分が言っていることを考えてみて、ウラジーミル」

「どうして考える必要があるんだ? テロの首謀者たちやその共謀者たちは速やかに一掃しなきゃならないことくらい、わかりきったことだろう。そのために各国の軍隊が配備されている。特殊部隊もだ。人々が犠牲になっているんだ」

「それは無駄な努力。真の首謀者たちは、見つけることも滅ぼすこともできない。そういった方法では、テロをやめさせることはできないの」

「だったらなおさらだ。きみがもし、首謀者や共謀者たちを特定して一瞬のうちに焼くことができるのなら、やってくれ。焼いてしまうんだ!」

「ウラジーミル。共謀者たちが誰なのか、何人いるのか、もう少し考え、特定することはできる?」

「考えるのは、もちろんやってみたっていい。ただ、特定することなんてできないだろうな。きみが知っているのなら教えてくれ。奴らの名前を言ってくれよ」

「いいわ。テロリストの共謀者にはあなたも含まれている、ウラジーミル。そしてあなたの近所の人たちや友人、知り合いも」

「なんだって？　何を言っているんだ、アナスタシア？　俺と友人のことなら断言できるぞ。俺たちは共謀者じゃない」

「ウラジーミル、大多数の人々の生き方が、テロや病気、あらゆる大惨事を育てる土壌になっている。自動小銃や薬莢《やっきょう》を製造している工場で働く人は、本当に殺人の共謀者ではないのかしら？」

「武器を製造している人たちは、間接的だが共謀者であると言えるだろう。だがきみは俺も挙げた。俺は武器をつくるようなところでは働いていない」

「でもウラジーミル、あなたはタバコを吸うでしょ」

「それはそうだが。それがなんだって言うんだ？」

「喫煙は有害よ。ということは、あなたは自分の身体にテロを行っている」

「自分の？　……いやそれは違う話だろう……」

「どうして違う話なの？　一人ひとり、特に都市に住んでいる人たちが、注意深く自分の生き方を分析してみるといいわ。自動車に乗る人たちは、自分の車から排出される死をもたらすガスが、どれほど空気を汚染しているのか、本当に知らないの？　たくさんの個室に仕切られた、大きな集合住宅に暮らす人たちは、そのようなマンションやアパートに暮らすことが有害で危険だということを、本当に知らないの？　大都市の生活様式は、人間を破滅へ仕向けていて、本来の自然な空間に対する感性を失わせるもの。まさにこのような暮らしをしている大多数の人々は、テロリズムの共謀者」

「仮にそうだとしよう。だが今は多くの人がそれを理解し始めていて、生き方を変えようとしているんだ。だから人々を助けてくれ。テロの首謀者を光線で焼いてくれ」

「ウラジーミル、あなたの望みを実行するためには、人を滅ぼすことのできるほどの悪意のエネルギーを、私がたくさん光線で発しなければならない」

「だからなんだって言うんだ？　そうすればいいじゃないか。だってそいつは、テロの首謀者なんだぞ」

「わかってる。でも悪意のエネルギーを他の人へ送る前に、私は集中して、自分の内でそのエネルギーを大量につくり出さなければならないの。あとでそれが私の内に新たに棲みつくかもしれないし、細かくなって他の人たちの内に分散してしまうかもしれない。私によって最高神官は消滅するかもしれないけれど、彼のプログラムの作用は続いていく。一方、悪意は神官を、私が滅ぼした神官よりももっと強い別の神官を見つける。ウラジーミル、テロや殺人、強盗は、何千年も続いてきたことを理解してほしい。エジプトでは、神官たちの行為に反対したファラオは、毒を盛られた。近年になって学者たちが霊廟《れいびょう》を発見したとき、ツタンカーメンはたった十八歳だったと算定した。聖書で神官たちの戦いについては知っているでしょう。旧約聖書になんと書いてあるか、思い出してみて。すべてのユダヤ人をエジプトから出す前に、神官たちは互いに論争していた。神官モーセは、ユダヤ人に対する独占的な権力を与えるよう願い出た。でも他の神官は彼の要求を受け入れなかった。するとイナゴの大群がエジプトの農地を襲った。その後、すべての子どもに疫病が発生した。たくさんの病気が、人々や家畜を襲った。そしてやっと、ファラオはユダヤ人を解放した。恐れおののいたエジプトの人々は、彼らに家畜や武器、そして金や銀を与えた。

旧約聖書は、神がエジプトにそのような事態をつくったと語っている。でも、神がそのようなことを本当にすると思う？　できるわけがない。神はみんなのために幸せな生を創造する。エジプトのテロ行為は、神官たちが権力を分割するために、彼らがつくり出したもの。それでいて、自分たちの悪行を神のせいにした。それに、ウラジーミル、キリストがどのようにして十字架に架けられたのかを思い出して。彼の隣で十字架に架けられていたのは誰だった？　強盗たち！　新約聖書はそう語っている。それは二千年以上も前のこと。その頃から強盗は起きていた。そして強盗たちは死刑になっていた。でもその結果はどう？　強盗は今日も起きていて、その数は日々増えている。どうして？　それは、人々が何千年間もせわしなさの中で生きてきたために、悪には悪で闘うことができないということに気が付かないから。そのような闘いからは悪が増大するだけ。だから、ウラジーミル、私は悪意や憎しみあるものに、悪意と憎しみで応えることができない」

「なるほどな。できないのかしたくないのか、まあ、どっちでもいい。アナスタシア、きみの論拠には説得力がある。確かに人類は何千年かけても強盗を撲滅できなかった。闘い方が間違っていたのかもしれない。ただ、今日の世界情勢を見ると、軍事力でテロリストをねじ伏せる以外の方法が思い付かないんだ。最近、『過激派宗教』という表現をより頻繁に聞くようになった。きみは聞いたことがあるかい?」

「ええ」

「それに、『イスラム過激派』とも言われている。過激派宗教の中でも最も過激だ」

「ええ、そう言われている」

「じゃあいったいどうすればいい? 俺が聞いた話では、イスラム教は他の宗教より早いスピードで広まっている。俺の知り合いにもイスラム教徒がいて、彼らは悪い人たちじゃない。でも一方で、その過激派たちもイスラム教徒だ。彼らは大規模なテロを実行している。軍事力以外でどうやって奴らと戦えばいいいんだ?」

「何よりもまず、嘘をつかないこと」

「誰に?」

「自分自身に」

「どういうことだ?」

「ウラジーミル、イスラム過激派のことは耳にしたでしょう。彼らの多くがテロリストと呼ばれている。これはあなただけが知っていることではなく、この知らせは世界中に精力的に広まっている。実際にテロが起きていて、それに直接関与しているのがイスラム教徒たちなのであれば、このような暗示を多くの人々の意識にかけることは難しくない。でも、イスラム教徒のテロについて語られる際に、もう一方の説得力のある論拠については一切語られていないわ」

「どんな？」

「過激派やテロリストと呼ばれる人たちは、自分たちこそがテロを防ごうとしていて、人々を襲撃から救っていると考えている。そして、彼らの論拠には説得力があるわ。彼らは、西側の、非イスラム世界が持ち込む疫病から、全世界を救っているのは自分たちだと考えているの」

「きみは奴らの論拠は説得力があると言うが、俺は彼らの論拠なんて一切聞いたことがない。知っているなら話してくれ」

「ええ、いいわ。あなたは判断してみて。そして闘っている両者のどちらが正しいのかを、あとで教えて。宗教の指導者たちは、集まったイスラム教徒たちに、およそこのような意味のことを言っている。『人々よ、見るのだ。異教徒たちが何をもたらしているかを見るのだ。西側の世界には淫乱《いんらん》や姦淫《かんいん》があふれている。彼らは恐ろしい病気を、我らの子どもたちに感染させようとしているのだ。異教徒たちの襲来をアラーの戦士たちが食い止めねばならない』」

「アナスタシア、待ってくれ。それはただの言葉じゃないか。彼らの論拠はどこにあるんだ？」

「彼らは西側諸国、非イスラム教の国々で淫乱や売春、同性愛が栄えているという事実を取り上げている。強盗が発生し、麻薬に手を染める人々の数が日々増え続けていると。そして、恐ろしい病気、例えばエイズや飲酒を止めることができないのだと」

「じゃあ、イスラム諸国にはそういったものは一切ないって言うのか?」

「ウラジーミル。イスラム世界、イスラム諸国では、酒飲みや喫煙者はずっと少ない。エイズ感染者も格段に少ない。彼らの国々では出生率は下がっていないし、他の国に比べて不倫は格段に少ないわ」

「ということは、両者が、正しい行いのために戦っていると確信しているってことか?」

「そう」

「それじゃ、この先どうなる?」

「神官たちは、大規模な戦争を始めるために、できることはすべてやったと考えている。西洋諸国は連合し、キリスト教徒たちはひとつの合意のもとで、イスラム世界に対抗する動きにでる。すると、イスラム世界も戦うために連合する。でも力は同等ではない。イスラム教徒たちには最新の兵器はないのだから。そして同胞の信者たちが死んでいくのを目にし、西側世界を食い止めるために、何千人ものテロリストを養成し始めるの。こうして戦争は始まる。でも、拡大せずに止められることになる」

「誰が止めるんだ?」

「あなたの読者たち。彼らの内で、この数千年のものとは異なる新しい世界観が形成されている。彼らは今、各自の夢の中で創造している。その夢が現実に変わり始めるとき、戦争と病気がすべて退《しりぞ》いていく」

「一族の土地の建設が始まれば、そうなると言いたいのかい？　だが、一族の土地が世界中で起きている衝突や宗教対立にどう関係しているんだ？」

「一族の土地の善《よ》い知らせが世界中に広まる。地球のすべての人々が、催眠の虜から自由になり、物事を明晰に見ることができるようになったとき、幾千年の眠りから目を覚ます。そして、自分の生き方を変え、インスピレーションを感じながら、地球一面に神なる世界を創造するようになる」

「もちろんだ。もしそんなことが起こり始めたら、しかもあちこちで起こり始めたら、世界は本当に変わるだろう。知っているよ、アナスタシア。きみがそれを夢みていることを。きみは自分の夢を信じていて、絶対にそれを裏切らない。そして多くの人々が、一族の土地というきみのアイディアを理解した。その人たちが実際に行動を始めている。だがアナスタシア、きみはすべてを知っているわけじゃない。行こう！　俺のマンションの書斎へ。今、あるものを見せたいんだ。そしたら、その人たちがどんな障害にぶつかっているかがわかるだろう」

「行きましょう、ウラジーミル。あなたをそんなにも不安にさせるものを見せて」

賛同者か、反対者か？

マンションに入ると、アナスタシアは防寒ジャケットと頭のスカーフを外した。金色の髪は両肩にほどけ落ち、彼女が軽く頭を振ると、タイガのなんともよい香りが部屋中を満たした。

私は書斎にある仕事机の肘掛椅子の横にもう一脚椅子を持ってくると、コンピュータの電源を入れ、インターネットに入るためのプログラムを立ち上げた。

ロシアでは必ずしもすべての人々が、それがなんのことなのか知っているわけではないので簡単に説明する（＊二〇〇二年一月の本書発刊当時のこと。）。インターネットとは、世界の多くの国々で急速に発達しつつある情報ネットワークである。コンピュータで、電話線を介してサーバーに接続することで、そのネットワークに入ることができる。サーバーとは、強力な特殊コンピュータで、ありとあらゆる膨大な量の情報を格納するものだ。大半のサーバーでは自分用の情報を保存することもできる。「ウラジーミル市非営利型文化と創造支援アナスタシア財団」もモスクワの「ルースキー・エクスプレス社」と共同で、独自のサーバーと「Anastasia.ru」というウェブサイトをつくった。

このように、コンピュータを持っている読者がそのサイト名を打ち込むと、我われのウェブサイトにアクセスすることができ、そこにメッセージを書き込むことで本の内容についての自分の意見を発信したり、他の人の意見を読んだり、議論や検討をすることができる。

コンピュータを持っていない人たちは、今ロシアのあらゆる州や地方の州都、そしておそらくロシアの大半の町にあるインターネットカフェで、同じことができる。

私もときおり、コンピュータを使ってインターネットに入り、読者たちの意見に目を通していたが、自分宛に届く郵便物に遅れずに返事をすることすらできていなかったので、それを頻繁には行えなかった。一方、この一年間でAnastasia.ruのウェブサイトに書き込まれたメッセージは一万四千件以上に上る。人々は、アナスタシアの一族の土地のアイディアについて、具体的な問題を議論していた。彼らは憲法の改正計画を提案し、この問題についての国民投票を行おうとしていた。

彼らによって書かれた大統領への呼びかけには、希望する全家族に、一族の土地をつくるための一ヘクタール以上の土地を分配する、というアナスタシアのアイディアの本質が、『私たちは何者なのか』の中で私が公開した書簡よりももっと正確に、そしてより論証的に述べられている。

しかしここは、ご自身で判断していただきたい。インターネットにアクセスすることができない読者の皆さんのために、大統領への呼びかけの抜粋を、ひとつここに引用する。

［公開書簡］

ロシア連邦大統領ウラジーミル・ウラジーミロヴィチ・プーチン殿

尊敬するウラジーミル・ウラジーミロヴィチ

現在も多くの人々が人生で一番よき時代として思い出すソビエト政権のあいだに、おそらく、最も恐ろしいことが起こっていました。歴史的にも強大な国家であり、おぞましい第二次世界大戦の戦勝国となり、とてつもなく短期間で戦争により荒廃した経済を建て直したロシアという偉大な国の国民である私たちが、知らずしらずのうちに、意志と根性がふぬけの寄生虫、すねかじりに変貌してしまったのです。

思い出してみてください。私たちは皆、働く場所や普通に暮らせるだけの安定した給料をもらうことに、まったくなんの心配も抱くことなく職場に通っていました。子どもたちを学校に預け、彼らの未来に自信を持っていました。定年になれば安定した年金が支給され、それで老年を穏やかに過ごすことは当然だと思っていたのです。しかしこの安定性、この強力で全体主義的なシステムが、私たちに意地悪ないたずらを仕掛けてしまいました。そして今や、社会への消極的かつ無気力な姿勢、無関心でいることに慣れ、あのような安定した生活のための物質的基盤を受けられなくなったとたん、私たちは憤慨し始めたのです。世の中をご覧になってください。私たちは暮らしを改善しようと行動を起こすのでもなく、ただ現政権を罵《のの》り、入れ替わる大統領や時の政府を罵り、罵声を浴びせるようになったのです。彼らが、彼らだけがこの現実の責任を負っているのだと考えているのです。それは、安定した給与が支払われ、現在と未来については世話をしてもらうのが当然だと、私たちが考えているからです。一方で、私たちはただ自分の満足感のためだけに暮らしている。そして、その安定性や幸福感を支えるために、何もするつもりはないのです。動きが一方向にしかない場合、それは寄生である、ということには同意なさるでしょう。お返しもせずに享受したいというのは、寄生の姿勢なのです。

しかし、まさに**驚くべきこと**が起こりました。何千人、何万人ものロシアの人々が、**創造**への高まりによって動き出したのです！

美しく花咲く自分の祖国、**ロシア**の一角を**共に創造するために、**
自分と我が子のために美しい現在と未来を**共に創造するために、**
自身の物質的および精神的幸福を**共に創造するために、**
ロシアを最も豊かで繁栄する国へと、**共に創造するのです。**

そして、こういった人々に必要なのは、たった一ヘクタールの大きさの、大地にある小さな一画だけなのです。そして、自身と我が子のために愛の空間を創造するその土地、その祖国が、あとになって没収されることがないという安心です。これらの愛の空間が、広大無辺なロシアにあるすべての花咲く一角として合わさって**愛の空間**となり、偉大なロシアの復活という奇跡を全世界に向けて宣言するのです！

どんな統治者、大統領と呼ばれる方々でも夢にまで見る状況が、まさに今、ロシアに出来上がったように思えます。それは、人々が自分で働き、自分たちのために物質的そして精神的幸福を創造することを欲している状況のことです。そしてその際に、国家には一画の土地と安定した土地の所有権が法に反映されること以外に、何も求めてはいないのです。

どんな国家でも夢みる理想とは、豊かさと幸福が**枯れることのない泉**を自国内に発見し、国内の**安定**を手に入れ、国外の混乱に左右されないことではないでしょうか！

尊敬するウラジーミル・ウラジーミロヴィチ！　私は、何千人ものロシア国民と同じように、ここにもう一度自分の意志を明言します。自分の祖国、ロシアの小さな一角を**共に創造し**、後世の世代のために、そこを花咲く園にします。

何千人ものロシア国民と同じように、もう一度自分の意志を明言します。自分の家族の幸福と母国の幸福のために、全力で働きます。

何千人ものロシア国民と同じように、私はあなた方の仕事の困難さと責任の大きさを理解し、考えることもせず際限なくあなたや政府を批判することをやめます。

何千人ものロシア国民と同じように、私はあなたの賢明さと先見性を信じるとともに、あなたが現状に対して全責任を負うという姿勢で決断なさっていることを信じています。

ついに、私たちとあなたがひとつの友好的な集団、そして同じような考えを持つ人々の集団となるときがやってきたのです。それは私たちがあなたを**理解し**、親友として**受け入れる**ときです。そしてあなたが私たちの愛と支援を感じ、愛を持ちながら私たちのため、あなたを信じ託した国民のために奔走なさるときなのです。

我われの子どもたちとロシアのために、
現在と美しい未来を共に創造して参りましょう！

ロシア国民　ヴァディム・ポノマリョフ
二〇〇一年七月二十日

彼らは同じように私たちの先祖を誹謗中傷した

ある時、私は、あるキーワードが記載されているウェブサイトの数を調べるため、検索エンジンを起動した。そこに「アナスタシア」という言葉を入力すると、モニターにとても大きな検索数が表示された。二百四十六のロシア語のサーバーとそのアドレスだ。それらすべてがシベリアのアナスタシアのことであるとは信じきれず、私は順番にそれらのアドレスを入力し、内容の確認を始めた。すると、圧倒的大多数のサイトが、多かれ少なかれシベリアのアナスタシアについて論じていて、その多くが彼女のアイディアに対し肯定的であった。はじめ、この事実は私を大いに喜ばせたが、これらの情報を深く読み進めると、唖然とする事実を目の当たりにするようになった。一部のウェブサイトには、アナスタシアにまつわるムーブメントは反社会的セクトであるという趣旨の新聞や雑誌の記事、そして匿名の投稿を拾い集めたものがあった。そして本の読者全員がセクト信者であると書かれていた。また、あるサイトでは、ロシアに存在するすべて、あるいは大部分のセクトの名前が一覧となって簡潔にリストアップされており、その中に『アナスタシア』と彼女を支持する団体が含まれていた。その判断基準や誰がそのような噂を広めているのかは書かれておらず、ただそうなっている事実として、そしてすでにみんなに知られている事実として示されていた。

一連のウェブサイトに載せられている、首都圏や地域の様々な刊行物の記事や短いコメントは互いによく似ており、それらは常に同じ結論で、『ロシアの響きわたる杉』ムーブメントはセクトまたはビジネスであるとされていた。『ロシアの響きわたる杉』ムーブメントは、オウム真理教のようなセクト組織と同等に扱われていた。読者たちは、全体主義的なセクトであると書かれている。「反啓蒙主義」「破壊主義」といった言葉も使われていた。具体的な事実など一切挙げられておらず、ただ結論ありきで、それだけだった。

「全体主義」という言葉の正確な定義を知らなかったので、私は大百科事典を開き、そこにある次のような解説を読んだ。

「全体主義とは、支配体制のひとつであり、社会の全範囲における営みの完全な管理、憲法上の権利および自由の実質的な廃止、反対勢力や異分子の弾圧によって特徴づけられるもの（例えばドイツやイタリアのファシズム、また、ソビエト連邦の共産主義体制に、全体主義の様々な形態が見られた）」

なんとひどいことだ。どうやら私かアナスタシアが、政権を覆し、憲法上の自由を廃止して、ファシズム体制をつくろうとするような全体主義的セクトを指導しているということになっているらしい。しかし、私はいかなる組織も指導していない。アナスタシアはなおさらだ。この六年間、私は本を書くことしかしておらず、一般公開されている読者集会で年に一回か二回講演をする程度である。私の講演は収録されていて、望めば誰でも視聴することができる。

しかし、いったいどうして、誰が、どのような目的でこの露骨な嘘を広めるのだろう？　例えば、『コムサモリスカヤ・プラヴダ新聞』のウラジーミル市の付属紙面の記事では、本の中で、アナスタシアがアパートやマンションを捨てて森へ行くように促していると書かれている。どうしたらそんなことになるのだろう？　アナスタシアは正反対のことを言っているのに。ほら、これが彼女のありのままの言葉だ。

「森に行く必要はないわ。まずは、自分がゴミで汚したところをきれいにして」

そして、身体と精神の健康によりよい、もっと文明化された生き方に徐々に変えていきながら、都市の近くに一族の土地を建設するよう、人々に促している。

膨大な情報を把握することも、ましてやそれを分析することもなかなかできず、私は何人かの著名な政治学者に助けを求め、それぞれ個別にこの状況を分析し、結論を導き出すよう依頼した。五冊の本とインターネット上にある本に関する広範囲で膨大な情報に目を通さなければならないので、彼らはこの仕事に対しかなりの報酬を求めてきた。私は同意せざるを得なかった。

三カ月後、専門家による最初の結論を私は受け取り、しばらく経ってからその他の専門家の結論も受け取った。彼らは互いに知り合いではないので、各自が別々に、異なった言葉で結論を述べながらも、大体似たような結論をまとめてきた。その中から典型的なものを、ひとつここに抜粋する。

……社会に広めさせない目的で、『ロシアの響きわたる杉』シリーズの著書に述べられているアイディアに対し、一意専心に誇張表現されたキャンペーンが行われている……。

本に書かれたアイディアの軸は、国家の強化であり、社会のあらゆる層が、各々の家族の幸福を通して、最大の合意に達することである。幸福は、希望する各家族に少なくとも一ヘクタールの土地を、終身利用として配分することで達成される。本の文脈から、このアイディアには十分な説得力があり、本のその他の内容の上にそびえ立つものとして読み取れる。

従って、反対者たちは、どのような論拠を引き合いに出そうとも、実際にはまさにこのアイディアに対して反対していることになる。

『ロシアの響きわたる杉』シリーズで触れられる次の問題、人間の神なる本質やその霊的な原点については、多くの宗派に拒否反応を呼び起す可能性がある。本の主人公である女性は、人間自身の手によって、楽園の暮らしが地上につくられるべきだと断言している。人間は永遠であり、時代から時代へと、ただ肉体を替えているだけだと。私たちを取り巻く自然のすべてが神によって創造されたものであり、神の生きた意識であると言っている。そして、自然と触れ合うことによってのみ、人間は神のプログラムを理解し、地球における自分の使命を理解する……。

特に、世界の終焉が避けられないものであり、一部の人が天国に行き、その他の人は地獄に墜ちると考えている宗教的な狂信者のあいだでは、彼女のコンセプト、そしてその論証性と説得力が、拒否反応を呼び起こさないはずはない。地上の生活条件の中で、自身の幸せな生活を築き上げることができない多くの人々にとっては、彼ら狂信者のコンセプトの方が好都合なのである。

反対者たちは、『ロシアの響きわたる杉』シリーズの主人公の女性アナスタシアへの抵抗として、本に述べられている構想を実現しようと主導する読者たちは、全体主義セクトに属しているという噂を、マスコミを利用して拡散している。

このような方法が選ばれたのは偶然ではない。この方法により、国家権力を主導的な読者たちから遠ざけ、具体的な提案を検討させないようにし、また本に取り上げられた問題をマスコミに討論させないようにし、本とそこに述べられているアイディアの普及を妨げることができるからである。そして、対立する側が、その目的をはたしたと言っておく必要がある。得た情報によると、本の読者たちがセクトに属しているという情報が、多くの政府管轄組織に広まっていることがわかった。

抵抗している側の目的ははっきりしておらず、極めて不可解である。

一般的に、政権を争う候補者たちのあいだで使われる汚い手段においては、誰がそれをさせているのかが簡単に判断できる。また、個々の企業間の熾烈《しれつ》な競争によって成り立っている経済界の中でも、信用を失わせる事態をつくっている人を特定することは困難ではない。ましてや、目的は容易に判断できる。彼らの目的は常に明確で、競争相手を排除する、または弱体化させることにある。

アナスタシアは、人間の新しい意識について、新しい生き方について、そしてより完璧な基礎に則った国の構造へと変わることについて語っている。

このようなこころざしに反対するのは誰か？　各家庭、各国および社会全体を破綻させることが都合のいい勢力だけである。このような勢力が存在するという事実は、彼らがはっきりと表現した対立の姿勢に見てとれる。対立は、この場合、アナスタシア、彼女のアイディア、そして『ロシアの響きわたる杉』シリーズの読者に反対する行為に現れている。おそらく彼らは、直接的または間接的に管轄下にある組織や個人を介して活動している。

私は、インターネットのウェブサイトで論じられているテーマのいくつかの抜粋をアナスタシアに見せ、この状況が彼女の心に訴え、心配を呼び起し、それによって彼女がどうにか修正を始めることを期待しながら、専門家の結論を読んで聞かせた。

しかし、アナスタシアは私の隣に穏やかな様子で両手を膝に置き椅子に座っていて、表情にはなんの動揺も見えない。逆にほんの少し微笑んでさえいた。

「どうして微笑んでいるんだい、アナスタシア？」私は問いかけた。「きみの読者たちが誹謗中傷されているのに、全然心配じゃないっていうのか？　一族の土地のために土地を得ることが邪魔されようとしているのに」

「ウラジーミル、私は大勢の人々のインスピレーションの高まりや本質、そして目の前にある偉業への理解に歓んでいるの。見て、人々がこんなにも自覚をもって自分の考えを述べ、未来への計画を立てている。それに大統領への呼びかけは、あなたが本に書いたものよりもよく書けている。『自分の未来を選ぼう！』という、素敵な名前の協議会も開催しようとしているわ。人々が自分たちの未来について考え始めたのはとてもよいこと」

「始めようとしているさ。でも彼らがどんな目に遭っているのか、きみにはわからないっていうのか？　なんてずるい手を思い付いたことか、読者のみんなをセクト信者だと呼んでいるんだ。そうすることで国民を脅し、政府機関に距離を置かせている。きみはこのことに気づかないって言うのか？」

「気づいている。でもこの抵抗には、ずるさも目新しさもない。まさにこの方法で、私たちの先祖の生き方の文化や叡智が滅ぼされたの。そして今も、闇の勢力は古いやり方で動いている。これから闇の勢力は、さらに挑発的な行為を考え出すし、脅かすような悪い噂を広めたりもする。ウラジーミル、そういったことはすでに過去にあったの」

「そう、まさに。そして奴らは勝ったんだ。奴らは俺たちの先祖の文化を滅ぼし歴史を歪曲したと、きみが言った通りじゃないか。つまり今回も、実証済みの方法を使って、奴らが勝利するんだ。まだ勝利してなければの話だが。こんなことがあるか、一ヘクタールの土地を希望する家族に分配するなんていう簡単な問題を、すでに一年も解決できないままでいるんだ。何かろくでもないことのためにその一ヘクタールを使おうと頼んでいるのならわかる。だが、一族の土地として整備し、生活の基盤となり、食料を得るための自分の一族の土地を手に入れることが不可能だっていうことだ。テント村の難民たちを見てみろ、もう三年もそこで暮らしているんだ。彼らに、ほしい人に、一ヘクタールずつ与えることができていたらどうなっていたか。その三年のあいだに、彼らは人間らしい落ち着いた生活をすることができていただろうに。アナスタシア、俺はこの国にどれほど大きな変革が起こり得るかを、たくさん考えたよ。妨害ではなく、一族の土地を創造しようと目指す人々への協力があればどうなっていたかを。だが、土地を分配するという こんな簡単な問題も、解決されないんだ」

善《よ》い知らせ

「ウラジーミル、この問題は、簡単なものなんかではまったくない。まさにこの問題が、私たちの惑星そして大宇宙においての全面的な変化をけん引するものなの。何百万もの地球の幸せな家族が、意識的に惑星を花咲く園へと変貌させ始めたら、地球に到来した調和が、ほかの惑星や大宇宙空間に影響をおよぼす。今は地球という惑星から宇宙へ向かって、悪臭が放たれている。そして地球の軌道にはゴミがどんどん増え続けているし、地球から、悪意に満ちたエネルギーが放たれている。地球人の意識が変われば、異なったエネルギーが放たれるようになる。そして地球から流れ出る恵みが、ほかの惑星たちに花咲く園の贈り物をする」

「なんと、そんなに壮大なことなのか！　しかし、これまでの人類の歴史で、これをなす機会が本当になかったんだろうか？　そもそも、ロシアでも革命前までは地主たちは一族の領地というのを所有していたんだ。それに今だって、地球の多くの国には私有地がある。俺たちの国にだって農場主たちがいて、彼らには長期的に土地が貸与されている。だが、それによって何もよいことは起こっていない。なぜだ？」

「人々のハートや頭の中で、今日育っているような、神なる者としての自覚の意識の芽生えがなかったからなの。ウラジーミル、あなたが簡単な問題と呼んだものは、実際は、何千年も続いたオカルト時代から神官たちがずっと守ってきた、最も偉大な秘密だった。いつの時代もたくさんの宗教が神について語ってきたけれど、明白なことについて語る宗教はひとつもない。人間は意識的に自然と触れ合うことによって、神の意識と触れ合うことができるの。空間を理解することは、すなわち神を理解すること。そして、手の込んだたくさんの儀式なんかよりも、すべてがあなたと調和する一族の土地への意識、夢の方が、より密接な神への近づきを秘めている。そして大宇宙のすべての秘密が、人間の前に開かれ、今日では想像できないような能力を、突然自分の内に見つけるようになる。このようにして、自分の周りに神なる創造を始める人は、まさしく神に似た者となる。

　考えてもみて、どうして賢人たちがこのことについてまったく言及してこなかったのか。それは、一旦自身の地上での本質と可能性を理解した人は、オカルトの魔術から解放されてしまうから。そして、神官たちの権力が失われてしまうから。自身の周りに愛の空間を創造した人を支配することは、誰にも、どんなものにもできなくなる。そのような人にとって、創造主は脅迫的で厳格な裁判官ではなく、父であり、友となる。ほら、だから重要な使命から人々の気をそらせるために、数多くの虚構が何世紀にもわたってつくり上げられてきたの。土地！　ウラジーミル、あなたはこれをあまりにも簡単な問題だと言った。でも、数世紀も経っているのに、なぜ未だに人間には一族の土地がないのかを考えてみて。ほら、あなたは農場主や地主のことを言っていたけれど、彼らは一族の土地を持ちながら、そこで働くことを他の人々に強いていた。できる限り多くの利益をその土地から絞り出そうとした。でも自分の土地でない場所で労働していた人たちは、愛をもって土地に接することができなかったの。そして悪意と憎しみと共に種が大地に投げつけられることが頻繁にあり、悪意が宿るものが育っていった。何千年ものあいだ、シンプルな真理が人々から隠されていたの。他人の手や意識が、強制的な方法で一族の土地に触れるべきではないわ。様々な時代の統治者たちが人々に土地の分配をしてきたけれど、それは人間の地上での行いの意味が人々に理解されないような分配のしかただった。

もしも狭い土地、例えば一ヘクタールの四分の一を人に与えた場合、その家族は懸命な労働なしには、彼らに仕えてくれるオアシスをそこに創造することはできない。逆に、人は広大過ぎる面積の面倒を自分の意識だけで見ることはできず、助っ人を呼ばなければならない。つまり、よそ者の意識を入れてしまうことになる。そういう狡猾さ、虚構によって、神官たちは人々をいつも重要なことから引き離してきた」

「じゃあどういうことだ。何千年ものあいだ、人々に神のオアシスを創造するよう呼びかけた宗教はひとつもないってことか？　逆に、土地から離れるようにいつも人々を手招きしていたと？　それじゃあ宗教ってやつは……」

「ウラジーミル、宗教について批判的なことを言わないで。フェオドリ神父は、あなたを今日へと導いてくれた。それにあなたと私があの時出会ったのは、多くが彼のおかげなの。今や、どんな信仰の信者も、自身の宗教指導者たちを災難から救う方法について考えなければならない日がきた」

「それはどんな災難のことを言っているんだい？」

「前世紀に起こったような災難。人々が聖堂を破壊し、あらゆる信仰の聖職者たちを死に追いやった時のことよ」

「ソビエト政権の頃のことか？　でも今は民主主義だ。信仰も自由で、政権もすべての信仰に寛容に接しているさ。まあ、少なくとも主だった宗教に対してはそうだ。どうして突然過去の出来事が繰り返されるなんて言うんだい？」

「ウラジーミル、今日の出来事をもっと注意深く見てみて。多くの国がテロとの闘いのために団結していることは知っているでしょう」

「ああ、知っている」

「そういった国々は、テロを生み出している他の国々を特定し、首謀者たちの名前も挙げた。その中で、聖職者のリーダーたちや宗教指導者たちを断罪し、彼らを捜し出すために特殊部隊を送り込んだ。でもこれは始まりに過ぎない。すでに、大小の国々の政府に向けた、多くの宗教の本質を明かす報告書が複数存在する。そういった報告書では、多くの事例を挙げて、地球上の戦争やテロが、その数々の宗教によってつくり出されたものだと言っているの。報告書はできているの。その中でアナリストたちが、すべてを的確に説得力を持って述べている。今後は少しずつ宗教における悪行の数々が世間に知れ渡り、人々に際限のない十字軍戦争、陰謀、オカルト従者のあいだにあった性的な倒錯や貪欲さの数々を思い出させることになる。そして多くの人々の内で憤《いきどお》りが積もりに積もると、そこかしこで集団虐殺や聖堂の破壊行為が起こり始める可能性があると。今は、多くの宗教の聖職者たちが、過激主義を止めようとしていて、自分たちは彼らと関係がないと声明を出し、そしておおやけに過激主義を非難している。彼らの声明は、今のところは受け入れられている。より正確に言うと、統治者たちは、理解していないふりをし……それらの声明を受け入れている。ところが秘密の報告書ではすでに、いかなる理由を並べ立てようとも、宗教が人々に暗示をかけていると強く主張している。その並べ立てられる理由は、有益なものや善行を呼び起こすものであるかもしれない。一方で、伝道師から聞いたことを、ただ従順に真理であると受け入れる場合、目に見えないものに対する信仰は、暗示をかけられた信者をテロリストに転向させる可能性を常にはらんでいると、そして伝道師の意志で、信者たちの中から簡単に決死のテロリストをつくりだすことができると。このような結論の裏付けとして、秘密の報告書には過去と現代のあらゆる証拠が数多く例示されている。そして、統治者はじきに独自の見解に傾いていく。それは、ひとつの宗教を選び、それを完全に自身の管理下に置くべきだという見解。その他すべての宗教は破壊的であると見なし、根絶する。その後、自身の管理下にある宗教に国民を引っ張り込むことができなければ、少なくとも自国においてはすべての宗教を壊滅させる。このような結論は、際限のない戦争へとつながるもの。その基礎はすでに敷かれていて、戦争はすでに起きている。それは止めなければならない。そして止める方法は、ただひとつ。善《よ》い知らせのみが地球上に平和を復活させることができる、ということを宗教指導者たちの意識に繰り返し伝えることでしか成し得ない。善い知らせを受け入れた人は、それを言葉にして発することによって、それがどんな規模の神殿であれ、神殿は数多くの人々で満たされる。受け入れなかった人は、空っぽの、朽ちゆく神殿にいることになる」

「どんな知らせのことを言っているんだい、アナスタシア？　なんとかもう少し簡単に話せないかい」

「自身を霊的指導者であると呼ぶ人たち、神について話す人たち、現代の学校で子どもたちを教えている人たちは、地球に生きるすべての家族が自分の一族の土地に愛の空間を創造することが、神の意志にかなう行為になることを認識しなければならない。認識し、聖堂で信徒たちと一緒に未来の入植地の設計図を創造するの。人々と共に、根源の叡智を取り戻すことを希求する。夢をみて、検討して、細部に至るまで設計を完全なものにするの。夢を創造するプロセスは一年では終わらない。その後、地球上ですべてが具現化しだすとき、調和の中、実在の神なる空間の中で人々は暮らすようになる」

「アナスタシア、わかったよ。きみはすべての聖堂、それもあらゆる宗教とその宗派のすべての神殿で、学校、そして高等教育機関で、自然について学ぶようになってほしいと思っているんだな。特別な設計によって一族の土地を創造するための方法を学んでほしいんだ。仮に、これが言葉ではなく、行動によって実際に様々な宗派の人々をひとつにすることができるとしよう。

そして、これが本当に人々を催眠から目覚めさせることができ、テロや麻薬中毒、その他社会におけるたくさんのネガティブな行為に終止符を打つとしよう。

仮にそうだとしよう。しかし……、いったいどうやって総主教や聖職者の全員を、それにあらゆる宗派の聖職者たち全員を説得できるって言うんだ？　どうやって一般教育機関を説得できる？　アナスタシア、きみはたくさんのことを成し遂げた。だが、きみが今言っていることは非現実的だ」

「現実的よ。それ以外に、もう彼らに道はないの」

「それは、きみがそう考えているだけだ、きみだけが。これは単なる言葉に過ぎない」

「でもウラジーミル、私にその言葉を、あなたの言う単なる言葉を語らせてくれる存在は、比類なき力を有している。思い出してみて、七年以上前に、まだ実業家だったあなたの前で、私がタイガの泉のほとりで、砂の上に小枝で文字を書いたでしょう」

「ああ、覚えているが、それがどうしたんだ？」

「それからあなたは突然本を書くようになり、その本をすでにたくさんの人々が読んでいる。なんの影響でそうなったと思う？　タイガの泉のほとりの砂なのか、文字を描いた小枝なのか、私が発した言葉なのか、それともすべての本を書いたあなたの手なのか? それから詩情が、人々のハートに聖なる泉のように湧き出した。すべてにおいて、誰が主たる創造者だったと思う?」

「わからない、もしかしたらすべての要素が何かしら影響し合っていたのかもしれない」

「ウラジーミル、どうか私を信じて理解して。起こったことのすべてに、神のエネルギーが味方をしていたの。人々のハートにインスピレーションを与えたのは、神のエネルギーだった。そして、神のエネルギーはこれからもインスピレーションを与え続ける」

「そうかもしれない、だが、聖職者たちがきみが話すように行動し始めるなんて、なんだかにわかには信じがたいよ」

「あなたは信じなければならないわ。そして自分の内で善《よ》い状況をかたどるの。そうすればそれは具現化する。それに、今やあなたにとって、それをするのは難しくない。田舎から正教の司祭が、気落ちしたあなたを支えようと訪れたのを思い出して。もう一人の司祭は、自分のお金であなたの本を買い、それを刑務所に配って回ったでしょう。それにフェオドリ神父だって、たくさんのことをあなたに話してくれた……、覚えている?」

「ああ」

「もうひとつ理解して。教会に仕える聖職者たちの世界観はみんな同じではないわ。善い知らせを運ぶ人は見つかるはず」

「ああ、見つかると思うよ。しかし対抗する人たちも出るだろう。それにきみが話していたあの最高神官だ。奴のオカルト共謀者たちが、さらに何かの悪だくみを考え出すだろう」

「もちろん考え出すでしょう。でも闇の勢力のすべての試みは、いずれ徒労に終わる。すでに始まったプロセスは逆行できないの。人々は地上の楽園を知ることになる。単なる言葉だとあなたは言った。聞いて、今二つの語彙から成る単なる言葉を発するから。すると闇の一部が光で照らされる。残った闇には、身を潜め、現実世界に具現化する可能性を失わせ、怯えて震えさせておけばいいわ。その言葉は、ごく普通の言葉、『一族の書』」

一族の書

「本当に普通の言葉だな。わからない、どうして闇の全勢力がこの言葉に震えあがるんだい?」

「闇の勢力は、その言葉の背後にあるものを恐れている。あなたは、この一族の書という本を誰が書くのか、それにどのくらいページがあると思う?」

「何ページあって、誰が書くんだい?」

「あと少し年月が経てば、地球のあらゆるところで何百万人もの父親と母親たちが自らの手で、一ページずつ埋め尽くしながら一族の書を書くようになる。膨大な数の一族の書ができる。その一冊一冊には、我が子のために書かれたハートから湧き上がる真実がある。そこには、狡猾さが入る余地はない。その本の前では、歴史の嘘は崩壊する。

ウラジーミル、あなたのずっと昔の先祖が、あなた個人に向けて書き始めた本を手に取ることができたとしたら、何が起こるか想像してみて。その先祖のあとに次の先祖が、それからおじいさん、お父さんとお母さんが、あなたのためにその本の続きを書いている。

今日の人が読んでいる本の中には、歴史や生きるということの本質を歪曲する目的で書かれたものも多数ある。たくさんの偽りの教義や社会通念は、人間が感じとることができないよう故意に混乱をさせている。それはすぐにはわからないもの。でも、息子が自分の先祖たちの本、父親や母親によって彼自身のために書かれ引き継がれてきた本を読むとき、即座に明晰さが訪れる」

「いや待ってくれ、アナスタシア。誰もが本を書くことができるわけじゃない」

「必要を感じさえすれば、誰もができるわ。偽りの教義や社会通念から自分の子どもや未来の自分を守りたいと欲するならば。ヴェド時代には、父親や母親たち一人ひとりによって未来の自分の子や孫たちのために本が書かれていたの。それは言葉ではなく、彼らの行いによって綴られた本だった。子どもたちは、創造された空間を本のように読むことができた。こうして、自分の親たちの行いや意図を理解することができたの。そして、幸せな空間を受け継ぐことを幸せに感じていた。でも、ひとつだけその本に書かれていないことがあった。子どもたちへ、オカルトの世界についての警告がなかった。

すべてを識《し》っていたヴェド人たちでさえ、オカルトの世界についてはよくわかっていなかった。でも、全人類が、オカルトの破滅的な教義や社会通念の現れを自身で体験できた今は、自分の子どもたちを守ることができる。

それに、春に花咲く一族の土地はまだなくても、その意図はすでに多くの人々の魂に生きている。まさに自分の意図について、子どもたちのために本に綴り始めることが必要」

「でもどうしてすべての親たちが綴る必要があるんだい？　ほら、一族の土地については俺も本を書いているし、メドヴェツコヴォ村の建築家が入植地全体の設計をしていて、インターネット上でこの話題について活発な議論が行われている。それで十分じゃないのか？」

「不十分なの、ウラジーミル。現状をもっとよく見て。あなたは本を書いているけれど、ほかの人たちもあなたの本に対抗する本を書いている。そして一度の人生で、半分も読みきることができないほど、たくさんの本が存在している。それに本以外の情報も、日々人間に送り込まれている。それらは多種多様な情報に思えるかもしれないけれど、たったひとつのことを伝えている。それらの情報はすべて、オカルトの世界、非現実の世界を正当化し、賛美しているの。再び新たにこの世に現れたばかりの人に、何が真実で、何が偽りなのかを見極めることを助けるものは何？　家族の最も大切な宝物が、それを助けてくれる。それこそが、一族の書なの。父親と母親が、息子や娘に宛てて、幸せな人生のために何を共に創造することが最も大切なのかを、その本に書く。子どもたちは一族の書を引き継ぎ、書いていく。地球上で、家族にとってこれよりも賢明で真実に迫るものはない。根源のすべての叡智がその中に流れ込んでいく」

「アナスタシア、でも今日の人々が書き始める本に、どうやって根源の叡智が入るんだ？　どこでその叡智を得られる？　俺たちの先祖の文化や彼らの本は、すべて消滅させられたって話していたじゃないか」

「本を書き始める人たちは、その叡智を自身の内に持っている。叡智は一人ひとりの内に保存されているの。人々が深く想いを巡らし、不特定の誰かではなく自分の子どもたちのために書き始めるとき、根源のすべての叡智が彼らの内で意識的に明確になる」

「じゃあつまり、最初のページからすぐに賢明な想いを書き綴るには、書く前に、まず考えなければならないってことかい？」

「最初のページは、概して簡単でもいいの」

「例えばどんなふうに？」

「一族の書を書き始めた人が、いつ生まれたのか？　名前は？　なぜ、どのような想いで最も重要なこの本にペンを走らせることにしたのか。そして未来に何を創造しようとしているのか？」

「そういう本を書くなんてのは、有名な芸能人や知事、学者や大実業家だったら簡単だろう。でも普通に暮らしている人はどうする？　例えば、普通に働いて、やっとのことで食糧や衣服を得る金をやりくりできるような人だ。そんな人が自分の子どもたちのために何を書くことができる？　どんなアドバイスができる？」

「今日の統治者たち、それに人々の前で名声の光を輝かせている人たち、そしてたくさんのお金を稼いだ人たちは、未来の子どもたちに対して、責任を負うことがより難しくなる。人々は過去の行いをすぐに忘れてしまう。でも、未来へと引き継ぐあらゆるものは、未来の世代によって評価されるの。あなたも含め人々は、昔の知事や有名な芸能人、実業家たちを頻繁に思い出したりする？」

「頻繁ではないな。いや正確には、そんな人たちのことは一切考えない。名字だって知らないくらいだ。だが、彼らの子どもたちは誇りをもって親の行いを思い出すだろう」

「自分の親の名前が出されることを恥じながら、当の子どもたちも忘れようとするの」

「どうして子どもたちが恥じるんだい？」

「運命は親である彼らに大きな可能性を提示した。でも彼らは、その可能性が未来を創造するために与えられたものだということを理解できなかった。人間は、二度目の生を築き上げることを、今の生で希求すべきなの。そうすれば再び人間に具現化し、永遠に生きることになる。

一族の土地と愛の空間を意識することは、誰にでも、今日にでもできること。自分たちなりの設計図を創造したり、土地を得る努力をしたり、そして苗木や一族の木の種をその土地で育てたりすることもできる。林や緑の塀、美しい果樹園がまだ大きく育っていなくてもいい。年老いた貧しい人は、家の基礎すら敷けなくてもいい。でも孫たちのために、子どもたちのために、一族の書を書くことはできる。

『私は貧しく、老年になってはじめて人生の意味について、子どもたちに与えたものについて考えるようになった。そして、我われ一族の空間の設計図をつくった。それはおまえたちのためのものだ。我が子たちよ、私は本に詳しく書き残した。私自身が成し得たことは、果樹園に果樹を九本植え、林ができるはずの場所に木を一本だけ植えたことだ』

年月が過ぎ、孫がその本を読み、おじいさんを思い出す。そしてたくさんの木々が生えている一族の土地の中で、力強く生える荘厳な杉や樫《かし》の木の下へ歩み寄る。

愛と感謝にあふれる息子の意識が空間へと飛び立ち、おじいさんの意識と合わさる。すると新しい存在の次元空間が、二人のために生まれる。永遠の生は人間に十分に与えられている。地球と宇宙の惑星の開拓とは、すなわち、一人ひとりが自分自身を変容させることなの。

一族の書が、子孫たちに善《よ》い知らせを伝えるのを助け、書き始めた人の魂が地球で再び人間に具現化するのを助ける」

「アナスタシア、きみはその本に大きな意義を与えているね。俺まで自分の子孫に書き始めたくなるくらいだ。きみのそのアイディアが、壮大で何か特別なものを秘めていることを直感的に感じるよ。その名前も、なんと『一族の書』『一族のための書』『家族のための最も聖なる書』だなんて。しかし、何に書いたらいいんだ？　普通の紙ではすぐに擦り切れて朽ちてしまうだろう。それにノートやアルバムみたいな表紙だと、あまりに素朴に見えてしまう。だが、その本が子孫のための本で、きみが言うように大きな意義を持つのなら、紙も表紙もそれに見合ったものでなければならないな。どんなものがいいと思う？」

「例えばこんなもの」

そして彼女は机に置いてあった一冊の本を見た。彼女の視線をたどると、次の瞬間、私は類《たぐい》まれなものを手に取っていた……。

しばらく前に、ノヴォシビルスクに住むセルゲイが、私に『アナスタシア』の本を送ってきていたのだ。その本は、出版時のいつもの表紙が切り取られ、その中身は異なるもののあいだに入れ換えられていた。表紙と言いたいのだが……ページの束が入れられたのは、もはや表紙や裏表紙、カバーと呼ぶべきものではなかった。シベリアの巨匠が類まれな芸術作品を創造したのだ。背表紙を含め、カバーは高級な木でできていた。縁取りはブナで、内側はシベリア杉だ。模様や文字、絵といった細部のすべてが、見事な彫刻で仕上げられていた。そのすべてを〝カバー〟というありふれた言葉で呼ぶことは難しい。おそらく、正確には〝装飾ハードカバー〟と名付けるべきだろう。木製の表紙と裏表紙は背の部分で固定され、背の反対側には小さな南京錠が付いていた。すべての細部が、互いの大きさにぴったり合ったものだった。閉じられた状態では、表と裏のカバーのあいだで紙のページの束が完璧に揃った状態で圧縮され、湿度の変化によって紙に反りが出ることがない。その本は、比較するために隣に置いた本と異なり、窓から入ってくる風で変形することもない。この作品を見た人の多くが、長いこと手に取ってじっくり見つめては、感嘆していた。

アナスタシアの視線を追いかけて、木の装飾ハードカバーの本をいつの間にか手に取っていた私は、そのぬくもりを感じ、理解した。この類まれな作品のおかげかもしれないが、アナスタシアが語った一族の書についての、いまだかつてない意義を理解したのだ。

彼女は隣で控えめに椅子に座り、慎ましく両手を膝に置いていた。しかし私には、太古から王朝が続くすべての神官たちよりも、現代のアナリストたちよりも、彼女の方が賢明であるという感じがした。そして彼女の叡智と意図の純粋性は、人間社会に現れたネガティブなものすべてに打ちかつことができる。彼女のその能力はどこから得られたのだろう？　どのような学校、どのような育成システムならば、そのような能力を人に与えられるのだろう？

あろうことか、この独創的で素晴らしい一族の書という駒を進めることを思い付くなんて、すごいことだ！　私はすぐに熟考を始めた。読者のみなさんも、彼女が思い付いたこの本にどんな意味があるのか、ご自身でも判断していただきたい。

誰もが、あらゆる国の人々、それも第一に子どもたちに向けて毎分のように浴びせられる、ありとあらゆる洗脳の大きなうねりに抗うことができなかった。

洗脳なのだ！　絶え間なくテレビでアクション映画が放送されている。一見、聴衆の娯楽のためであるかのようだが、実際は、自分たちの幸福感は暴力によって確保できるということを見せつけているのだ。

洗脳なのだ！　有名な歌手になり、ライトの海に照らされて拍手喝采を浴び、豪華な車でパーティーを渡り歩くことがいかにすごいことなのか、見せつけている。それらは洗脳なのだ！　もしそうでないのなら、同じようにもう一方のこと、これらの人たちの生活の著しく多くの時間についても見せるべきだ。過酷を極める日々の仕事、ショービジネスの競争相手による終わりなき陰謀、彼らを妬む人々や、自由な報道の名の下で有名人をネタに荒稼ぎしようとする人々からの絶え間ない、あらゆる攻撃を。

ぞっとするような洗脳だ。攻撃的で狡猾な宣伝が、金を払いさえすればなんでもいいと吹聴して回ろうというのだ。

洗脳なのだ！　色々な国際的な慈善基金や大言壮語な政治家についての際限なく続くニュースが、人々に、暖かく快適で、そして豊かな食卓に恵まれた家で暮らせるのは、ただただ彼らのおかげなのだという印象を生んでしまっている（＊ソ連時代、主なインフラは国によって提供されていた。）。そして人々はもはや、マンションの暖房設備やセントラルヒーティング、水や電気の供給システムといったサービスが止まったとしても、どうすれば依存しない生活に切り換えていけるのか、ということを考えようともしなくなる。そして、「与えろ！」というスローガンと共に通りへ出るのだ。これらはすべて自分が無力であるという洗脳だ！　偽りの教義や社会通念が、大人も子どもも洗脳しているのだ。

子どもたち！　親である我われ全員が子育てに距離を置いているというのに、子育てについて何を語れるというのだろう？　我われは、我が子の出産を、他人やそういった施設に手伝わせることを許している。そして幼稚園や学校で、他人が子どもたちを教えることを許している。さらに我われは、子どもたちの前で、あからさまにも控えめにも、数多くの店頭にポルノ雑誌が並べられることを許している。

我われは、他人が本や教科書を我が子に薦めることを、そして子どものテレビ番組をつくるのを許しているのだ。誰に？　そして、子どもたちの育成のすべてを手中におくことは、誰にとって都合のいいものなのだろうか？　ひょっとすると、誰に許しているかというのは問題ではないのかもしれない。問題なのは、我われが自分は完全に無力であると、取るに足らぬ者だと感じていることではないのか？　この乱痴気騒ぎを止めることが不可能だと感じていることではないだろうか？　しかしそれは事実ではない！　そうしたいと望み、深く考えるならば、一人ひとりの親がそれを止めることができるのだ！

一族の書！　すごいことを思い付いたものだ！　重商主義の洗脳による乱痴気騒ぎの終焉《しゅうえん》だ。この乱痴気騒ぎにもう少しだけ時間をやるから、やれるだけやってみろ。でも、じきに人々が一族の書を手に取る時がくる。そこには祖父や祖母、父や母の手で、人間の使命とはなんであるかが書かれているのだ。我われ、今日の親たちは、使命がなんであるかを、必ずや究明することができるはずだ。必ずや！　我われは経験豊かだ。多くのことを見聞きし、体験してきた。我われに必要なのは、少しだけ立ち止まり、洗脳の情報の流れから身をひるがえし、自分で、自分の頭で考えることだけなのだ。親たち一人ひとりが考えることが、絶対に不可欠なのだ。自分で、自分自身で考えることだ！　どれほど称賛され、心理的な宣伝戦術が施されていようとも、過去の数百年のこの上なく賢明とされる本の中から、人生の意味の答を探すことなど無意味なのだ。何千年も評価されている賢者たちの文献からも、答を探すことは無意味だ。

彼ら、賢者たちは、偉大な布教者や救世主だった。彼らは布教し、未来の世代に向けて答えを書き残そうとした。しかしひとつも残ってないのだ！　それらの偉業を、我われは一つたりとも目にすることはできない。いとも巧妙に消滅させられてしまった。立ち止まって考えさえすれば、容易に理解できることだ。

ご自身で判断していただきたい。短い文のたったひとつの読点の位置を変えるだけで、その意味がまったく変わってしまうのだ。よく知られている例を挙げる。

『罰してはいけない、許すのだ！』（＊ロシア語：Казнить нельзя, помиловать！）

『罰するのだ、許してはいけない！』（＊ロシア語：Казнить, нельзя помиловать！）

古代の思想家たちの文献に、このような書き換えがどれだけ行われたことだろう？　筆耕者や翻訳者、出版社や歴史学者たちによって、故意であろうとなかろうと、書き換えが行われた。それに、句読点の移動だけではなく、章やページが削除され、独自の解釈が書き加えられた。その結果、我われは幻想の世界に生きることになったのだ。人類は絶えず戦っている。人々は我を忘れて互いに殺し合い、どうして戦争が終わらないのかを理解できずにいる。しかし、人類が戦争の扇動者を一度も特定できずして、どうやってそれを終わらせることができよう？　特定できなかったのは、自分で考えることをせず、吹き込まれている話をそのまま真実として受け入れてしまうからなのだ。

第二次世界大戦を始めたのは誰か？　誰が誰と戦ったのか？　誰が勝利を手にしたのか？　戦争を始めたのはヒトラーが率いたナチス・ドイツであると国際社会全体が知っている。勝利を手にしたのは、スターリンが率いたソビエト連邦であることも。そしてこの中途半端な事実、いや正確にはたわごとが、明白な絶対的史実として大多数の人々に受け入れられているのだ。

そして少数の歴史研究家たちだけが、ときおりヒトラーの霊的指導者たち、例えばカール・ハウスホーファーを通して影響を与えたロシアのラマ僧グルジエフについて言及する。ヒトラーのもう一人の霊的指導者は、ディートリヒ・エッカートだった。歴史学者たちのあいだでは、こういった霊的指導者たちが、上の社会階級にある人たちと接触していたこともよく知られている。もはや彼らの名前は口にされることはなく、一部の研究者たちのみが、彼らの痕跡がヒマラヤ山脈やチベット、それにドイツに残っており、ヒトラーが構成員であった秘密結社や公開のオカルトの協会へと続いているとだけ語っている。

ドイツでは、「ゲルマン騎士団」「トゥーレ協会」という組織がつくられ、後者のシンボルマークは花輪と剣をあしらったかぎ十字だった。

誰かが、明らかにそして意図的に、それまで知られていなかった独特なイデオロギーをドイツにつくり上げていたのだ。そして、ある特定の世界観を持つよう人々を育てていた。その結果、大規模な戦争が起き、大量の犠牲者が生まれ、ヒトラーの仲間たちを裁いたニュルンベルク国際軍事裁判が行われるまでに至った。しかし、裁判にかけられたのはただの兵士たちだ。たとえそれが将軍や元帥《げんすい》の位の者であろうと、ヒトラーを含め、彼らは単なる兵士に過ぎない。イデオロギーをつくり上げた、見えない神官の兵士だったのだ。一方で神官、首謀者であり主導者は、裁判記録で触れられることすらない。そいつは誰だ？　そいつの側近、共同参画者であり共謀者たちは誰なんだ？　そもそも、奴らを知ることが、それほど重要だろうか？　もちろん重要だ！　きわめて重要だ！　まさに奴らが戦争を企てたのだから。影に隠れたまま、奴らはまた戦争を始める。経験を積み、次に起こる戦争はもっと手の込んだ大規模なものになる。

奴らは第二次世界大戦を企てて、本当は何をしたかったのだろう？　ひょっとすると、次のような事実を理解することが、謎を解く手掛かりになりはしないだろうか。

あの当時「アーネンエルベ（＊アーリア人種の人種学や歴史学の研究を行うことを目的として、ナチス親衛隊指導者ハインリヒ・ヒムラーが中心になって、一九三五年に設立された、ナチス・ドイツの公的研究機関。）」—という組織が、ドイツに存命していたナチズムの思想家たちのために、世界中の古書を収集していた。彼らが最も関心を持ったのは古代ロシアの、キリスト教以前の時代の書物だった。奇妙なつながりが見えてくる。ヒマラヤ山脈、チベット、ラマ僧たち、秘密結社、そして最後は、多神教ルーシであった我われ先祖の叡智への大掛かりな探索だ。我われがこれらの書物を求めることはしないが、何者かにとっては、どうしてもなくてはならないものだったのだ。なんのために？　その叡智には、どんな秘密が隠れているのか？　そして、その秘密は明らかに、チベット僧たちが知っているものよりも、もっとすごいものなのだ。しかしどうすれば、そのような秘密のひとつにでも触れることができるだろうか？　せめてひとつだけでも！　そしてその秘密が重要なものなのであれば、すべての叡智がおおやけになっていたら、今日の人々の前に、どのような失われていた世界が開かれるのだろう？　しかしどこで、どの千年紀に謎を解くための鍵を探せばいいのか？　そうだローマだ！　古代ローマ！　古代ローマでも、四千年前に何やら奇妙なことが起こっていた。ローマ軍の征服よりも、もっと奇妙なことだ。そうだ！　これがその奇妙な出来事だ！　奴隷を所有していた当時のローマの元老院議員たち、特権階級が、突然、食べ物を育てる意志と能力のある奴隷たちに、終身利用できる子孫への相続権付きの土地を与え始めたのだ……。奴隷の一家には、家を建てるための資金も与えられた。奴隷売買の際には、その土地抜きで奴隷の一家だけを他の主《あるじ》に譲ることはできなかった。土地は、奴隷の一家と切り離すことのできない一部とされていたのだ。

しかし、なぜ奴隷所有者たちは、突然そのような人道的で他愛的な行動に出たのだろう？　気高い善意に駆り立てられたのか、または何か見返りがあったのか？　見返りはあった。確かに、彼らの食卓用として収穫の十パーセントを受け取っていた。おそらくこれは我われが知っている税のうちで最も小さな税だろう。すると疑問が湧く。どうしてローマの特権階級はそのような行いに出たのか？　奴隷所有者ならば、農場で奴隷たちに汗水垂らして働かせ、ほしいだけ搾取できるのに。ところがそうはしなかった！　なぜか？　それは、多神教のローマにはまだヴェドの叡智が残っていたからだ。貴族や元老院議員たちは、同じ作物であっても、自分の土地でないところで自由なき者によって育てられたものと、自分の土地で愛と共に育てられた作物とでは、極度に違いがあるということを識《し》っていたのだ。

当時の人々は、大地に生えるすべてのものが精神エネルギーを有していることをまだ識《し》っていた。健康であるためには、善《よ》い果実を食さなければならない。このことは、破壊されたアレクサンドリア図書館のいくつかの蔵書でも語られていたのだ。そのほかには、どのような叡智や賢明さがそれらの本に秘められていたのだろうか？　アナスタシアは、根源からの叡智とすべての賢明さを、自身の内で復活させることができると言っている。一人ひとりにそれができると。だが、これを信じたいと思う一方で、完全には信じきれない。彼女が言ったことができるという証明を、どこで見つけられるだろう？　彼女を信じきるためには、どのような事実を記憶から呼び起こせばいいのだろう？

父と母から聞いたこと、学校で教えられたこと、人生で読んだ本を全部思い出してみたらどうだろう？　しかし説得力ある絶対的な証明は記憶にない。フェオドリ神父が話していたことを全部思い出してみたらどうだろうか？　でも彼はそれほど多くのことを話さなかった。彼はどちらかというと話を聞く方で、古い本を数冊くれたが、そこにも証明はなかった。じゃあ、どうすればいい？　いったいどうすれば、現代人はある日突然、根源の叡智を自分の内で開くことができるようになるのだろう？　できる‼　やはりあるのだ。きっと、一人ひとりの記憶の中に固有の例と証明がある！　私も記憶の中からひとつ見つけることができた。

深く観察する優しい祖母

祖母！　私の祖母は魔法使いだった。おとぎ話の魔法使いではなく、現実の、本物の白い魔法使いだった。古老たちなら、ひょっとすると彼女の驚くような奇跡を覚えているかもしれない。彼女はウクライナのチェルニゴフ州ゴロドニャ地区、クズニチ村に住んでいた。名はエフロシニアで、姓はヴェルフシャといった。ある日、まだ私が幼い少年だった頃、私は彼女が奇跡を起こしたその場にいた。

彼女が起こした奇跡の中で当時の私が理解できたものは少なかったが、今はすべて完全にはっきりしている。なんということか、最も謎めいた信じがたいことの中に、なんというシンプルさがあるものだろう！　きっと今日の人々の半分、特にヒーラーは、やすやすと彼女と同じ成果を得ることができるだろう。少しだけ詳しく説明すると、こんなことが起きた。

幼少期のすべてを私はウクライナの田舎にある藁ぶき屋根の小さな白い百姓家で過ごした。私は、祖母が暖炉の前で、歓び忙しくしているのを見ているのが好きだった。ある日、同じ年頃の子どもたちの誰かと言い争いになり、その子が、「おまえのばあちゃんは魔法使いのくせに」と私の気を悪くすることを言ったのを聞いた。ほかの子どもたちがすぐに私の祖母を擁護して言った、「うちの母ちゃんが、よい人だって言ってたぞ」

祖母が人々を治療しているのを私は何度も見ていた。私はそれを特に意に介していなかった。

その当時、田舎にはたくさんのヒーラーがいたのだ。この病気はこの人、あの病気はあの人の方がよく治る、というふうに。そして彼らは誰も魔法使いなどと呼ばれはしなかった。しかし祖母の能力は、普通の治療の枠に収まらないものだった。読み書きがままならない祖母が、たくさんの動物たちを、いとも簡単に治し、彼女は、はたから見ると不思議な方法でそれを行っていたのだ。彼女は病気の動物と一緒に一昼夜いなくなると、元気になった動物または回復中の動物と戻ってきて、飼い主に、治療の続きをどのようにすべきか話していた。

私が同じ年頃の友達からの祖母に向けた「魔法使い」という罵りを聞いたとき、子どもは魔法使いの類を恐れるものの、私は優しい祖母に対し、少しも悪い態度をとることはなかった。むしろ、彼女、いや純粋に彼女の行動に興味が湧いた。

ある日、祖母のもとにコルホーズ（＊ソ連時代の集団農場であり、組合のような組織。）の議長の馬が連れてこられた。サラブレッドで、議長が公務であちこち出かけられるようにと最近買った馬だった。私たち地元の子どもたちは、議長が馬で通り過ぎるのをいつも眺めていた。その馬は頭を高く保ち、村のどの馬よりもずっと駿足で美しかった。しかしこのとき祖母のところへ連れてこられたその馬は、旅行用の荷車につながれてもおらず、鞍もついていなかった。馬はうなだれてゆっくりと動き、簡易の馬勒《ばろく》で先導されていた。私にとってこれは前代未聞の出来事だった。議長の馬が自分の家の庭にいるなんて。そして、私は起こっていることを観察し始めた。

祖母は馬に近づくと頬や耳のあたりを撫《な》で始め、落ち着いた声で馬に何かを優しくささやいていた。それから馬銜《はみ》（＊馬の口にくわえさせる轡〔くつわ〕の一部分。）を外すと、家の中からベンチを庭へ持ち出し、その上に草の束をいくつも並べた。馬をベンチの方へ連れ出すと、それぞれの干し草を食べるよう順番に促した。馬はいくつかの草には反応せず顔を背けたが、いくつかは匂いを嗅ぎ、そして味見もしていた。祖母は馬が反応した草の束を、木炭の上にある水の入った鋳鉄の鍋に入れ、そこに自分の帽子も浸した。

私は、祖母が馬を連れてきた人たちに「明後日の朝に来てくださいな」と言ったのを聞いた。彼らが去ると、祖母がまた馬と一緒にどこかへ消えようとしているのに気が付き、自分も一緒に連れていってほしいと頼んだ。私の願いをいつも聞いてくれる祖母は、このときも断らなかったが、条件をひとつ出した。いつもより早く床につくように、と。私は従った。

祖母は夜明けに私を起こした。家の前に、小ぶりな亜麻布で覆われた馬が立っていた。鋳鉄の鍋の煮出し汁で私が顔を洗うと、祖母は私に食べ物の入った小さな包みを持たせた。祖母が馬の手綱を手に取ると、私たちは畑に挟まれた道を通って、畑の向こうにある森へと出発した。森の端をとてもゆっくりと歩いた。より正確に言うと、祖母は馬の隣を歩き、馬が草の方へ頭を下ろして草を味見するたびに立ち止っていたのだった。祖母は、馬が草むらの中に突然何かを見つけて、急にあらぬ方向に頭を逸らせば手から滑り落ちるくらいの緩さで、手綱を持っていた。

祖母はときおり馬を引いていたが、新しいところへ移動すると再び馬を自由にさせていた。私たちは森の端を歩いたり、少し森に入ったりしながら歩いていた。正午が過ぎた頃には、草原の沼地まで来た。この季節最初の草刈りでできた干し草の山に背をもたれて、休憩と昼食をとることにした。牛乳とパンを食べると、長距離を歩いた疲れから、私は眠くなった。すると祖母は包みから小さめの毛皮の外套《がいとう》を取り出し、干し草の山の前に広げて言った。

「孫息子よ、ちょっと横になって寝なさいな。もうへとへとだろうに」

私は横になり、眠気と闘い始めた。祖母が、私を置いて馬と一緒に魔法のように消えてしまうのが怖かったのだが、結局眠気が勝ってしまった。

目が覚めると、私は祖母が馬の顔のそばで何かの草を摘み取り、包みに入れているのを見た。じきに私たちは家へ向けて出発したが、帰りは違う道を行った。暗くなり始めると私はまた眠たくなり、祖母は再び外套を敷いてくれた。まだ夜が明けないうちに祖母が私を起こし、私たちは再び家路についた。祖母がときおり馬に何かを話しかけているのが聞こえていた。言葉の意味は記憶していないが、声のイントネーションははっきりと覚えている。穏やかな、優しく明るい声だった。家に帰ると、祖母はすぐにバケツの水に鋳鉄の鍋から煮出し汁を加え、馬に飲ませた。

その後、祖母が馬を引き取りにきた人たちに、私たちの遠出のあいだに摘み取った草の束を渡して、何かを説明しているのを見た。

少し元気になった馬は、しぶしぶうちの庭を出ていった。馬はすでに再び馬銜をつけられ、祖母を振り返りながら手綱に引っ張られていった。

私は数日間、祖母に腹を立てていた。魔法で消えるのを見せてくれず、ずっと馬の放牧をしたり、草を摘んでは束を編んだりするばかりだったからだ。

私はその遠出と魔法のことをもっと早く忘れていたかもしれないが、祖母のことを魔法使い呼ばわりした子に、祖母はどこにも消えたりせず、病気の動物たちをただ放牧してやっているだけだと言ったとき、私よりも少し年上だった彼が、説得力のある論拠を挙げたので、記憶に残っていた。それは私にも、そして私の味方だった村の子どもたちの誰にも反論できないものだった。

「じゃあいったいどうして議長がおまえの家の庭を通り過ぎるたんびに、馬は走るのをやめて歩くんだ？　鞭をあてても言うことを聞かないんだぞ」

祖母がこのことをどう説明したのかは覚えていない。その理由を理解したのは今になってからだ。優しい心を持ち、自然と動物を洞察することができれば、多くの人たちが彼女のように動物を治療することができるのだ、という明快な確信を私は得た。

今では私も理解した。病んだ馬に何種類もの草の束を味見させながら、彼女はただ、病んだこの動物がどのような草を摂取しようとするかを見定めていたのだ。そしてそれに合わせて、その草や、その時彼女の手元になかった草が生えている道を通るように、道筋を決めていたのだ。

一昼夜も出かけなければならなかったのは、植物にはそれぞれ摂取するのに最も有益となる時間があるからだ。手綱を緩めていたのは、どんな草をどのくらい食べる必要があるかを、馬に自分で決めさせるためだった。動物たちは、説明のつかない方法でそれを感じる。煮出し汁は、馬が選んだ草でできており、それで顔を洗ったり帽子を浸したりしたのは、おそらく、動物により強く自分への好感を持たせるためだ。この通り、すべてがなんともシンプルなことだった。読み書きがままならない祖母が、どこからそんな知識を得たのかはわからない。だが、私たちはこのようなシンプルなことを、どれほど複雑にしてしまったことか！　ヨーロッパで動物の伝染病が大流行しているのは、そのせいではないのだろうか？　それでいて、現代の科学的見解では、何万もの病気の家畜を焼却処分するより、よい方法をみいだせずにいるのだ。

私は今、我われの現代医学の成果が幻想的であることを物語る例をひとつだけ挙げたが、同じような例を、現代社会の見せかけの成果の中にもたくさん挙げることができる。だが、詳細や事例なんかよりも、最初から重要なことについて話そうではないか！

美しい現実に生きる

我われは今日、どのような社会に生きているのだろう？　我われは何を目指しているのだろう？　未来に何を築くことを想定しているのだろうか？　圧倒的大多数の人々は、なんの躊躇《ちゅうちょ》もなくこう答えるだろう。

「私たちは民主主義の国に暮らし、西側の文明先進国のような自由な民主主義社会を築くことを目指している」

大多数の政治家や彼らの戦略家たちが、まさにこのように答えるのだ。

テレビで流され、新聞に書かれるのが、まさにこのようなことだ。

我われの国の大多数の人々が、まさにこのように考えている。

大多数の人々のこの意見こそが、まさに現代文明に生きる人々が現在眠っているか、催眠術にかかりながら、世界の支配者であるとうぬぼれる神官たちの手中のバイオロボットとなっている、というアナスタシアの発言を証明している。

熱病のように単調なせわしい日々から少し立ち止まり、自分で考えてみると、次のようなことを理解することができる。

民主主義！　そもそも、これはいったいなんなのか？　この言葉自体はどんなことを定義しているのだろう？　大部分の人々は、よく知られた大百科事典やロシア語の国語辞典から引用して答えるだろう。そこには大体同じような簡素な説明がある。

「民主主義とは、国民主権を認めることにもとづいた、国家の政治社会体制。民主主義の基本理念は多数決、国民の権利の平等……」

そして高度な民主主義先進国では、国会議員や大統領を人々が多数決で選んでいる。

選んでいるだと?!　まったくのたわごとだ！　完全なる幻想だ！　選択肢なんてない！　どんなに最も民主的で文明が発達した国でも、国民に権力があったことなど一度もないのだ。

選挙？　選挙は完全に幻想なのだ！　民主主義国と呼ばれるいかなる国であっても、選挙前になるといつもどんなことが起こっているかを思い出してほしい。立候補者たちの戦略家のグループが、巨額の資金を投じ、マスコミやテレビなどの視覚的な宣伝を通した巧妙な方法を使って、人々へ心理的作用を与えながら競っている。

そして高度に発達した国であればあるほど、洗脳の方法が技術面でいっそう巧妙になる。より強く作用を与え、洗脳をすることができた戦略家のチームが必ず勝つ、というのは明白な事実だ。人々は洗脳を受けてから、選挙に行き投票するのである。人々は自分の望みをもとに投票していると思っているが、実際は誰かの意志を遂行しているのだ。

このように、現代の民主主義は、**大衆の幻想だということになる。大衆による、非現実的な社会の構築、非現実的な幻想世界への信仰なのだ。**

そもそも、大多数への服従というものは、自然界には存在しない。植物や動物、昆虫たちの社会はすべて、本能や惑星たちの動き、自然界に定められた秩序、群れのリーダーに服従する。同様に、人間社会も、いつも少数によって支配されてきた。

革命を起こしたのも戦争を企てたのも、大多数の人々ではなく、少人数の意図的な洗脳によって、大多数の人々が革命や戦争に参加させられていたのだ。これまでもそうだったし、今でもそうだ。

民主主義とは、膨大な数の人々がさらされている、最も危険な幻想なのだ。危険だというのは、民主主義の世界では、一人または複数の人間が、すべての民主主義国家をいとも簡単に操ることができるからだ。そのために必要なのは、多額の金と腕のいい心理学者と政治家の戦略家チームだけなのだ。

そして今日、親である我われは幻想の中にいながらも、子どもたちを育てようとしている。しかし実質的には、ほかならぬ我われ自身が、子どもたちの意識を幻想の世界へと誘導し、そこに押し込んでいるのだ……。実質的に、彼らを何者かの手中へと差し出してしまっている……。それは神ではない誰かの手中なのだ。我われは子どもたちを、神とは正反対のものに差し出しているのだ。

神の世界は幻想ではなく、現実的で美しいものだ。ほかに勝るものがないほどかぐわしい花の香り、形や音色がある。その世界への門は常に開かれていて、我われの意識をがんじがらめにしている幻想から自由になりさえすれば、いつでも入ることができる。

私も、子孫たち、そして自分のために、一族の書を書くつもりだ。その中でこのことを必ず書こうと思っている。

「私、ウラジーミル・メグレは、人類が現実の世界にいなかった時代に生きた。人間の肉体は現実世界の恩恵で養われていたが、意識は幻想の世界をさまよっていた。それはとても苦しい時代だった。今、私は自分の意識を神の現実世界に戻そうとしている。神の自然の世界は、人間の意識のせいでひどく傷ついてしまった。私はこのことを理解し、直すよう努める。私にできる限り、残された時間の限りやろう。もしかしたら、自分の祖国の設計図をつくるだけに終わるかもしれない。もしかしたら、その一部しかできないかもしれない。しかし大切なことは、我われが理解をすること、そして子どもたちも理解をすることだ」

アナスタシアは依然として隣で静かに座り、私が声に出してあれこれ論じるのを聞いていた。私が黙ると、立ち上がって窓辺へ歩いていった。

「空には星が輝き始める。ウラジーミル、私はそろそろ行かなきゃ。多くのことにおいて、あなたは正しい。でも、現実の新しいビジョンの数々で人々を指揮したいという欲に引き込まれないでほしい。誘惑に打ちかち、どんな組織にも入らないで。他の人々も、あなたと同じように現実を見ている。彼らも一緒になって地球上で有意義なことをなす。あなたは自分の人生における使命を理解するようになる」

「アナスタシア、俺にはどこか組織に入るとか、誰かを指揮しようなんてつもりはないよ。しかし、きみがいう俺の使命というのはどんなものだ?」

「時が来れば、自分でそれを感じるわ。今は眠りについてしっかり休んで。あなたは興奮している。負担に慣れていないと、心臓が興奮に耐えられないこともある」

「ああ、わかってる。でも俺が眠ってしまったら、きみは行ってしまう。きみはいつでも行ってしまうんだ。ときどき、きみが行ってしまうのが、すごく辛いんだ。いつもそばにいてほしい」

「あなたが私を思い出すとき、私はいつもそばにいる。あなたはじきにそれを感じ始め、わかるようになるわ。さあ、顔を洗って、眠りについて」

「眠れやしない。最近ずっと、なかなか寝付けないんだ。考え過ぎて、頭が眠ってくれない」

「手伝うわ、ウラジーミル。ねえ、読者たちが贈ってくれた詩や子守唄を歌ってほしい？」

「いいね、試してみよう。本当に眠れるかもしれないな」

私が顔を洗い、準備されたベッドに横になると、アナスタシアは隣に腰かけ、手を私の額に載せた。それからその手で私の髪を撫《な》でながら静かに歌いだした。それは、ウクライナのある女性の読者が書いた詩《うた》だった。アナスタシアの歌声は本当に小さかったのだが、多くの人々や星々も、彼女の歌声を聞いているような気がした。彼女の清らかな声、そしてこれらの言葉を。

ほら、私の手
明日はまた違う日がくる
だから今はその頰を感じていて

この手はね、悲しみを洗い流すこともできるのよ
一時間、もう一時間と、あなたが眠れるように

あなたが凍えないように、宙《そら》と星の毛布をかけるわ

あなたが覚えているのなら、私はずっとここにいる
夜の闇が何百年続いても、私はあなたに会いにくる

癒す術も覚えたの
あなたが信じてくれるなら、両手で痛みをとってあげる

石が落ちてきたときは、私が逸らしてあげる
あなたの苦しむ場所があらかじめわかるの

英雄よ、あなたが宮殿や神殿へ入っていっても
私が着飾った美女たちをみんな隠してあげる

あなたが生きるモノクロの世界で私も生きるわ
剣も矢もいらない世界にするために

もしもあなたが、もしもあなたが
もしもあなたが……私を愛してくれるなら

はるか遠くの鶴《つる》に向かって私は手にのる雀《すずめ》を放つ
あまりにもやさしく愛しているの
あなたの夢に現れないほどに

深くて穏やかな眠りに落ちる前に、私は考えることができた。

〝もちろんだ、明日は違う日だ。よりよい日になる。新しい一日の日の出を描写しよう。たくさんの人々が、新しい、美しい人類の日の出がどのように始まったのかを一族の書に書き始めるだろう。そしてそれらが、何千年もあとの子孫たちにとって、最も偉大な歴史の本になるだろう。私の本も、その中の一冊になる。

明日、次の本を書き始めよう。もうあんなに支離滅裂に書いたりしないぞ。そして、その新しい本では、地球の人々が美しい神の現実へと、新しい、歴史的な転換を遂げることについて書こう〟

尊敬する読者の皆さん、またお会いしましょう。新しい、美しい現実で‼

V・メグレ

続く……

ウラジーミル・メグレから読者のみなさまへ

現在インターネット社会において『アナスタシア　ロシアの響きわたる杉』シリーズのヒロイン、アナスタシアのアイディアや記述に類似したテーマのホームページがあらゆる言語で多数存在しています。多くのサイトが「ウラジーミル・メグレ」という私の名前を使い、公式サイトであると見せかけ、私の名前で読者からの手紙に返事まで書いています。この事態を受け、私は尊敬する読者のみなさまに、国際的な公式サイト立ち上げの決意をお知らせする必要があると感じました。これを世界中の読者のみなさまへの、唯一の公式情報源といたします。

公式サイト：www.vmegre.com

このサイトにご登録いただき、ニュース配信にお申込みいただくことで、読者集会、その他の日時や場所等、多くの情報を受け取ることができます。

親愛なる読者のみなさま、みなさまとの情報チャンネルであるこのホームページで、『アナスタシア　ロシアの響きわたる杉』の世界に広がる活動を発信していくことを、ここにお知らせいたします。

尊敬を込めて

ウラジーミル・メグレ

◆ウラジーミル・メグレから読者のみなさまへのご案内◆

●無料メールマガジン (英語) のご案内 :

- 読者集会の案内
- よくある質問への回答
- 独占インタビュー
- 他の国の読者からのニュース
- 読者のみなさまからの作品

登録方法：
下記のいずれかの方法でご登録ください。
1. ウェブサイト hello.vmegre.com へアクセスし、案内文に従う。
2. メールアドレス hello@megre.ru に "HI" という件名の空メールを送る。

●「アナスタシア ロシアの響きわたる杉」シリーズ
ロシア　第 1 巻 初版　1996 年

著者公式サイト：http://www.vmegre.com/

●リンギングシダーズLLCは、人々の新しい気づきの一助となるよう、タイガの自社工場で生産されたシベリア杉製品および一族の土地のコミュニティで生産された製品の取り扱いや、エコツーリズムなどを行っております。
http://www.megrellc.com/

●多言語公式サイト『リンギングシダーズ』
http://www.anastasia.ru/

●第三国での翻訳者や出版者のご協力を募っています。
ご意見、ご質問は以下の連絡先までお寄せください。

P.O.Box 44, 630121 Novosibirsk, Russia
E メール：ringingcedars@megre.ru
電話：+7 (913) 383 0575

◆◆◆

＊お申込み・お問合せは、上記の各連絡先へ直接ご連絡ください。

『アナスタシア ロシアの響きわたる杉』シリーズ

当シリーズは十冊を数え、ウラジーミル・メグレは続巻ならびに脚本の執筆も計画している。また、ロシアの国内および国外で、読者会や記者会見が催されている。

また、『アナスタシア ロシアの響きわたる杉』シリーズの活発な読者たちによって、一族の土地の創設を主な目的に掲げた民間団体が創設された。

著者は、一九九六年から二〇一〇年のあいだに『アナスタシア ロシアの響きわたる杉』シリーズの十冊の本：『アナスタシア』、『響きわたるシベリア杉』、『愛の空間』、『共同の創造』、『私たちは何者なのか』、『一族の書』、『生命のエネルギー』、『新しい文明（上）』、『新しい文明（下）― 愛のならわし』、『アナスタ*』を執筆し、総発行部数は二十カ国語で二千五百万部にまで達している。

また、ウラジーミル市非営利型文化と創造支援アナスタシア財団（一九九九年創設）およびウェブサイト www.Anastasia.ru も創設している。

著者　ウラジーミル・メグレ ／ 原書言語　ロシア語

第一巻『アナスタシア』
第二巻『響きわたるシベリア杉』
第三巻『愛の空間』
第四巻『共同の創造』
第五巻『私たちは何者なのか』
第六巻『一族の書』
第七巻『生命のエネルギー』
第八巻『新しい文明（上）』
　　　『新しい文明（下）― 愛のならわし』
第九巻『アナスタ*』

原書版では『アナスタ*』は第十巻の扱いで、第九巻は読者自身が著者となって綴る「一族の書、一族の年表」という位置づけとなっている。

＊日本語版は未発行のため、タイトルは仮称

アナスタシア　ロシアの響きわたる杉　第六巻

一族の書

●

2017年 3 月 28 日　初 版 発 行
2024年 5 月 15 日　第九版発行

著者／ウラジーミル・メグレ
訳者／にしやまやすよ
監修者／岩砂晶子
装丁／山下リサ（niwa no niwa）
装画／伊藤美穂
編集協力／GALLAP

発行／株式会社直日
〒500-8211　岐阜市日野東8丁目1-5（1F）
TEL　058-227-6798

印刷所／モリモト印刷株式会社

ISBN 978-4-9908678-2-9　C0011

落丁・乱丁の場合はお取り替えいたします。
定価はカバーに表示してあります。

株式会社直日《なおひ》　アナスタシア・ジャパンの想い

アナスタシアが伝えています『創造のはじまり』と『真理』に触れたとき、琴線に触れたとき、誰しもがそうであるように、私たちも行動の一歩を踏み出しました。株式会社直日を二〇一二年春に設立し、アナスタシアのメッセージをお伝えすべく、私たちは表現を開始しました。

「ひとりでも多くの日本のみなさまに、アナスタシアのメッセージ、そして彼女の美しき未来の提案をお伝えしたい!!!」、「この構想が、今地球上に山積しているすべての問題を一気に解決する一番の方法である」と。

ロシアで既にはじまっている美しきオアシス『祖国』創りを、日本の地で実現できますよう、お手伝いをさせていただいています。

また、アナスタシア・ジャパンは、アナスタシアより伝えられたシベリア杉（学名 シベリアマツ）製品を、生産元のリンギング・シダーズ社より輸入・販売し、みなさまの心身の健やかさのお手伝いをさせていただいています。さらに、『祖国』を意図するロシアのコミュニティの人々が手間暇かけ心をこめて手作りした品を、日本にご紹介、販売させていただいています。このことが、先ずはロシア連邦での立法の後押しとなり、やがて日本でも形創られていく運びになると思っています。そして、その一助となればどんなに嬉しいことでしょう。

私たちは、これからもみなさまとご一緒に共同の創造を行うことを心より願い、希求して参ります。

ＨＰ：www.anastasiajapan.com　リンギング・シダーズ社日本正規代理店
ＴＥＬ：〇五八－二二二七－六七九八（平日 十時から十七時　＊オンラインショップのため、実店舗はございません）